Novas questões de Português para provas e concursos

Evanildo Bechara

Colaboração de
Shahira Mahmud
Marcelo Silva de Souza
Feiga Fiszon

Novas questões de Português para provas e concursos

Um guia completo, atualizado e fácil de entender

Rio de Janeiro, 2025

Editora Nova Fronteira Participações S.A.
Av. Rio Branco, 115 – Salas 1201 a 1205 – Centro – 20040-004
Rio de Janeiro – RJ – Brasil
Tel.: (21) 3882-8200

Dados Internacionais de Catalogação na Publicação (CIP)

B391 n Bechara, Evanildo

Novas questões de Português para provas e concursos / Evanildo Bechara – Rio de Janeiro: Nova Fronteira, 2025.
232 p. ; 15,5 x 23 cm

ISBN: 978-65-5640-936-8

1. Língua portuguesa. I. Título.

CDD: 469.09
CDU: 811.134

André Felipe de Moraes Queiroz – Bibliotecário – CRB-4/2242

Conheça outros livros do autor

Sumário

Apresentação: é sempre importante ler

O conhecimento de língua portuguesa é requisito essencial em todos os cargos de processo seletivo. Atualmente, as provas e os concursos têm exigido dos candidatos o conhecimento da gramática aplicado a determinado conteúdo, ou seja, a gramática continua muito presente nas questões de língua portuguesa, nem sempre de forma direta, mas em todas que propõem reescritura de frases, interpretação e produção textual (coesão e coerência). Ela é a ferramenta que garante a compreensão daquilo que estamos lendo e a segurança na hora da redação.

Novas questões de Português para provas e concursos é formado por três partes independentes mas interligadas, que combinam teoria com exercícios. A teoria abrange o essencial a saber e o que costuma ser cobrado em vestibulares e concursos públicos. Os exercícios foram selecionados de provas de diversos níveis e bancas examinadoras, e todos possuem gabarito comentado, muitas vezes com análise de cada uma das alternativas, de forma didática e com orientações que complementam a parte teórica.

Na **Parte I**, **"Conhecer a língua"**, apresentamos as classes de palavras e as estruturas sintáticas, a forma como se organizam e traduzem o pensamento. Na **Parte II**, **"Compreender e interpretar os textos"**, você vai entender como os elementos gramaticais constroem as mensagens. E, finalmente, na **Parte III**, **"Escrever bem"**, você vai aprender a representar na escrita, de forma correta e eficiente, seus pensamentos.

Nosso objetivo foi abarcar todo o conteúdo normalmente cobrado pelas bancas examinadoras, com ênfase naquilo que é recorrente. Para podermos reunir nesta obra uma quantidade maior de questões de provas, optamos, algumas vezes, por não ser exaustivos na exemplificação da teoria.

Vale ressaltar que as questões, em geral, não se concentram em apenas um ou outro ponto da gramática, pois exigem que o candidato conheça diversos conceitos para chegar ao gabarito. Por isso, apesar da distribuição das questões pelos temas, elas muitas vezes combinam conhecimentos de diferentes tópicos tratados neste livro.

Para facilitar o estudo e agilizar a consulta, o gabarito comentado de cada grupo de questões encontra-se no final de cada parte.

Cuidado com as armadilhas!

As armadilhas são preparadas pelos examinadores para testar os candidatos inseguros, que, numa prova, escolhem as respostas com base na intuição ou em deduções que podem levá-los, muitas vezes, ao engano. Há também os estratagemas elaborados para desafiar a atenção do candidato ou sua capacidade de saber usar, sem desperdício, o tempo da prova.

Portanto, guie-se pelo conhecimento adquirido no estudo da disciplina, confie em si mesmo, concentre-se na prova e não se deixe influenciar por alternativas ou enunciados capciosos.

Vale recomendar:

1. Cuidado com as palavras **exclusivamente**, **inclusive**, **sempre**, **nunca**, **pode**, **deve** e outras semelhantes! Alternativas com palavras completamente **includentes** ou **excludentes** precisam ser vistas com muita cautela pelo candidato, porque, por serem muito radicais, normalmente devem ser descartadas como a melhor opção de resposta.

2. Observe também que pode ocorrer, na totalidade da prova, a predominância de uma mesma resposta correta (por exemplo, muitas letras C) ou pouca frequência de resposta com determinada letra (por exemplo, ausência de opção A no gabarito). Portanto, o melhor é confiar nos seus conhecimentos.

3. Em nenhum momento se pode esquecer que a **norma-padrão** é a exigida nos concursos. A opção com linguagem coloquial só deve ser assinalada se o enunciado assim determinar.

4. Quando parecer que existe mais de uma resposta possível, observe que sempre há uma **melhor**, **mais completa** ou **mais adequada** — especialmente uma que **atenda com exatidão ao que está sendo pedido no enunciado**. Muitas vezes, um único detalhe diferencia a alternativa correta das demais. E para que uma afirmativa seja considerada certa é necessário que a correção se aplique a todos os termos que a integram.

5. Atenção diante de enunciados que **pedem a alternativa incorreta**. Eles usam palavras como **exceto**, **incorreta**, **não**, **erro**, **desvio**, etc. Ao ler o enunciado, **sublinhe estas palavras**, para não se esquecer delas quando for escolher a alternativa.

6. Atenção diante de enunciados que **especificam o tipo de alternativa correta ou incorreta** (**quanto à regência**, **à acentuação**, **à concordância**, etc.). **Sublinhe também essas palavras** quando estiver lendo o enunciado.

7. Atenção diante de enunciados que pedem que as respostas sejam dadas **respectivamente**. Poderá haver opções com respostas corretas, mas em ordem inadequada. O candidato não deve se precipitar e escolher uma alternativa sem analisar todas as outras.

8. Enunciados que pedem que se assinale **V para a afirmativa verdadeira e F para a falsa** nem sempre apresentam os dois tipos de assertivas (ou seja, todas podem ser verdadeiras ou todas podem ser falsas).

9. Atenção diante de enunciados que pedem uma análise **conforme o texto ou o autor**. (Os enunciados vêm redigidos da seguinte forma: **O autor sugere que**...; **O autor afirma que**...; **Tendo em vista as ideias do texto**...; **De acordo com as ideias desenvolvidas no texto**...; **Em relação às estruturas linguísticas do texto**...; etc.). Ainda que o candidato discorde da opinião do texto, ou que haja entre as alternativas alguma que traga informação melhor e mais completa do que a que é dada pelo texto, ele deve escolher a resposta que **segue exatamente o pedido no enunciado — conforme o texto**. Pode acontecer de o examinador colocar entre as alternativas conclusões equivocadas, distorcidas, generalizadas ou baseadas em apenas uma parte do texto. É preciso tomar cuidado!

10. Textos longos às vezes fazem o candidato desperdiçar tempo. Ler o texto uma vez para tomar conhecimento do assunto completo é fundamental, mas depois o candidato deve concentrar-se **no que está sendo pedido na questão**. Focar a atenção no parágrafo indicado no enunciado é importante para não se distrair com o desenrolar do texto.

Sobre as bancas examinadoras

Antes de estudar para um concurso, é fundamental conhecer o perfil da banca responsável por preparar a prova.

É importante **observar que:**

1. Algumas bancas não cobram todos os itens do edital, por isso o candidato deve **resolver questões de provas anteriores** para se familiarizar com os conteúdos mais frequentes. É possível até se deparar com **questões reaproveitadas** de provas passadas.

2. Já outras bancas procuram contemplar todos os itens do edital, de forma que o candidato deve **estudar cada um dos pontos**, pois tudo poderá ser cobrado, ao menos em uma questão.

3. Certas bancas elaboram **provas longas e com enunciados complexos**, que exigem **controle do tempo** em cada questão, testando a capacidade de concentração e raciocínio do candidato. Neste caso, procure **responder primeiro às questões menores, as que achar mais fáceis ou rápidas**.

4. Já outras bancas preferem **provas mais diretas** que privilegiam a **memorização** do conteúdo descrito no edital.

5. As bancas podem usar **abordagens variadas e termos técnicos diferentes dos da teoria estudada**. Portanto, a prática dos exercícios nos familiariza com essas diversidades, que muitas vezes são apenas pequenas variantes daquilo que estamos acostumados a ver.

Por fim, vale dizer que este livro pretende ser o pontapé inicial que o levará à preparação exigida em provas de língua portuguesa. Mas o sucesso depende muito de você, da prática de leitura e constante treinamento, buscando resolver provas anteriores do concurso em que deseja ser aprovado. Então, **muita garra** e **boa sorte**!

PARTE I - CONHECER A LÍNGUA

A) Função sintática e classe gramatical

FUNÇÃO SINTÁTICA

SUJEITO E PREDICADO

Sem verbo não temos oração. É o verbo, núcleo da declaração, ou da predicação verbal, que vai exigir a presença de outros termos componentes da oração. A referência expressa no verbo se chama *predicado* da oração. E o termo referente desta predicação se chama *sujeito*:

Eu estudo. *Tu* brincas. Estudamos (sujeito *nós*).

Conhecido o sujeito, ele pode não ser expresso na continuação do enunciado:

Os meninos já chegaram. Vieram com os pais (sujeito *Os meninos* e *Eles*, este identificado pela desinência verbal).

Dizemos que *vieram* tem seu sujeito léxico oculto. O sujeito léxico está representado por substantivos ou pronomes.

Em português, em geral não são explicitados os sujeitos quando representados por desinências verbais, especialmente de 1.ª e 2.ª pessoas:

Ando pouco (eu). *Fizeste* os deveres? (tu).

SUJEITO SIMPLES E COMPOSTO

O sujeito referido na predicação pode ser *simples* ou *composto*. Diz-se que o sujeito é simples quando só tiver um *núcleo*.

Núcleo é o termo fundamental ou básico de uma função linguística. Só com ele, em geral, é que os outros termos da oração contraem a relação gramatical de concordância.

O sujeito simples pode constituir-se de uma ou mais palavras, mas só terá um núcleo:

O meu **livro** de Português *está emprestado*. (O sujeito é **O meu livro de Português**. O núcleo deste sujeito simples é **livro**.)

Diz-se que o sujeito é composto quando tiver mais de um núcleo:

O **canto** dos pássaros e a **riqueza** da vegetação *encantam os amantes da natureza.*

O sujeito é **O canto dos pássaros** e **a riqueza da vegetação**. Os núcleos deste sujeito composto são **canto** e **riqueza**.

PRINCÍPIOS GERAIS DE CONCORDÂNCIA VERBAL

O *verbo concorda com o sujeito explícito em pessoa e número*, segundo os seguintes princípios gerais:

a) sujeito simples constituído por pronome pessoal: o verbo irá para a pessoa e número do sujeito explícito: *Eu quero. / Nós queremos.*

b) sujeito simples constituído por substantivo, palavra ou expressão substantivada: o verbo irá para a 3.ª pessoa e para o número em que se achar o núcleo do sujeito, ainda que seja um coletivo: *As meninas ainda não chegaram. / A gente viaja hoje.*

c) sujeito composto constituído por substantivos: o verbo irá para a 3.ª pessoa do plural, qualquer que seja a sua posição em relação ao sujeito: *O menino e a menina conheciam a vizinhança. / Eram conhecidos o menino e a menina.*

> **Obs.**: Pode dar-se a concordância com o núcleo mais próximo, se o sujeito vem depois do verbo: "Foi neste ponto que *rompeu* o alarido, os choros e os chamados que ouvimos (...)." [Simão Lopes Neto]

d) sujeito composto constituído por pronomes pessoais, ou por pronome + substantivo: o verbo irá para a 1.ª pessoa do plural, se houver um pronome de 1.ª pessoa (*eu* ou *nós*): *Eu e tu iremos ao cinema. / Nós e ele iremos ao cinema*; irá para a 2.ª ou 3.ª pessoa do plural, se não houver pronome da 1.ª pessoa: *Tu e ele irão* (ou *ireis*, hoje mais raro) *ao cinema*; irá para a 3.ª pessoa do plural, se não houver pronome da 1.ª ou da 2.ª pessoa: *Ele e Janete irão ao cinema.*

POSIÇÃO DO PREDICADO E DO SUJEITO

O sujeito, simples ou composto, pode vir antes ou depois do predicado:

Os vizinhos *eram conhecidos. / Chegarão hoje de Lisboa* meu tio e meu primo.

A língua portuguesa permite esta liberdade na colocação dos termos oracionais, desde que não se mude o conteúdo da mensagem ou não se traga dificuldade na sua interpretação: *O caçador feriu o leão* não é a mesma coisa de *O leão feriu o caçador.*

A ordem **sujeito e predicado** chama-se *direta*; a ordem **predicado (ou um dos seus componentes) e sujeito** chama-se *inversa*.

> ***O emprego da vírgula***
>
> Não se separam por vírgula o sujeito e o verbo do predicado. Se houver separação dos dois termos por intercalação de outros termos, pode-se usar a vírgula para marcar a sequência interrompida: Os bons alunos, *durante o ano todo,* merecem os elogios dos colegas.
>
> É preciso cuidado especial na concordância, quando se pratica a ordem inversa: ***Saíram-se*** (em vez da forma errada ***Saiu-se***) mal hoje ***os jogadores*** do meu time. Evite-se este engano.

ORAÇÃO SEM SUJEITO

Pela mesma natureza semântica e sintática, é fácil concluirmos que em algumas orações não temos predicação referida a nenhum sujeito: *Chove pouco no Nordeste.*

Estas orações se dizem *sem sujeito*, e os verbos de predicação não referida a sujeito se chamam *impessoais.*

Os principais verbos ou expressões impessoais da nossa língua são:

a) os que denotam fenômenos atmosféricos ou cósmicos: *chover, trovejar, relampejar, nevar, anoitecer, fazer* (*frio, calor*, etc.), *estar* (*frio, quente*, etc.), entre outros.

b) *haver* e *ser*, principalmente na expressão de início de histórias (era uma vez), em orações equivalentes às constituídas com *existir*, do tipo de: *Há bons livros. / Era uma vez dois irmãos.*

c) *haver, fazer* e *ser* nas indicações de tempo: *Há cem anos nasceu meu avô. / Faz cinco anos não aparece aqui. / É uma hora. / São duas horas.*

d) *fazer* nas indicações de fenômenos atmosféricos ou fenômenos devidos a fatos astronômicos: *Faz sol o ano todo. / Faz trinta graus esta tarde.*

e) *bastar, chegar + de* (nas ideias de suficiência): *Basta de histórias. / Chega de promessas.*

f) *ir* acompanhado das preposições *em* ou *para* exprimindo o tempo em que algo acontece ou aconteceu: *Vai em dois anos ou pouco mais.*

g) *vir* e *andar* acompanhados das preposições *por* ou *a* exprimindo o tempo em que algo acontece: *Andava por uma semana que não comparecia às aulas.*

h) *passar* acompanhado da preposição *de* exprimindo tempo: *Já passava de duas horas.*

i) *tratar-se* acompanhado da preposição *de* em construções do tipo: *Trata-se de assuntos sérios.*

Atenção: *Trata-se de assuntos sérios* (oração sem sujeito) exemplifica um caso diferente de *Precisa-se de empregados* (sujeito indeterminado). Neste último, o emprego do pronome *se* junto ao verbo faz com que a oração passe a equivaler a outra que tem por sujeito *alguém, a gente*: *Alguém precisa de empregados.* O mesmo não acontece com o verbo *tratar-se.*

A principal característica dos verbos e expressões impessoais é que (salvo em alguns casos do verbo *ser*) aparecem, na língua exemplar, sempre na 3.ª pessoa do singular. Faz exceção o verbo *ser* em construções do tipo: *São* duas horas. / *Eram* vinte pessoas no máximo.

Evite-se dizer *Haviam várias pessoas. / Devem haver soluções para tudo.* Prefira: *Havia várias pessoas. / Deve haver soluções para tudo.* (É importante lembrar que a impessoalidade do verbo principal se transmite ao verbo auxiliar.)

SUJEITO INDETERMINADO

Há orações que não apresentam nenhuma unidade linguística para ocupar a casa ou função de sujeito. Todavia, nelas há uma referência a sujeito, mas só de maneira indeterminada, imprecisa: *Estão batendo à porta. / Precisa-se de empregados.* Diz-se nestes casos que o sujeito é indeterminado.

A língua portuguesa procede de três maneiras na construção de orações com sujeito indeterminado:

a) verbo na 3.ª pessoa do plural sem referência a qualquer termo que, anterior ou seguinte, lhe sirva de sujeito: Nunca me *disseram* isso.

b) verbo na 3.ª pessoa do singular com valor de 3ª. pessoa do plural, nas mesmas circunstâncias do emprego anterior. Este uso do singular é menos frequente que o do plural: *Diz* que o fato não aconteceu assim (diz = dizem).

c) verbo na 3.ª pessoa do singular acompanhado do pronome **se**, não seguido ou não referido a substantivo que sirva de sujeito do conteúdo predicativo. Trata-se de um sujeito indiferenciado, referido à massa humana em geral; dizemos, neste caso, que o **se** é índice de indeterminação do sujeito ou *pronome indeterminador do sujeito*: *Vive-se* bem aqui. / *Precisa-se* de empregados.

Atenção: Cuidado especial há que se ter em construções do tipo *Alugam-se casas. / Consertam-se bicicletas*, nas quais o *se* não é índice de indeterminação, mas sim pronome apassivador. O sujeito do verbo na voz passiva pronominal é geralmente um nome de coisa, um ser inanimado, incapaz de praticar a ação expressa pelo verbo. Na voz passiva pronominal, o verbo pode estar na 3.ª pessoa do singular ou do plural, para concordar com o sujeito: em *Alugam-se casas*, o sujeito é *casas*. Já em *Precisa-se de empregados*, não há voz passiva; *de empregados* é objeto indireto e não leva o verbo ao plural. Os verbos transitivos indiretos e os intransitivos não se constroem na passiva, porque só o objeto direto da ativa pode transformar-se em sujeito da passiva.

A indeterminação do sujeito nem sempre significa nosso desconhecimento dele; serve também de manobra inteligente de linguagem, quando não nos interessa torná-lo conhecido, como em situações do tipo: Pedro, *disseram-me* que você falou mal de mim.

Muitas vezes, o nosso saber do mundo percebe que se trata de uma só pessoa a praticar a ação verbal, mas se usa o plural por ser a norma frequente da indeterminação do sujeito: *Estão batendo à porta.*

Por fim, evite um cacoete de expressão que se propaga principalmente na língua falada: a repetição do sujeito por meio dos pronomes *ele*, *eles*, *ela*, *elas*. Exemplos:

O vizinho, *ele* não aceita mais desculpas. (E sim: *O vizinho não aceita mais desculpas.*)
A pátria, *ela* precisa de seus filhos. (E sim: *A pátria precisa de seus filhos.*)
Os erros, *eles* nos aprisionam para sempre. (E sim: *Os erros nos aprisionam para sempre.*)

PREDICADO E SEUS OUTROS TERMOS CONSTITUTIVOS

Predicado simples e complexo

A natureza semântico-sintática do verbo pode encerrar-se nele mesmo, em face da sua significação muito definida, como ocorre nas seguintes orações: Isabel *dorme.* / A temperatura *desceu.* Nestes casos, dizemos que é um predicado **simples** ou **incomplexo**.

Se, entretanto, a significação do verbo for muito ampla, torna-se necessário delimitá--la mediante um termo complementar: Clarice comprou *livros.* / Diva gosta de *Teresópolis.* Nestes casos, dizemos que é um predicado **complexo**.

Desta maneira, torna-se necessário delimitar a coisa comprada: *comprou* ***livros*** (e não ***um vestido***, ***um carro***, etc.). Este termo delimitador da significação do verbo chama-se *complemento verbal*, que pode não estar introduzido por preposição (*Clarice comprou* ***livros***) ou estar introduzido por preposição pedida pelo verbo (*Diva gosta* ***de Teresópolis***).

Verbo intransitivo e transitivo

O verbo de significação definida, que não exige complemento verbal, chama-se *intransitivo*: ***dorme*** e ***desceu*** foram empregados nos exemplos anteriores como intransitivos.

O verbo que é empregado acompanhado de complemento verbal chama-se *transitivo*: ***comprou*** e ***gosta*** foram empregados como transitivos.

Embora um verbo possa ser empregado normalmente como intransitivo ou transitivo, a língua permite que um intransitivo possa ser empregado transitivamente, ou que um transitivo seja empregado intransitivamente: *Clarice* ***dorme*** *o sono dos inocentes.* / *Clarice* ***compra*** *no supermercado.*

Portanto, é o **emprego** na oração que assinalará se o verbo aparece como intransitivo ou transitivo.

Objeto direto e complementos preposicionados

O complemento verbal não introduzido por preposição chama-se *objeto direto*: em *Eduardo viu o primo*, o objeto direto é *o primo*.

Ao complemento verbal introduzido por preposição necessária chamaremos, por enquanto, *complemento preposicionado*. Assim, em *Diva gosta de Teresópolis* e *Márcio assistiu ao jogo*, são complementos preposicionados *de Teresópolis* e *ao jogo*.

Dizemos que a preposição é necessária quando a sua não presença ou provoca um uso incorreto da língua ou da modalidade exemplar, ou altera o significado do verbo. A preposição *de* é necessária em *Diva gosta de Teresópolis*, porque, se usarmos sem preposição, *Diva gosta Teresópolis*, estaremos cometendo um erro de português, pois se tratará de uma construção anormal em nossa língua, em qualquer das suas variedades.

Já o não emprego da preposição *a* em *Márcio assistiu o jogo* muda, na norma da língua exemplar, o significado do verbo *assistir*. Na norma da língua exemplar, há *assistir ao jogo*, 'presenciá-lo', 'vê-lo', e *assistir o doente*, 'prestar-lhe assistência', 'socorrê-lo'. Como o verbo está empregado no primeiro significado, deve-se dizer *Márcio assistiu ao jogo*. Nas variedades informal e popular, só há o emprego do verbo *assistir* no significado de 'presenciar', 'ver', e só aparece construído sem preposição *a*: *assistir o jogo*, *assistir a cena*.

Objeto direto preposicionado

O objeto direto é o complemento verbal não introduzido por preposição necessária. Mas, às vezes, a preposição aparece sem ser necessária, e assim pode ser dispensada.

Diz-se, então, que o objeto direto é *preposicionado*. Eis os principais casos em que isto pode ocorrer:

a) quando o verbo exprime sentimento ou manifestação de sentimento, e o objeto direto designa pessoa ou ser animado: Amar *a Deus* sobre todas as coisas (= *Amá-lo sobre todas as coisas*).

b) quando se deseja assinalar claramente o objeto direto nas inversões: *Ao leão* feriu o caçador.

Há três casos em que a preposição junto ao objeto direto é obrigatória:

a) quando está representado por pronome pessoal oblíquo tônico: Entendemos *a ele* muito bem (= nós o entendemos).

b) quando está representado pela expressão de reciprocidade *um ao outro*: Conhecem-se *um ao outro* (= eles se conhecem).

c) quando o objeto direto é composto, sendo o segundo núcleo representado por substantivo: Conheço-o e *ao* pai. [E não: Conheço-o e *o* pai.]

Atenção:
→ Quando há, por ênfase, repetição do objeto direto mediante substantivo, o emprego da preposição antes deste substantivo complemento é facultativo: *Ao mau amigo* não o prezo (= *O mau amigo* não o prezo).

→ Às vezes, a preposição que acompanha o objeto direto tem por função dar certo colorido semântico ao verbo: Chamar *por Nossa Senhora* (= chamar para pedir proteção). À preposição com esta função chama-lhe Antenor Nascentes *posvérbio*.

Complementos verbais preposicionados

A tradição gramatical, confirmada pela Nomenclatura Gramatical Brasileira (NGB), chama *objeto indireto* a todo complemento verbal introduzido por preposição necessária. Mas entendemos que a língua parece indicar dois tipos distintos de complemento verbal preposicionado: o *complemento relativo* e o *objeto indireto*.

1. O complemento relativo se identifica:

a) pela delimitação *imediata* da significação ampla do verbo: *gostar de x*, *assistir a x*.

b) pela possibilidade de acompanhamento por qualquer preposição exigida pela significação do verbo: *de* em *gostar de* indica a "origem" do afeto; *a* em *assistir a* indica "direção" ao ser visualizado; *em* indica "lugar", no exemplo *Marcelinho pôs o livro em cima da mesa*.

c) pela impossibilidade de se substituir o complemento preposicionado pelo pronome pessoal átono *lhe*: a substituição só é possível mediante pronome pessoal tônico *ele*, *ela*, *eles*, *elas* precedido da preposição pedida pelo verbo: *Diva gosta de Teresópolis* → *Diva gosta dela* (da cidade).

2. Já o objeto indireto se distingue:

a) pela delimitação *mediata* da significação do verbo: *O escritor dedicou o romance à sua esposa / a seu filho / a seus pais*.

b) pelo aparecimento exclusivo da preposição ***a*** (ou *para*) como introdutora de tais complementos verbais: *à sua esposa*.

c) pela possibilidade de se substituir este complemento verbal preposicionado pelo pronome pessoal átono *lhe*, que marca apenas o número do substantivo comutado (*lhe, lhes*): *O escritor dedicou o romance à sua esposa → O escritor dedicou-lhe o romance.*

Por isso, no exemplo *Diva gosta de Teresópolis*, o complemento não pode ser substituído por *lhe*: *Diva gosta-lhe**[1] (mas *Diva gosta de Teresópolis*).

> **Atenção**: Em provas de concurso, normalmente não aparece a distinção que fazemos entre objeto indireto e complemento relativo entre os complementos verbais, chamando a ambos objeto indireto.

Predicativo

Outro tipo de complemento verbal é o ***predicativo***, que delimita a natureza semântico-sintática de um reduzido número de verbos: *ser, estar, ficar, parecer, permanecer* e mais alguns, conhecidos como *verbos de ligação*. Às vezes vem introduzido por preposição: *Brasília é a capital.* / *A casa* ficou *em ruínas.*

> **Atenção**: Os *verbos de ligação* caracterizam-se por ligar ao sujeito um estado, qualidade, condição ou classificação que pode ser, entre outras indicações: a) *estado permanente*: José *é* estudioso. / Aurora *vive* cansada. b) *estado passageiro*: José *está* estudioso. / Maria *anda* triste. / Antônio *acha-se* preocupado. / Pedro *encontra-se* doente. c) *continuidade de estado*: José *continua* estudioso. / Maria *permanece* triste. d) *mudança de estado*: José *ficou* estudioso. / Maria *tornou-se* triste. / Antônio *acabou* preocupado. / Pedro *caiu* doente. / O vizinho *fez-se* professor. / A crisálida *virou* borboleta. / Ela *converteu-se* em culpada. / Quem *servirá* de meu advogado? / Ele *se meteu* poeta (ou a poeta). e) *aparência*: José *parece* estudioso (parece ser). / Maria *parece* triste (parece estar).

O predicativo difere dos complementos anteriores pelas características seguintes:

a) é expresso por substantivo, adjetivo, pronome, numeral ou advérbio.

b) concorda com o sujeito em gênero e número, quando flexionável.

c) é comutado pelo pronome invariável *o*: *O aluno é estudioso. → O aluno o é.* / *A aluna é estudiosa. → A aluna o é.*

Como ocorre com os predicados até aqui estudados, pode a predicação com predicativo ser referida a um sujeito ou não: *O aluno é estudioso* (sujeito: *o aluno*). / *É noite* (oração sem sujeito). Ocorre o mesmo com a expressão das horas, em oração sem sujeito seguida de predicativo: *Já são três horas? → Já o são.*

Além do predicativo que acompanha os chamados verbos de ligação, há outro que acompanha qualquer tipo de verbo e se refere tanto ao sujeito quanto ao objeto direto, ao complemento relativo e ao objeto indireto, com os quais também concorda em gênero e número: O vizinho caminha *preocupado.* / Encontraste a porta *aberta.* / Trata-se da questão como *insolúvel.* / Não lhe chamávamos *professor.*

---

[1] O asterisco (*) indica construção agramatical, isto é, construída erradamente ou hipotética.

Os predicativos deste tipo diferem dos que acompanham os verbos de ligação porque não são comutáveis pelo pronome invariável *o*: *O vizinho caminha preocupado.* → *O vizinho o caminha** (comutação impossível).

Para representar este tipo de predicativo, usa-se um advérbio (como *assim*): *O vizinho caminha preocupado.* → *O vizinho caminha assim.*

Por isso é que podemos ter a construção com predicativo ao lado da construção com advérbio: *A cerveja que desce redonda* (*redonda*: adjetivo, predicativo). / *A cerveja que desce redondo* (*redondo*: advérbio, não é predicativo).

> **Atenção**: Uma tradição mais recente na gramática portuguesa, incorporada pela Nomenclatura Gramatical Brasileira (NGB), distingue o predicado em *verbal* (quando constituído por qualquer tipo de verbo, exceto o de ligação), *nominal* (quando se trata de verbo de ligação + predicativo) e *verbonominal* (quando se trata de verbo que não seja de ligação + predicativo). Não seguimos essa tradição, porque entendemos que toda relação predicativa que se estabelece na oração tem por núcleo um verbo. É esta, por sinal, a lição dos nossos primeiros grandes gramáticos, que não faziam tal distinção, e de notáveis linguistas modernos.

Complemento de agente da passiva

É o complemento pelo qual se faz referência a quem pratica a ação sobre o sujeito paciente, na voz passiva: *O livro foi escrito por Graciliano Ramos.*

Voz passiva é a forma que o verbo assume para indicar que seu sujeito sofre a ação por ele indicada. Em nosso exemplo, *o livro*, sujeito de *foi escrito*, não pratica a ação, mas recebe-a, sofre-a; quem a pratica é *Graciliano Ramos*, que, por isso mesmo, se diz *agente da passiva.*

Na chamada *voz ativa*, o agente da passiva passa a sujeito, enquanto o sujeito da passiva passa a objeto direto. Daí, normalmente, essa mudança de voz só ocorrer com o verbo transitivo direto: *O livro foi escrito por Graciliano Ramos* (voz passiva) → *Graciliano Ramos escreveu o livro* (voz ativa). Os outros termos da oração continuam nas mesmas funções sintáticas.

O complemento de agente da passiva é introduzido pela preposição *por* e, nas formas combinadas com artigo, pela forma antiga *per* (*pelo, pela, pelos, pelas*): A República foi proclamada *pelo general Deodoro da Fonseca.*

Com verbos que exprimem sentimento, pode aparecer neste emprego a preposição *de*: O professor é estimado *de todos* (ou *por todos*).

Verbos na voz passiva

Em português obtém-se a voz passiva de um verbo utilizando-se dois procedimentos:

a) com a ajuda dos verbos auxiliares da voz passiva (ser, estar, ficar) acompanhados do particípio do verbo principal, em geral seguidos do complemento de agente da passiva: O livro *foi escrito* por Graciliano Ramos. / O trânsito *ficou prejudicado* pela forte chuva. / O assunto agora *está resolvido.*

b) com a utilização do pronome apassivador *se* combinado com verbo transitivo direto (*se* apassivador seguido de sujeito): *Alugam-se* casas. / *Consertam-se* bicicletas. / *Bebe-se* muita água no verão.

EXPANSÕES DO NOME E DO VERBO

Adjunto adnominal

Chama-se **adjunto** o termo sintático não obrigatório, cuja missão é ampliar a informação ou o conhecimento do núcleo que integra o sujeito e o predicado com seus complementos.

A expansão do núcleo substantivo chama-se *adjunto adnominal* e está fundamentalmente representado por um adjetivo, locução adjetiva ou unidade equivalente: *Bons* ventos o tragam! / Palavra *de rei* não volta atrás. O adjetivo pode ser acompanhado de determinantes que, englobadamente com ele, se classificam como adjunto adnominal:

Os bons ventos o tragam! / *Todos os meus três* amigos chegaram hoje.

Adjunto adverbial

A expansão do núcleo pode dar-se mediante um adjunto adverbial, representado formalmente por um advérbio ou expressão equivalente. Semanticamente exprime uma circunstância e sintaticamente representa uma expansão do verbo, do adjetivo ou do advérbio: Paula estudou *muito*. / O mar está *muito* azulado. / Bebel dançou *muito* bem.

Chamam-se *circunstâncias* em gramática as unidades linguísticas que, referindo-se à significação do verbo, assinalam o modo, o tempo, o lugar, a causa, etc.: Jantamos *ontem* (circunstância de tempo), *no clube* (circunstância de lugar), *na companhia de vários amigos* (circunstância de companhia) *por motivo do aniversário de nosso tio* (circunstância de causa).

O adjunto adverbial pode ser expresso por advérbios (*ontem*) ou por locuções adverbiais (*no clube*, etc.).

Os que exprimem intensidade podem, além do verbo, modificar adjetivos e advérbios: Ela é *muito* inteligente. / O professor jantou *muito* cedo.

Complemento nominal

O verbo pode passar a ser representado por substantivo, por exemplo: *O ladrão fugiu do presídio* pode passar a uma estrutura derivada do tipo de: *A fuga do ladrão do presídio*. Assim também a oração *O vizinho comprou um quadro célebre* pode passar à estrutura derivada: *A compra de um quadro célebre pelo vizinho*. Neste último exemplo o verbo passa a ser representado pelo substantivo *compra*; o objeto direto (*um quadro célebre*) passa a complemento preposicionado; e o sujeito (*o vizinho*) continua agente.

Tais formas derivadas pela passagem de um verbo a nome (processo chamado *nominalização*) dão ensejo ao aparecimento de um complemento preposicionado desse mesmo substantivo, chamado *complemento nominal*: *do ladrão* e *de um quadro célebre* são complementos nominais de *fuga* e *compra*, respectivamente.

Ocorre complemento nominal também com adjetivos (e advérbios seus derivados): *O jogador mostrou-se responsável* pela situação. / *Ele é um jovem desejoso* de sucesso. / *A situação mostrou-se desfavoravelmente* a todos (*desfavoravelmente*, advérbio derivado do adjetivo *desfavorável*).

Nestes casos fica patente que os termos preposicionados funcionam como complemento nominal dos adjetivos e do advérbio. Mas, se se trata de substantivo, pode ocorrer dúvida se estamos diante de complemento nominal ou de adjunto adnominal. Como fazer a distinção?

Formalmente, o complemento nominal se assemelha ao adjunto adnominal, quando em ambos temos a estrutura substantivo + preposição + substantivo: *a chegada do trem / a casa do vizinho.*

A diferença consiste em que o complemento nominal *do trem* em *a chegada do trem* resulta da nominalização de *o trem chegou*, o que não se dá com o adjunto adnominal *do vizinho* em *a casa do vizinho.*

Aposto

Chama-se *aposto* a um substantivo ou expressão equivalente que modifica um núcleo nominal (ou pronominal ou palavra de natureza substantiva como *amanhã*, *hoje*, etc.), também conhecido pela denominação *fundamental*, sem precisar de outro instrumento gramatical que marque esta função adnominal. Exemplos: O rio *Amazonas* deságua no Atlântico. / O professor *Machado* honrou o magistério. / Clarice, *a primeira neta da família*, cursa Direito. / Pedro II, *imperador do Brasil*, protegia jovens talentosos.

Vocativo: uma unidade à parte

Desligado da estrutura da oração e desta separado por curva de entoação exclamativa, o vocativo cumpre uma função apelativa de 2ª. pessoa, pois, por seu intermédio, chamamos ou pomos em evidência a pessoa ou coisa a que nos dirigimos: *José*, vem cá! / Tu, *meu irmão*, precisas estudar!

O vocativo pode estar precedido de ó (e não *oh!*): Ó José, vem cá!

Funções sintáticas e classes de palavras

Vimos até aqui ressaltando que as funções sintáticas dos termos da oração se acham representadas normalmente pelas espécies de classes de palavras conhecidas por substantivos, adjetivos, artigos, pronomes, numerais, verbos e advérbios, ou marcadas por instrumentos gramaticais, como é o caso das preposições e conjunções, ou pela sua disposição à esquerda e à direita do verbo, que é o núcleo fundamental da oração. As funções estão sempre relacionadas com as classes de palavras, mas uma palavra não é substantivo, por exemplo, porque funciona como sujeito; pelo contrário, pode ser sujeito porque é um substantivo ou seu equivalente.

Daí, torna-se importante o conhecimento das diversas classes de palavras existentes na língua portuguesa: *substantivo*, *adjetivo*, *artigo*, *pronome*, *numeral*, *verbo*, *advérbio*, *preposição* e *conjunção*.

A tradição gramatical tem incluído aí a *interjeição*; entretanto, a interjeição não é, a rigor, uma *palavra*, mas uma *palavra-frase*, que só por si vale por um conteúdo de pensamento da linguagem emocional.

Em geral, a interjeição vem separada dos demais elementos do texto por um ponto de exclamação ou por uma vírgula:

> "Oh! que saudades que tenho
> Da aurora da minha vida. (...)" [Casimiro de Abreu, "Meus oito anos"].

CLASSE GRAMATICAL OU CLASSE DE PALAVRA

SUBSTANTIVO

É a classe de palavra que se caracteriza por significar o que convencionalmente chamamos *objetos substantivos*, isto é, substâncias (*homem*, *casa*, *livro*) e quaisquer outros objetos mentalmente apreendidos como substâncias, quais sejam: qualidades (*bondade*, *maldade*, *ligeireza*), estados (*saúde*, *doença*), processos (*chegada*, *entrega*, *aceitação*). Qualquer palavra tomada materialmente pode substantivar-se (o *se*, o *de*, o *não*, o *porquê*) e estará sujeita às regras de flexão e derivação dos substantivos (os *ses*, os *des*, os *nãos*, os *sins*, os *porquês*).

Concretos e abstratos

A tradição gramatical divide os substantivos em *concretos* e *abstratos*. Os concretos são *próprios* e *comuns*.

Substantivo concreto é o que designa ser de existência independente; nomeia pessoas, lugares, animais, vegetais, minerais e coisas: *casa*, *mar*, *sol*, *automóvel*, *filho*, *mãe*.

Substantivo abstrato é o que designa ser de existência dependente. Designa ação (*beijo*, *trabalho*, *saída*), estado (*cansaço*, *doença*, *felicidade*) e qualidade (*prazer*, *beleza*).

É muito frequente o emprego de substantivos abstratos como concretos quando aplicados a nomes de coisas relacionadas com o ato ou qualidade que designam. Quando dizemos que o país precisa de *inteligências*, facilmente percebemos que o substantivo abstrato está usado concretamente, para designar as pessoas inteligentes.

Próprios e comuns

Dividem-se os substantivos concretos em *próprios* e *comuns*, divisão que pertence a planos diferentes.

Substantivo próprio é o que se aplica a um objeto ou a um conjunto de objetos, *mas sempre individualmente*. Os substantivos próprios mais importantes são os *antropônimos* e os *topônimos*. Os primeiros se aplicam às pessoas que, em geral, têm *prenome* (nome próprio individual) [João, Antônia, etc.] e *sobrenome* (Oliveira, Sousa, etc.) ou *apelido* (Joca, Tatá, etc.). Os topônimos se aplicam a lugares e acidentes geográficos.

Substantivo comum é o que se aplica a um ou mais objetos particulares que reúnem características comuns inerentes a dada classe: *homem, mesa, livro, cachorro, lua, sol, fevereiro, segunda-feira, papa.*

Coletivos

São coletivos e nomes de grupo usuais, por exemplo, *caravana, clientela, colmeia, rebanho*, etc.

Não se deve confundir com os coletivos os *nomes de grupo* (*bando, rebanho, cardume*, etc.), embora assim o faça a gramática tradicional. Na realidade, os nomes de grupo são nomes de conjunto de objetos contáveis, que se aplicam habitualmente ou a uma espécie definida (*cardume, alcateia, enxame*) ou total ou parcialmente indefinida (*conjunto, grupo, bando: bando de pessoas, de aves, de alunos*). Ao contrário dos coletivos, os nomes de grupo, principalmente os que se referem a espécie indefinida, requerem determinação explícita do tipo de objeto que compõe o conjunto: *um **bando** de pessoas, de adolescentes*, etc.; *um **cardume** de baleias, de sardinhas*, etc. Já não seria possível *um vinhedo de vinhas*. Vale ressaltar que há bancas que não fazem a distinção entre coletivos e nomes de grupo.

Flexões do substantivo

1. Número

É a categoria gramatical que se refere aos objetos substantivos considerando-os na sua unidade da classe a que pertencem (é o número singular) ou no seu conjunto de dois ou mais objetos da mesma classe (é o número plural).

2. Gênero

A nossa língua conhece dois gêneros para o substantivo: o *masculino* e o *feminino*. São masculinos os nomes a que se pode antepor o artigo *o* (*o linho, o sol, o clima, o poeta, o grama, o pente, o raio, o prazer, o filho, o beijo*) e são femininos os nomes a que se pode antepor o artigo *a* (*a linha, a lua, a grama, a ponte, a poetisa, a filha, a dor*).

Mesmo nos seres animados, as formas de masculino ou de feminino podem não determinar a diversidade de sexo, como ocorre com os substantivos chamados ***epicenos*** (aplicados a animais irracionais), cuja função semântica é só apontar para a espécie:

a cobra, a lebre, a formiga, o tatu, o colibri, o jacaré, ou os substantivos aplicados a pessoas, denominados ***comuns de dois***, distinguidos pela concordância: *o/a* ***estudante***; *este/esta* ***consorte***; *reconhecido/reconhecida* ***mártir***, ou ainda os substantivos de um só gênero, denominados ***sobrecomuns***, aplicados a pessoas cuja referência a homem ou a mulher só se depreende pelo contexto: *o* ***algoz***, *o* ***carrasco***, *o* ***cônjuge***, *a* ***criatura***, *a* ***criança***, *o* ***indivíduo***, *a* ***testemunha***, *a* ***vítima***.

3. Grau (aumentativos e diminutivos)

Os substantivos apresentam-se com a sua significação aumentada ou diminuída, auxiliados por sufixos derivacionais: *homem — homenzarrão — homenzinho. Homenzarrão* e *homenzinho* são formas *derivadas* de *homem*, e não flexões desse substantivo.

Fora da ideia de tamanho, as formas aumentativas e diminutivas podem traduzir o nosso desprezo, a nossa crítica, o nosso pouco caso para certos objetos e pessoas, sempre em função da significação lexical da base, auxiliadas por uma entoação especial (eufórica, crítica, admirativa, lamentativa, etc.) e os entornos que envolvem falante e ouvinte: *poetastro, politicalho, livreco, padreco, coisinha, issozinho, gentinha.* Dizemos então que os substantivos estão em sentido *pejorativo.*

A ideia de pequenez se associa facilmente à de carinho que transparece nas formas diminutivas das seguintes bases léxicas: *paizinho, mãezinha, queridinha.*

ADJETIVO

É a classe que se caracteriza por constituir a *delimitação* do substantivo, orientando a referência a uma *parte* ou a um *aspecto* do denotado.

Entre os aspectos, há os adjetivos pátrios ou gentílicos, que se referem à nacionalidade ou ao local de origem do substantivo: povo *brasileiro.*

Locução adjetiva

É a expressão formada de preposição + substantivo ou equivalente com função de adjetivo: Homem *de coragem* = homem *corajoso.*

Note-se que nem sempre encontramos um adjetivo da mesma família de palavras e de significado perfeitamente idêntico ao da locução adjetiva: colunas *marmóreas* (de mármore), mas colega *de turma.*

Flexões do adjetivo

O adjetivo se combina com certos signos gramaticais para manifestar o número, o gênero e o grau. O grau, entretanto, não constitui, no português, um processo gramatical de flexão. O grau figura aqui por ter sido contemplado pela NGB. A gradação em português, tanto no substantivo quanto no adjetivo, se manifesta por procedimentos sintáticos (*casa pequena, casa grande*) ou por sufixos derivacionais (*casinha, casarão*).

1. Número

O adjetivo acompanha o número do substantivo a que se refere: *aluno estudioso*, *alunos estudiosos*. Ele pode estar, portanto, no *singular* ou no *plural*. Aos adjetivos se aplicam, na maioria dos casos, as mesmas regras de plural dos substantivos. Alguns poucos adjetivos, como ocorre nos substantivos, se mostram indiferentes à marca de número, servindo indistintamente para a indicação do singular ou plural: *simples*, *isósceles*, *piegas*, *grátis*, etc. Assim: critério *simples* / critérios *simples*.

Quanto aos adjetivos compostos, lembraremos que normalmente só o último varia, quando formados por dois adjetivos: amizades *luso-brasileiras*, saias *verde-escuras*, folhas *azul-claras*, etc.

Variam ambos os elementos, entre outros exemplos:

surdo-mudo / *surdos-mudos*
surda-muda / *surdas-mudas*

Exceções: *Azul-marinho* e *azul-celeste*, como adjetivo, ficam invariáveis:

jaqueta *azul-marinho* / jaquetas *azul-marinho*
olho *azul-celeste* / olhos *azul-celeste*

2. Gênero

O adjetivo não tem gênero como tem o substantivo. Concorda em gênero com o substantivo a que se refere como simples repercussão da relação sintática de concordância que se instaura entre o determinado e o determinante: *tempo bom*, *vida boa*.

Formação do feminino dos adjetivos

Os adjetivos *uniformes* são os que apresentam uma só forma para acompanhar substantivos masculinos e femininos: *trabalho útil* / *ação útil*.

Os *biformes* têm uma forma para o masculino e outra para o feminino: vaso *chinês* / louça *chinesa*.

3. Gradação do adjetivo

Há três tipos de gradação na qualidade expressa pelo adjetivo: ***positivo***, ***comparativo*** e ***superlativo***, quando se procede a estabelecer relações entre o que são ou como se mostram dois ou mais seres.

O ***positivo***, que não constitui a rigor uma gradação, enuncia simplesmente a qualidade: *O rapaz é cuidadoso.*

O ***comparativo***, como o próprio nome diz, compara qualidade entre dois ou mais seres, estabelecendo:

a) uma igualdade: O rapaz é *tão cuidadoso quanto* (ou *como*) os outros.

b) uma superioridade: O rapaz é *mais cuidadoso que* (ou *do que*) os outros.

c) uma inferioridade: O rapaz é *menos cuidadoso que* (ou *do que*) os outros.

O ***superlativo***:

a) se ele ressalta, com vantagem ou desvantagem, a qualidade do ser em relação a outros seres, é *superlativo relativo*.

O rapaz é *o mais cuidadoso dos* (ou *dentre os*) pretendentes ao emprego. (superioridade)
O rapaz é *o menos cuidadoso dos* pretendentes. (inferioridade)

b) se indica que a qualidade do ser ultrapassa a noção comum que temos dessa mesma qualidade, é *superlativo absoluto* ou *intensivo*.

O rapaz é *muito cuidadoso*. (superlativo absoluto analítico)
O rapaz é *cuidadosíssimo*. (superlativo absoluto sintético)

O superlativo absoluto pode ser *analítico* ou *sintético*.

Forma-se o *analítico* com a anteposição de palavra intensiva ou intensificador (muito, extremamente, extraordinariamente, etc.) ao adjetivo: *muito elegante*.

O sintético é obtido por meio do sufixo derivacional *-íssimo* (ou outro de valor intensivo) acrescido ao adjetivo: *O fato é velhíssimo*. Pode-se ainda usar de prefixo: *O fato é revelho* (= velhíssimo).

Chamamos a atenção para as palavras terminadas em *-io* que, na forma sintética, apresentam dois *is*, por seguirem a regra geral da queda do *-o* final para receber o sufixo: *cheio → cheiíssimo, cheiinho; feio → feiíssimo, feiinho*.

Comparativos e superlativos irregulares

Afastam-se dos demais na sua formação de comparativo e superlativo os adjetivos seguintes:

Positivo	Comparativo de superioridade	Superlativo absoluto	Superlativo relativo
bom	melhor	ótimo	o melhor
mau	pior	péssimo	o pior
grande	maior	máximo	o maior
pequeno	menor	mínimo	o menor

ARTIGO

Chamam-se *artigo definido* ***o***, ***a***, ***os***, ***as*** que se antepõem a substantivos, com função principal de adjunto desses substantivos.

A tradição gramatical tem aproximado este verdadeiro artigo de ***um***, ***uns***, ***uma***, ***umas***, chamados *artigos indefinidos*, que se assemelham a ***o***, ***a***, ***os***, ***as*** pela mera circunstância de também funcionarem como adjunto de substantivo.

Do ponto de vista semântico e consequentes resultados nas funções gramaticais, o artigo definido identifica o objeto designado pelo nome a que se liga, delimitando-o, extraindo-o de entre os objetos da mesma classe, como aquele que já foi (ou será imediatamente) conhecido do ouvinte.

Outra função é a da substantivação: qualquer unidade linguística, do texto ao morfema, pode substantivar-se quando é nome de si mesma, tomada materialmente: "***o*** *o* é artigo."

PRONOME

É a classe de palavra que se refere a um significado léxico indicado pela situação ou por outras palavras do contexto.

Classificação dos pronomes

Os pronomes podem ser: pessoais, possessivos, demonstrativos, indefinidos, interrogativos e relativos.

Pronome substantivo e pronome adjetivo

O pronome pode aparecer em referência a substantivo claro ou oculto: *Meu* livro é melhor que o *teu.*

Meu e *teu* são pronomes porque, dando ideia de posse, fazem referência à pessoa do discurso: *meu* (1.ª pessoa, a que fala), *teu* (2.ª pessoa, a com quem se fala). Ambos os pronomes fazem referência ao substantivo *livro*, que vem expresso no início, mas se omite no fim, por estar perfeitamente claro ao falante e ouvinte. Esta referência a substantivo caracteriza a função *adjetiva* ou de *adjunto* de certos pronomes. Muitas vezes, sem que tenha vindo expresso anteriormente, dispensa-se o substantivo, como em: Quero o *meu* e não o *seu* livro (em que ambos os pronomes possessivos são adjetivos).

Já em *Isto é melhor que aquilo*, os pronomes *isto* e *aquilo* não se referem a nenhum substantivo determinado, mas fazem as vezes dele. São, por isso, pronomes *absolutos* ou *substantivos.*

Pronome pessoal

Os pronomes pessoais designam as pessoas do discurso:

1.ª pessoa: *eu* (singular) / *nós* (plural)

2.ª pessoa: *tu* (singular) / *vós* (plural)

3.ª pessoa: *ele, ela* (singular) / *eles, elas* (plural)

As formas *eu, tu, ele, ela, nós, vós, eles, elas*, que funcionam como sujeito, se dizem *retas.* A cada um destes pronomes pessoais retos corresponde um pronome pessoal oblíquo que funciona como complemento e pode apresentar-se em forma átona ou forma tônica. Ao contrário das formas átonas, *as tônicas vêm sempre precedidas de preposição.*

Pronomes pessoais:	retos	oblíquos átonos (sem preposição)	oblíquos tônicos (com preposição)
Singular: 1.ª pessoa:	**eu**	**me**	**mim**
2.ª pessoa:	**tu**	**te**	**ti**
3.ª pessoa:	**ele, ela**	**lhe, o, a, se**	**ele, ela, si**
Plural: 1.ª pessoa:	**nós**	**nos**	**nós**
2.ª pessoa:	**vós**	**vos**	**vós**
3.ª pessoa:	**eles, elas**	**lhes, os, as, se**	**eles, elas, si**

Se a preposição é *com*, dizemos *comigo, contigo, consigo, conosco, convosco*, e não *com mim, com ti, com si, com nós, com vós*. Empregam-se, entretanto, *com nós* e *com vós*, ao lado de *conosco* e *convosco*, quando estes pronomes tônicos vêm seguidos ou precedidos de *mesmos, próprios, todos, outros, ambos, numeral, aposto* ou *oração adjetiva*, a fim de evidenciar o antecedente: *Com vós todos* ou *com todos vós*.

Pronome oblíquo reflexivo

É o pronome oblíquo da mesma pessoa do pronome reto, significando *a mim mesmo, a ti mesmo*, etc.: Eu *me* vesti rapidamente.

Pronome oblíquo reflexivo recíproco

É representado pelos pronomes *nos, vos, se* quando traduzem a ideia de *um ao outro*, reciprocamente: Nós *nos cumprimentamos*. (um ao outro)

Formas de tratamento

Ao lado dos pronomes pessoais, que se referem às pessoas do discurso (a primeira pessoa, a que fala, o falante: *eu* e *nós*; a segunda pessoa, a com quem se fala, o ouvinte: *tu* e *vós*, e a terceira pessoa ou coisa de que se fala: *ele, ela, eles, elas*), possui a nossa língua formas substantivas de tratamento (*a gente, você, senhor, senhora, senhorita, Vossa Excelência*) que pelo sentido valem como as três pessoas do discurso e gramaticalmente como formas de terceira pessoa; por isso, levam o verbo e seus adjuntos flexionados também para a terceira pessoa: *a gente trabalha, você trabalha, Vossa Excelência trabalha*. São as que a gramática chama formas ou pronomes de tratamento.

Atenção: Emprega-se *Vossa Alteza* (e demais) em referência à segunda pessoa, isto é, em relação àquele com quem falamos; emprega-se *Sua Alteza* (e demais) em referência à terceira pessoa, isto é, à pessoa de quem falamos. A indicação do plural com as formas de tratamento se faz com a repetição de letras: *VV.MM.* (Vossas Majestades).

Pronomes possessivos

São os que indicam a posse em referência às três pessoas do discurso: *meu* / *nosso* (1.ª pessoa); *teu* / *vosso* (2.ª pessoa); *seu* / *seus* (3.ª pessoa).

Pronomes demonstrativos

São os que indicam a posição dos seres em relação às três pessoas do discurso. Esta localização pode ser no *tempo*, no *espaço* ou no *discurso*.

Por exemplo: *este livro* é o livro que está perto da pessoa que fala; *esse livro* é o que está longe da pessoa que fala ou perto da pessoa com quem se fala; *aquele livro* é o que se acha distante da 1.ª e da 2.ª pessoa.

Obs.: Demonstrativos referidos a nossas próprias palavras: no discurso, quando o falante deseja fazer menção ao que ele acabou de narrar (*anáfora*) ou ao que vai narrar (*catáfora*), emprega *este* (e flexões).

São ainda pronomes demonstrativos *o*, *mesmo*, *próprio*, *semelhante* e *tal*.

Considera-se **o** pronome demonstrativo, de emprego absoluto, invariável no masculino e singular, quando funciona com o valor *grosso modo* de *isto*, *isso*, *aquilo* ou *tal*: Não *o* consentirei jamais.

Mesmo, *próprio*, *semelhante* e *tal* têm valor demonstrativo quando denotam identidades ou se referem a seres e ideias já expressas anteriormente, e valem por *esse*, *essa*, *aquele*, *isso*, *aquilo*: "Depois, como Pádua falasse ao sacristão baixinho, aproximou-se deles; eu fiz a *mesma* coisa." [Machado de Assis].

Obs.: *Mesmo* e *próprio* aparecem ainda reforçando pronomes pessoais, com os quais concorda em número e gênero: Ela *mesma* quis ver o problema. / Nós *próprios* o dissemos.

Pronomes indefinidos

São os que se aplicam à 3.ª pessoa quando têm sentido vago ou exprimem quantidade indeterminada.

Funcionam como pronomes indefinidos substantivos, todos invariáveis: *alguém*, *ninguém*, *tudo*, *nada*, *algo*, *outrem*. Por exemplo: *Ninguém* disse a verdade.

São pronomes indefinidos adjetivos: *cada* (invariável), *certo* (variável), *qualquer* (só variável em número: *quaisquer*). Por exemplo: *Qualquer* pessoa pode opinar. Os pronomes indefinidos adjetivos *algum*, *nenhum*, *todo*, *outro*, *muito*, *pouco*, *vário*, *tanto*, *quanto*, *um*, entre outros, são empregados, em certos casos, como pronomes substantivos. Por exemplo: *Um* falará, o *outro*, não.

Aplicam-se a quantidades indeterminadas os indefinidos, todos variáveis (com exceção de *mais* e *menos*): *muito*, *mais*, *menos*, *pouco*, *todo*, *algum*, *tanto*, *quanto*, *vário*, *diverso*.

Pronomes interrogativos

São os pronomes indefinidos *quem*, *que*, *qual* e *quanto* que se empregam nas perguntas, diretas ou indiretas: *Quem* veio aqui?, *Que* compraste?

Diz-se *interrogação direta* a pergunta que termina por ponto de interrogação e se caracteriza pela entoação ascendente: *Quem* veio aqui?

Já *interrogação indireta* é a pergunta que:

a) se faz indiretamente e para a qual não se pede resposta imediata;

b) é proferida com entoação normal descendente;

c) não termina por ponto de interrogação;

d) vem depois de verbo que exprime interrogação ou incerteza (*perguntar*, *indagar*, *não saber*, *ignorar*, etc.): Quero saber *quem* veio aqui.

Pronomes relativos

São pronomes relativos *que*, *quem*, *o qual* (*a qual*, *os quais*, *as quais*), *cujo* (*cuja*, *cujos*, *cujas*) e *quanto* (*quanta*, *quantos*, *quantas*), quando se referem a um antecedente:

Eu sou o freguês que *por último compra o jornal* (o *que* se refere ao antecedente *freguês*).

O pronome relativo *que* difere da conjunção integrante *que* porque esta última tem por missão introduzir oração subordinada substantiva e, na condição de mera conjunção, não exerce função sintática. Já o pronome relativo *que* introduz oração subordinada adjetiva e, como pronome, exerce nela uma função sintática. No exemplo acima, *que* referido a *freguês* exerce a função de sujeito da oração: *que* (= o freguês) *compra o jornal.*

A conjunção integrante *que*, como conjunção, não exerce função sintática. Desta diferença resulta que ela pode ser omitida no início da oração subordinada substantiva, o que não ocorre quando o *que* é pronome relativo: *Espero* que sejas *feliz* ou *Espero sejas feliz.* O mesmo não ocorre se omitirmos o *que* em: *Eu sou o freguês* (que) *compra o jornal.*

O pronome relativo *quem* se refere a pessoas ou coisas personificadas e sempre aparece precedido de preposição: *As pessoas* de quem *fala não vieram.* / *As companhias* com quem *andas são péssimas.* / *O amigo* por quem *fomos enganados desapareceu.*

Usamos *que* e *o qual* para nos referirmos a pessoas ou coisas: *O ônibus* que *esperamos está atrasado.* / *Não são poucas as alunas* que *faltaram.* / *Este é o assunto sobre* o qual *falaremos.*

Já o pronome relativo *cujo* traduz a ideia de posse, com o valor de *dele*, *do qual*, e tem como flexões *cuja*, *cujos*, *cujas*: O livro *cujas* páginas... (= as páginas *do qual*, as páginas *dele*, as *suas* páginas).

Sempre com função adjetiva, *cujo* reclama, em geral, antecedente e consequente expressos e indica que o antecedente é possuidor do ser designado pelo substantivo a que se refere: Ali vai o *homem cuja casa* comprei. O antecedente é *homem*; o consequente, *casa* (a casa do homem).

Conforme a função do núcleo do sintagma nominal, do qual este pronome serve de adjunto, *cujo* pode vir precedido de preposição: *O proprietário* cuja casa *aluguei* (a casa *do qual* aluguei) / *Os pais* a cujos filhos *damos aula* (aos filhos *dos quais*) / O *clube* em cujas dependências *treino* (nas dependências *do qual*).

Atenção: Não se deve usar artigo definido antes e depois de *cujo*. Por isso é considerada incorreta a construção: *O pai* cujos os *filhos estudam aqui*. A construção apropriada é: *O pai* cujos *filhos estudam aqui*.

No exemplo: *Este é o autor* a cuja *obra te referiste*, não há acento indicativo da crase, por não vir *cujo* precedido de artigo; *a* é pura preposição. O verbo *referir-se* se acompanha da preposição *a*, daí a construção: *a cuja obra te referiste*.

O pronome relativo *quanto* tem por antecedente um pronome indefinido (*tudo, todo, todos, todas, tanto*): *Esqueça-se de* tudo quanto *lhe disse*.

Obs.: Os advérbios *onde*, *como* e *quando*, referidos a antecedentes, são classificados como advérbios relativos: A *casa* onde (= na qual) *moro é espaçosa*. / *Conheci-o na* época quando (= em que) *estudava em Belo Horizonte*. *Onde* vale por *em que* e se refere a um lugar fixo. Difere de *aonde*, que exprime movimento: *O lugar* onde *moro*. / *O lugar* aonde *vou*. / *O lugar* donde *venho é turístico*.

NUMERAL

É a palavra de função quantificadora que denota valor definido.

Cardinais

Os numerais propriamente ditos são os *cardinais*: *um*, *dois*, *três*, *quatro*, etc., e respondem às perguntas *quantos?*, *quantas?*. Na escrita podem ser representados por algarismos arábicos (1, 2, 3, 4, etc.) ou romanos (I, II, III, IV, etc.).

A tradição gramatical, levando em conta a significação de certas palavras denotadoras da quantidade e da ordem definidas, tem incluído entre os numerais próprios — os cardinais — ainda os seguintes: os *ordinais*, os *multiplicativos* e os *fracionários*. Tais palavras não exprimem propriamente uma quantidade do ponto de vista semântico, e do ponto de vista sintático se comportam, em geral, como adjetivos que funcionam como adjuntos e, portanto, passíveis de deslocamentos dentro do sintagma nominal:

Ele era o *segundo* irmão entre os homens.
Ele era o irmão *segundo* entre os homens.

Atenção:
→ Evite-se o erro, hoje comum: ***algumas*** *milhares de pessoas*, ***as*** *milhares de pessoas*, ***as*** *milhões de mulheres*, etc. em vez de ***alguns*** *milhares*, ***os*** *milhares*, ***os*** *milhões*, etc. Então temos este emprego correto na frase: Ela era mais *uma* ***dos*** *milhares* de pessoas que estão vindo para o Brasil.

Ordinais

São as palavras que denotam o número de ordem dos seres numa série: *primeiro*, *segundo*, *terceiro*, *quarto*, *quinto*, etc.

Obs.: *Último, penúltimo, antepenúltimo, anterior, posterior, derradeiro, anteroposterior* e outros tais, ainda que exprimam posição do ser, não têm correspondência entre os numerais e devem ser considerados adjetivos.

Leitura de expressões numéricas abreviadas

Atenção especial merecem entendimento e leitura de certas expressões numéricas abreviadas de uso moderno na linguagem jornalística e técnica: *1,4 milhão* (com 1 o numeral coletivo fica no singular); *3,2 bilhões*; *8,5 bilhões*, etc. devem ser entendidos e lidos "um milhão e quatrocentos mil"; "três bilhões e duzentos milhões"; "oito bilhões e quinhentos milhões" ou "oito bilhões e meio".

Note-se que, embora em *1,4 milhão* o substantivo esteja no singular, o verbo pode ir ao plural: 1,4 milhão de estudantes *conseguiram* vagas no ensino superior.

Multiplicativos

São as palavras que exprimem a multiplicidade dos seres. Os mais usados são: *duplo* ou *dobro*, *triplo* ou *tríplice*, *quádruplo*, *quíntuplo*, *sêxtuplo*, *sétuplo*, *óctuplo*, *nônuplo*, *décuplo*, *cêntuplo*.

Fracionários

São as palavras que indicam frações dos seres: *meio*, *terço*, *quarto*, *quinto*, *sexto*, *sétimo*, *oitavo*, *nono*, *décimo*, *vigésimo*, *centésimo*, *milésimo*, *milionésimo*, empregados como equivalentes de *metade*, *terça parte*, *quarta parte*, etc.

Para muitos fracionários empregamos o cardinal seguido da palavra *avos*, extraída de *oitavo*, como se fora sufixo: onze avos, treze avos, quinze avos, etc.

VERBO

Entende-se por *verbo* a unidade que significa ação ou processo, unidade esta organizada para expressar o modo, o tempo, a pessoa e o número.

No verbo português há categorias que sempre estão ligadas: não se separa a "pessoa" do "número" nem o "tempo" do "modo".

As pessoas do verbo

Geralmente as formas verbais indicam as três pessoas do discurso, para o singular e o plural:

1.ª pessoa do singular: **eu** canto

2.ª pessoa do singular: **tu** cantas

3.ª pessoa do singular: **ele** canta

1.ª pessoa do plural: **nós** cantamos

2.ª pessoa do plural: **vós** cantais

3.ª pessoa do plural: **eles** cantam

Os tempos do verbo

1. Presente – Em referência a fatos que se passam ou se estendem ao momento em que falamos: (*eu*) canto.

2. Pretérito – Em referência a fatos anteriores ao momento em que falamos, é subdividido em *imperfeito, perfeito* e *mais-que-perfeito*: *cantava* (*imperfeito*), *cantei* (*perfeito*) e *cantara* (*mais-que-perfeito*).

3. Futuro – Em referência a fatos ainda não realizados, é subdividido em *futuro do presente* e *futuro do pretérito*: *cantarei* (*futuro do presente*), *cantaria* (*futuro do pretérito*).

Os modos do verbo

São, conforme a posição do falante em face da relação entre a ação verbal e seu agente, os seguintes:

1. Indicativo – Em referência a fatos verossímeis ou tidos como tais: *canto, cantei, cantava, cantarei.*

2. Subjuntivo (conjuntivo) – Em referência a fatos incertos: talvez *cante*, se *cantasse*, quando *cantar.*

3. Imperativo – Em relação a um ato que se exige do agente: *cantai.*

As vozes do verbo

As vozes do verbo são: *ativa, passiva* e *reflexiva.*

1. Ativa

Forma em que o verbo se apresenta para, normalmente, indicar que o sujeito a que se refere é o *agente* da ação: *Eu escrevo a carta.*

2. Passiva

Forma verbal que indica que o sujeito é o *objeto* da ação verbal. O sujeito, neste caso, diz-se *paciente* da ação verbal: *A carta é escrita por mim.*

A passiva é formada com um dos verbos: *ser, estar, ficar*, seguido de particípio.

Obs.: É preciso não confundir voz passiva e passividade.

Voz é a forma especial em que se apresenta o verbo para indicar que o sujeito recebe a ação: Ele *foi visitado* pelos amigos. (voz passiva)

Passividade é o fato de o sujeito receber a ação verbal. A passividade pode traduzir-se, além da voz passiva, pela ativa, se o verbo tiver sentido passivo: Os criminosos *recebem* o merecido castigo. (voz ativa)

Portanto, nem sempre a passividade corresponde à voz passiva.

3. Reflexiva

Forma verbal que indica que a ação verbal não passa a outro ser: 1) podendo reverter-se ao próprio agente (sentido reflexivo propriamente dito): Eu *me visto*; tu *te feriste* sozinho; ele *se enfeita*; 2) podendo atuar reciprocamente entre mais de um agente (reflexivo recíproco): Eles *se amam*; nós *nos carteamos*; 3) podendo indicar movimento do próprio corpo ou mudança psicológica (reflexivo dinâmico): Ela *sentou-se*; ela *zangou-se*; 4) podendo expressar sentido de "passividade com *se*" (reflexivo passivo): *Alugam-se* casas; e 5) podendo expressar sentido de impessoalidade (reflexivo indeterminado), conforme as interpretações favorecidas pelo contexto: *Assistiu-se* a festas. É formada de verbo seguido do pronome oblíquo de pessoa igual à que o verbo se refere.

O verbo, empregado na forma reflexiva propriamente dita, diz-se *pronominal.*

Formas nominais do verbo

Assim se chamam o *infinitivo*, o *particípio* e o *gerúndio*, porque, ao lado do seu valor verbal, podem desempenhar função de nomes. O infinitivo pode ter função de substantivo (*Recordar é viver* = A recordação é vida); o particípio pode valer por um adjetivo (*homem sabido*) e o gerúndio por um advérbio ou adjetivo (*Amanhecendo, sairemos* = Logo pela manhã sairemos; *água fervendo* = água fervente).

As formas nominais do verbo se derivam do tema (radical + vogal temática) acrescido das desinências:

a) **-r** para o infinitivo: canta-*r*, vende-*r*, parti-*r*.

b) -**do** para o particípio: canta-*do*, vendi-*do*, parti-*do*.

c) -**ndo** para o gerúndio: canta-*ndo*, vende-*ndo*, parti-*ndo*.

Conjugar um verbo

É dizê-lo, de acordo com um sistema determinado, um paradigma, em todas as suas formas nas diversas pessoas, números, tempos, modos e vozes.

Em português temos três conjugações caracterizadas pela vogal temática:

1.ª conjugação — vogal temática **a**: am*a*r, fal*a*r, tir*a*r

2.ª conjugação — vogal temática **e**: tem*e*r, vend*e*r, varr*e*r

3.ª conjugação — vogal temática **i**: part*i*r, fer*i*r, serv*i*r

Obs.: Não existe a 4.ª conjugação; *pôr* é um verbo da 2.ª conjugação cuja vogal temática desapareceu no infinitivo, mas permanece em outras formas do verbo. Veja-se a correspondência: vend-*e*-s / põ-*e*-s.

Verbos regulares, irregulares e anômalos

Diz-se que um verbo é *regular* quando se apresenta de acordo com o modelo de sua conjugação: *cantar, vender, partir*, sendo suas formas predizíveis, graças às regras definidas e gerais de flexionamento. No verbo regular também o radical não varia.

Tem-se o radical de um verbo privando-o, no infinitivo sem flexão, das terminações *-ar, -er, -ir: am-ar / fal-ar / tir-ar / tem-er / vend-er / varr-er / part-ir / fer-ir / serv-ir.*

Irregular é o verbo que, em algumas formas, apresenta modificação no radical ou na flexão, afastando-se do modelo da conjugação a que pertence:

a) variação no radical em comparação com o infinitivo: ***ouv**ir* — ***ouç**o* / ***diz**er* — ***dig**o* / ***perd**er* — ***perc**o*;

b) variação na flexão, em relação ao modelo: *est**ou*** (veja-se *cant**o***, um representado por ditongo oral tônico e outro por vogal oral átona); *est**ás*** (veja-se *cant**as***, um tônico e outro átono).

Irregulares fortes são aqueles cujo radical do infinitivo se modifica no pretérito perfeito: ***cab**er* — ***coub**e* / ***faz**er* — ***fiz**.*

> **Obs.**: Não entram no rol dos verbos irregulares aqueles que, para conservar a pronúncia, têm de sofrer variação de grafia: carregar — carre*gu*e — carre*gu*ei — carre*gu*es / ficar — fico — fi*qu*ei — fi*qu*e. Não há, portanto, *irregulares gráficos*.

Anômalo é o verbo irregular que apresenta, na sua conjugação, radicais primários diferentes: *ser* (reúne o concurso de três radicais: ***sou, és, fui***) e *ir* (reúne o concurso de três radicais: ***vou, irmos, fui***).

Verbos defectivos e abundantes

Defectivo é o verbo que, na sua conjugação, não apresenta todas as formas: *colorir, precaver-se, reaver*, etc. É preciso não confundi-lo com os verbos chamados *impessoais* e *unipessoais*, que só se usam nas terceiras pessoas.

Quase sempre faltam as formas rizotônicas dos verbos defectivos.

Chama-se *rizotônica* a forma verbal que tem a sílaba tônica no radical (***can**to*, em oposição a *can**tei***). Suprimos, *quando necessário*, as lacunas de um defectivo empregando um sinônimo (derivado ou não do defectivo): eu *recupero* (para *reaver*); eu *redimo* (para *remir*); eu *me acautelo* (para *precaver-se*).

Arrizotônica é a forma verbal cuja sílaba tônica se acha fora do radical: *que**re**mos, can**tais**, di**rei**, ven**di**do*. Na língua portuguesa há predomínio de formas arrizotônicas.

> **Atenção:**
>
> → Muitos verbos apontados outrora como defectivos são hoje conjugados integralmente: *aderir, agir, advir, compelir, computar, desmedir-se, discernir, emergir, explodir, imergir, fruir, parir, polir, submergir*, entre outros. *Ressarcir* e *refulgir* (que alguns gramáticos só mandam conjugar nas formas em que o radical é seguido de *e* ou *i*) tendem a ser empregados como verbos completos.
>
> → Os verbos que designam vozes de animais (*balir* [ovelha e cordeiro], *cacarejar* [galinha], *grunhir* [porco, javali, etc.], *ladrar* [cão], *latir* [cão], *miar* [gato], *mugir*

[bovídeo], *relinchar* [cavalo, burro, etc.], *regougar* [gambá, raposa, etc.], *rugir* [leão, tigre e outros felinos], *zurrar* [burro, jumento], etc.) geralmente só aparecem nas terceiras pessoas do singular e plural, em virtude de sua significação (exceto quando usados metaforicamente), e são indevidamente arrolados como defectivos. Melhor chamá-los, quando no seu significado próprio, *unipessoais*.

→ Também são indevidamente considerados defectivos os verbos *impessoais* (pois não se referem a sujeito), que só são empregados na terceira pessoa do singular: *Chove* muito e *relampeja*.

Quando em sentido figurado, os verbos deste item, assim como os que designam vozes de animais, conjugam-se em quaisquer pessoas: *Chovam as bênçãos do céu.*

Abundante é o verbo que apresenta duas ou três formas de igual valor e função: *traduze* tu (ou *traduz*); *faze* tu (ou *faz*); *havemos* e *hemos*; *constrói* e *construi*; *pagado* e *pago*; *nascido*, *nato*, *nado* (pouco usado).

Normalmente esta abundância de forma ocorre no particípio. Existe grande número de verbos que admitem dois (e uns poucos até três) particípios: um *regular*, terminado em *-ado* (1.ª conjugação) ou *-ido* (2.ª e 3.ª conjugações), e outro *irregular*, proveniente do latim ou de nome que passou a ter aplicação como verbo, terminado em *-to*, *-so* ou criado por analogia com modelo preexistente.

Eis uma relação dessas formas duplas de particípio, indicando-se entre parênteses se ocorrem com a voz ativa [a.] (auxiliares *ter* ou *haver*) ou passiva [p.] (auxiliares *ser*, *estar*, *ficar*), ou com ambas:

aceitar, aceitado (a., p.), aceito (p.) e aceite (p.) / acender, acendido (a., p.), aceso (p.) / desenvolver, desenvolvido (a., p.), desenvolto (a., p.) / eleger, elegido (a.), eleito (a., p.) / entregar, entregado (a., p.), entregue (p.) / envolver, envolvido (a., p.), envolto (a., p.) / enxugar, enxugado (a., p.), enxuto (p.) / expressar, expressado (a., p.), expresso (p.) / exprimir, exprimido (a., p.), expresso (a., p.) / expulsar, expulsado (a., p.), expulso (p.) / extinguir, extinguido (a., p.), extinto (p.) / fartar, fartado (a., p.), farto (p.) / findar, findado (a., p.), findo (p.) / frigir, frigido (a.), frito (a., p.) / ganhar, ganhado (a., p.), ganho (a., p.) / gastar, gastado (a.), gasto (a., p.) / imprimir, imprimido (a., p.), impresso (a., p.) / inserir, inserido (a., p.), inserto (a., p.) / isentar, isentado (a.), isento (p.) / juntar, juntado (a., p.), junto (a., p.) / limpar, limpado (a., p.), limpo (a., p.) / matar, matado (a.), morto (a., p.) / pagar, pagado (a.), pago (a., p.) / pasmar, pasmado (a., p.), pasmo (a.) / pegar, pegado (a., p.), pego (é ou ê) / prender, prendido (a., p.), preso (p.) / suspender, suspendido (a., p.), suspenso (p.) / tingir, tingido (a., p.), tinto (p.).

Atenção:
1. Em geral emprega-se a forma regular, que fica invariável com os auxiliares *ter* e *haver*, na voz ativa, e a forma irregular, que se flexiona em gênero e número, com os auxiliares *ser*, *estar* e *ficar*, na voz passiva:

Nós temos *aceitado* os documentos. / Os documentos têm sido *aceitos* por nós.

2. O particípio do verbo *trazer* é *trazido* (e não *trago*!): O portador havia *trazido* o documento. / Foi *trazido* pela ambulância. A forma *trago* é 1.ª pessoa do singular do verbo *trazer*: Se quiser, eu *trago* os documentos. Da mesma forma, o particípio do verbo *chegar* é *chegado* (e não *chego*!): Todos tinham *chegado* cedo. A forma *chego* é a 1.ª pessoa do singular do verbo *chegar*: Eu *chego* a acreditar em fantasmas.

Locução verbal. Verbos auxiliares

Chama-se *locução verbal* a combinação das diversas formas de um verbo auxiliar com o infinitivo, gerúndio ou particípio de outro verbo que se chama principal: *hei de estudar, estou estudando, tenho estudado.*

Muitas vezes o auxiliar empresta um matiz semântico ao verbo principal, dando origem aos chamados *aspectos do verbo.*

Entre o auxiliar e o verbo principal no infinitivo, pode aparecer ou não uma preposição (*de, em, por, a, para*). Na locução verbal é somente o auxiliar que recebe as flexões de pessoa, número, tempo e modo: *haveremos de fazer*; *estavam por sair*; *iam trabalhando*; *tinham visto.*

Vejamos algumas aplicações dos verbos auxiliares da língua portuguesa:

1) *ter, haver* (raramente) e *ser* (mais raramente) se combinam com o particípio do verbo principal para constituírem novos tempos, chamados *compostos*, que, unidos aos simples, formam o quadro completo da conjugação da voz ativa. Estas combinações exprimem que a ação verbal está concluída. Temos nove formas compostas:

Indicativo	
1) Pretérito perfeito composto:	tenho ou hei cantado, vendido, partido
2) Pretérito mais-que-perfeito composto:	tinha ou havia cantado, vendido, partido
3) Futuro do presente composto:	terei ou haverei cantado, vendido, partido
4) Futuro do pretérito composto:	teria ou haveria cantado, vendido, partido

Subjuntivo	
5) Pretérito perfeito composto:	tenha ou haja cantado, vendido, partido
6) Pretérito mais-que-perfeito composto:	tivesse ou houvesse cantado, vendido, partido
7) Futuro composto:	tiver ou houver cantado, vendido, partido

FORMAS NOMINAIS	
8) Infinitivo composto:	ter ou haver cantado, vendido, partido
9) Gerúndio composto:	tendo ou havendo cantado, vendido, partido

2) *ser, estar, ficar* se combinam com o particípio (variável em gênero e número) do verbo principal para constituir a voz passiva (de ação, de estado e de mudança de estado): *é amado, está prejudicada, ficaram rodeados.*

Tempos primitivos e derivados

No estudo dos verbos, principalmente dos irregulares, torna-se vantajoso o conhecimento das formas verbais que se derivam de outras chamadas *primitivas.*

1) Praticamente do radical da 1.ª pessoa do presente do indicativo sai todo o presente do subjuntivo, bastando que se substitua a vogal final por *e*, nos verbos da 1.ª conjugação, e por *a*, nos verbos da 2.ª e 3.ª conjugações:

Verbo	Presente do indicativo	Presente do subjuntivo
cantar	canto	cante
vender	vendo	venda
partir	parto	parta

Exceções: verbos ser, dar, estar, haver, ir, querer e saber.

2) Praticamente da 2.ª pessoa do singular e do plural do presente do indicativo saem a 2.ª pessoa do singular e do plural do imperativo, bastando suprimir o *s* final:

Verbo	Presente do indicativo	Imperativo
cantar	cantas	canta
	cantais	cantai
vender	vendes	vende
	vendeis	vendei
partir	partes	parte
	partis	parti

Exceção: verbo ser.

O imperativo em português só tem formas próprias para as segundas pessoas, e apenas no afirmativo; as pessoas que faltam são supridas pelos correspondentes do presente do subjuntivo. Não se usa o imperativo de 1.ª pessoa do singular como tal, mas com valor optativo. As terceiras pessoas do imperativo se referem a *você*, *vocês*, e não a *ele*, *eles*. Também não há formas especiais para o imperativo nas orações negativas; neste caso, empregam-se as formas correspondentes do presente do subjuntivo.

***Verbos em* -ear *e* -iar**

Os verbos terminados em -***ear*** trocam o ***e*** por ***ei*** nas formas rizotônicas:

nomear → *presente do indicativo*: nomeio, nomeias, nomeia, nomeamos, nomeais, nomeiam; *presente do subjuntivo*: nomeie, nomeies, nomeie, nomeemos, nomeeis, nomeiem; *imperativo afirmativo*: nomeia, nomeie, nomeemos, nomeai, nomeiem.

Os verbos em -***iar*** são conjugados regularmente:

premiar → *presente do indicativo*: premio, premias, premia, premiamos, premiais, premiam; *presente do subjuntivo*: premie, premies, premie, premiemos, premieis, premiem; *imperativo afirmativo*: premia, premie, premiemos, premiai, premiem.

Cinco verbos em -***iar*** se conjugam, nas formas rizotônicas, como se terminassem em *-ear* (***mario*** é o anagrama que deles se pode formar):

mediar: medeio, medeias, medeia, mediamos, mediais, medeiam;

ansiar: anseio, anseias, anseia, ansiamos, ansiais, anseiam;

remediar: remedeio, remedeias, remedeia, remediamos, remediais, remedeiam;

incendiar: incendeio, incendeias, incendeia, incendiamos, incendiais, incendeiam;

odiar: odeio, odeias, odeia, odiamos, odiais, odeiam.

Atenção para os verbos derivados! Muitos não observam que os verbos derivados de *ter*, *pôr* e *vir* acompanham as irregularidades dos primitivos; por isso é comum encontrarmos frases como estas: "quem se *deter* [em vez de *detiver*] a observar os fatos"; "*entreteram-se* [em vez *de entretiveram-se*] no passeio"; "*entretia-se* [em vez de *entretinha-se*] a atirar pedras por cima do muro"; "quem *supor* [em vez de *supuser*] que faltamos à verdade vá lá ver"; "poderá adquirir terrenos onde lhe *convir* [em vez de *convier*]".

Apêndice:

Passagem da voz ativa à passiva e vice-versa

Em geral, só pode ser construído na voz passiva verbo que pede objeto direto, acompanhado ou não de outro complemento.

Na passagem da voz ativa para a voz passiva obedece-se às seguintes normas:

1.º) o sujeito da ativa, se houver, passa a agente da passiva, em geral regido da preposição *por*;

2.º) o objeto direto da ativa, se estiver expresso, passa a sujeito da passiva;

3.º) o verbo da voz ativa passa para a voz passiva, conservando-se o mesmo tempo e modo da ativa;

4.º) não sofrem alterações de função sintática os outros termos, se houver, da voz ativa.

Exemplo 1 (com pronome oblíquo):

Ativa	Passiva
Nós o ajudamos ontem.	*Ele, ontem, foi ajudado por nós.*
Sujeito: Nós	Sujeito: Ele
Verbo: ajudamos	Verbo: foi ajudado
Obj. direto: o	Agente da passiva: por nós
Adj. adverbial: ontem	Adj. adverbial: ontem

Exemplo 2 (com o pronome *se* apassivador):

Ativa	Passiva
Alugam casas.	*Alugam-se casas.*
Sujeito: (indeterminado)	Sujeito: casas
Verbo: Alugam	Verbo: Alugam-se
Objeto direto: casas	Agente da passiva: (indeterminado)

Obs.: A indeterminação do sujeito assinala-se, em geral, com o verbo na 3.ª pessoa do plural. Da mesma forma, se quiséssemos passar para a voz reflexiva de sentido passivo um verbo de oração de sujeito indeterminado, bastaria que lhe acrescentássemos o pronome *se* e corrigíssemos sua concordância de acordo com o sujeito da passiva.

Ativa	Passiva
Alugam casas. *Vendem este apartamento.*	*Alugam-se casas.* *Vende-se este apartamento.* (Aqui o verbo fica no singular porque o sujeito da passiva está no singular.)

ADVÉRBIO

É a expressão modificadora do verbo, que, por si só, denota uma circunstância (de lugar, tempo, modo, intensidade, condição, etc.) e desempenha na oração a função de adjunto adverbial: *Aqui* tudo vai *bem*. (lugar, modo)

O *advérbio* é constituído por palavra de natureza nominal ou pronominal e se refere geralmente ao verbo, ou ainda, dentro de um grupo nominal unitário, a um adjetivo, a um advérbio (como intensificador), ou a uma declaração inteira:

José escreve *bem*. (advérbio em referência ao verbo)
José é *muito* bom escritor. (advérbio em referência ao adjetivo *bom*)
José escreve *muito* bem. (advérbio em referência ao advérbio *bem*)
Felizmente José chegou. (advérbio em referência a toda a declaração: José chegou); [o advérbio deste tipo geralmente exprime um juízo pessoal de quem fala e constitui um comentário à oração.]

Locução adverbial

É o grupo geralmente constituído de preposição + substantivo (claro ou subentendido) que tem o valor e o emprego de advérbio: *com efeito, de graça, às vezes, em silêncio, por prazer, sem dúvida, à toa, em breve* (subentende-se *tempo*), *à francesa* (subentende-se *modo*), etc.

Circunstâncias adverbiais

O advérbio apresenta certa flexibilidade de posição.

As principais circunstâncias expressas por advérbio ou locução adverbial, graças ao significado das palavras empregadas e ao nosso saber do mundo, são:

a) *assunto*: Conversar *sobre música.*

b) *causa*: Morrer *de fome.*

c) *companhia*: Sair *com os amigos.*

d) *concessão*: Voltaram *apesar do escuro*.

e) *condição*: Só entrará *com autorização*. Não sairá *sem licença*.

f) *conformidade*: Fez a casa *conforme a planta*.

g) *dúvida*: *Talvez* melhore o tempo. *Acaso* encontrou o livro.

h) *fim*: Preparou-se *para o baile*.

i) *instrumento*: Escrever *com lápis*.

j) *intensidade*: Andou *mais depressa*.

k) *lugar*: Estuda *aqui*. Foi *lá*. Passou *pela cidade*. Veio *dali*.

l) *modo*: Falou *assim*. Anda *mal*. Saiu *às pressas*.

m) *negação*: *Não* lerá sem óculos. Sei *lá*. (= não sei)

n) *referência*: "O que nos sobra *em glória de ousados e venturosos navegantes*, míngua-nos *em fama de enérgicos e previdentes colonizadores*." [Latino Coelho]

o) *tempo*: Visitaram-nos *hoje*. *Então* não havia recursos. *Sempre* nos cumprimentaram. *Jamais* mentiu. *Já* não fala. Não fala *mais*. *Nunca* vi algo assim.

Advérbios de base nominal e pronominal

O advérbio, pela sua origem e significação, se prende a nomes ou pronomes, havendo, por isso, advérbios *nominais* e *pronominais*.

Entre os *nominais* se acham aqueles formados de adjetivos acrescidos do "sufixo" *-mente*: *rapidamente* (= de modo rápido), *pessimamente*.

Entre os *pronominais*, temos:

a) *demonstrativos*: *aqui*, *aí*, *acolá*, *lá*, *cá*.

b) *relativos*: *onde* (em que), *quando* (em que), *como* (por que).

c) *indefinidos*: *algures*, *alhures*, *nenhures*, *muito*, *pouco*, *que*.

d) *interrogativos*: *onde?*, *quando?*, *como?*, *por que...?*, *por quê?*.

Os advérbios relativos, como os pronomes relativos, servem para referir-se a unidades que estão postas na oração anterior. Nas ideias de lugar empregamos *onde*, ao lado de *em que*, *no qual* (e flexões): A casa *onde* mora é excelente (= A casa *em que* mora é excelente).

Precedido das preposições *a* ou *de*, grafa-se *aonde* e *donde*: O sítio *aonde* vais é pequeno. / É bom o colégio *donde* saímos.

Os advérbios interrogativos de base pronominal se empregam nas perguntas diretas e indiretas em referência ao lugar, tempo, modo ou causa:

Onde está estudando o primo? / Ignoro *onde* estuda.

Quando irão os rapazes? / Não sei *quando* irão os rapazes.

Como fizeram o trabalho? / Perguntei-lhes *como* fizeram o trabalho.

Por que chegaram tarde? / Dir-me-ás *por que* chegaram tarde.

Obs.: O *Vocabulário* oficial preceitua que se escreva em duas palavras o advérbio interrogativo *por que*, distinguindo-o de *porque* conjunção.

Adverbialização de adjetivos

Muitos adjetivos, permanecendo imóveis na sua flexão de gênero e número, podem passar a funcionar como advérbio. O critério formal de diferenciação das duas classes de modificador (adjetivo: modificador nominal; advérbio: modificador verbal) é a variabilidade do primeiro e a invariabilidade do segundo:

Eles vendem muito *cara* a fruta. (adjetivo)

Eles vendem *caro* a fruta. (advérbio)

Intensificação gradual dos advérbios

Há certos advérbios, principalmente os de modo, que podem manifestar uma relação intensificadora gradual, empregando-se, no comparativo e superlativo, de acordo com as regras que se aplicam aos adjetivos:

1. Comparativo de:

a) *inferioridade*: Falou *menos alto que* (ou *do que*) o irmão.

b) *igualdade*: Falou *tão alto quanto* (ou *como*) o irmão.

c) *superioridade*: 1) *analítico*: Falou *mais alto que* (ou *do que*) o irmão.; 2) *sintético*: Falou *melhor* (ou *pior*) *que* (ou *do que*) o irmão.

2. Superlativo absoluto:

a) *sintético*: Falou *pessimamente*; *altíssimo*; *baixíssimo*; *dificílimo*.

b) *analítico*: Falou *muito mal*; *muito alto*; *extremamente baixo*; *consideravelmente difícil*; *o mais depressa possível*. (indica o limite da possibilidade)

PREPOSIÇÃO

Chama-se *preposição* a uma unidade linguística desprovida de independência — isto é, não aparece sozinha no discurso — e, em geral, átona, que se junta a outra palavra para marcar as relações gramaticais que ela desempenha no discurso, quer nos grupos unitários nominais, quer nas orações.

Exerce papel de índice da função gramatical do termo que ela introduz. Em *Aldenora gosta de Belo Horizonte*, a preposição *de* une a forma verbal *gosta* ao seu termo complementar *Belo Horizonte* para ser o índice da função gramatical preposicionada *complemento relativo*.

Já em *homem* de *coragem*, a mesma preposição *de* vai permitir que o substantivo *coragem* exerça o papel de *adjunto adnominal* do substantivo *homem* — função normalmente desempenhada por adjetivo: homem *corajoso*. Funciona, neste caso, como **transpositor**.

Locução prepositiva

É o grupo de palavras com valor e emprego de uma preposição. Em geral, a locução prepositiva é constituída de advérbio ou locução adverbial seguida da preposição *de*, *a* ou *com*: O garoto escondeu-se *atrás do* móvel.

Às vezes a locução prepositiva se forma de duas preposições, como: *de per* (na locução *de per si*), *até a*, *para com* e *conforme a*: Foi *até ao* colégio.

Algumas das principais locuções prepositivas: *abaixo de*, *a respeito de*, *de acordo com*, *dentro de*, *detrás de*, *embaixo de*, *junto de*, *na conta de*, *para com*, *perante a*, *por cima de*, etc.

Há palavras que funcionam na língua como preposição e, por isso, se dizem ***preposições essenciais***: *a*, *ante*, *após*, *até*, *com*, *contra*, *de*, *desde*, *em*, *entre*, *para*, *perante*, *por* [*per*], *sem*, *sob*, *sobre*, *trás*.

São ***acidentais*** as palavras que, perdendo seu valor e emprego primitivos, passaram a funcionar como preposições: *durante*, *como*, *conforme*, *feito*, *exceto*, *salvo*, *visto*, *segundo*, *mediante*, *tirante*, *fora*, *afora*, etc.

Só as preposições *essenciais* se acompanham de formas tônicas dos pronomes oblíquos:

Sem mim não fariam isso. *Exceto eu*, todos foram contemplados.

Combinação e contração com outras palavras

Diz-se que há *combinação* quando a preposição, ligando-se a outra palavra, não sofre redução. A preposição *a* combina-se com o artigo definido masculino: a + o = ao; a + os = aos.

Diz-se que há *contração* quando, na ligação com outra palavra, a preposição sofre redução. As preposições que se contraem são:

A: a + a = à; a + as = às (esta fusão recebe o nome de *crase*); a + aquele = àquele; a + aqueles = àqueles (crase), etc.

De: de + o = do; de + a = da; de + os = dos; de + as = das; de + um = dum; de + uns = duns, etc.

Em: em + o = no; em + os = nos; em + a = na; em + as = nas; em + um = num; em + uns = nuns, etc.

Per: per + lo = pelo; per + los = pelos; per + la = pela; per + las = pelas, etc.

Para (pra): para (pra) + o = pro; para (pra) + os = pros; para (pra) + a = pra; para (pra) + as = pras, etc.

Co(m): co(m) + o = co; co(m) + os = cos; co(m) + a = coa; co(m) + as = coas, etc.

Obs.: *Crase* é um fenômeno fonético cujo conceito se estende a toda fusão de vogais iguais, e não só ao *a* acentuado. Não há razão para condenar-se o verbo *crasear* para significar "pôr o acento grave indicativo da crase". O que não se deve é chamar *crase* ao acento grave.

Ocorre a crase nos seguintes casos principais:

a) diante de palavra feminina, clara ou oculta, que não repele artigo: Fui *à* cidade. / Chegou *às* dez horas. / Dirigia-se *à* Bahia e depois a Paris.

Obs.: Para sabermos se um substantivo feminino não repele artigo, basta construí-lo em orações em que apareçam regidos das preposições *de*, *em*, *por*. Se tivermos puras preposições, o nome dispensa artigo; se tivermos necessidade de usar, respectivamente, *da*, *na*, *pela*, o artigo será obrigatório: Fui *à* Gávea. (Venho *da* Gávea. / Moro *na* Gávea. / Passo *pela* Gávea.) Fui *a* Copacabana. (Venho *de* Copacabana. / Moro *em* Copacabana. / Passo *por* Copacabana.) O nome que sozinho dispensa artigo pode tê-lo quando acompanhado de adjetivo ou locução adjetiva: Fui *à* Copacabana de minha infância. Assim se diz também: Irei *à* casa paterna.

b) diante do artigo *a* (*as*) e do *a*- inicial dos demonstrativos *aquele*, *aquela*, *aquilo*: Referiu-se *à* / *àquele* que estava do seu lado.

c) diante de possessivo em referência a substantivo feminino oculto: Dirigiu-se àquela casa e não *à* sua. (= à sua casa)

d) nas locuções adverbiais constituídas de substantivo feminino plural: *às* vezes, *às* claras, *às* ocultas, *às* escondidas, *às* pressas.

Obs.: Quando o *a* representa a *pura preposição* que rege um substantivo feminino singular, formando uma locução adverbial, por motivo de clareza usa-se o acento grave diferencial: *à força, à míngua, à bala, à faca, à espada, à fome, à sede, à pressa*, etc.

Assim, não ocorre a crase nos seguintes casos principais:

a) diante de palavra masculina: Graças *a* Deus. / Foi *a* Ribeirão. / Pediu um bife *a* cavalo.

Obs.: Quando está subentendida a expressão *à moda de* ou *à maneira de*, ocorre a crase mesmo diante de substantivo próprio masculino: sapatos *à* Luís XV.

b) diante de palavra de sentido indefinido: Falou *a uma* / *a certa* / *a qualquer* pessoa.

Obs.: Há acento antes do numeral *uma*: Irei vê-la *à uma* hora.

c) diante dos pronomes relativos *que* (quando o *a* anterior for uma preposição), *quem*, *cuja*: Está aí a pessoa *a* que fizeste alusão. / O autor *a* cuja obra a crítica se referiu é muito pouco conhecido. / Ali vai a criança *a* quem deste a notícia.

d) diante de verbo no infinitivo: Ficou *a* ver navios. / Livro *a* sair em breve.

e) diante de pronome pessoal e expressões de tratamento como V. Ex.ª, V.S.ª, V.M., etc. que dispensam artigo: Não disseram *a* ela e *a* você toda a verdade. / Requeiro *a* V. Ex.ª com razão. Mas: Requeiro *à* senhora. / Cedeu o lugar *à* senhorita. Em certos empregos, algumas formas de tratamento admitem a presença do artigo e, portanto, da crase: Falei à/*a* d. Margarida. / Cedeu o lugar *à*/*a* senhorita Maria.

f) nas expressões formadas com a repetição de mesmo termo (ainda que seja um nome feminino), por se tratar de pura preposição: cara *a* cara, face *a* face.

g) diante da palavra *casa* quando desacompanhada de adjunto, e da palavra *terra* quando oposta a *bordo*: Irei *a* casa logo mais. / Entrei *em* casa. / Saí *de* casa. / Foram os primeiros a chegar *a* terra firme.

h) nas expressões de duração, distância e em sequência do tipo de *de... a...*: As aulas serão *de* segunda *a* quinta. / Estes fatos ocorreram *de* 1925 *a* 1930. / O programa abrange *de* quinta *a* sétima série. / A aula terá *de* três *a* cinco horas de duração.

Obs.: Se as expressões começam com preposição combinada com artigo, emprega-se *à* ou *às* no segundo termo: A aula será *das* 8 *às* 10 horas. / O treino será *das* 10 *à* 1 da tarde. / *Da* uma *às* duas haverá intervalo. / O programa abrange *da* quinta *à* sétima série.

i) depois de preposição, exceto *até* (= limite): Só haverá consulta *após as* dez horas. / *Desde as* nove espero o médico. / O presidente discursou *perante a* Câmara.

A crase é facultativa nos seguintes casos principais:

a) antes de pronome possessivo com substantivo feminino claro e no singular (uma vez que o emprego do artigo antes de pronome possessivo é opcional):

Dirigiu-se *à/a* minha casa, e não *à* sua.

No português moderno dá-se preferência ao emprego do possessivo com artigo e, neste caso, ao *a* acentuado (à minha casa).

b) antes de nome próprio feminino: As alusões eram feitas *à/a* Ângela.

c) antes da palavra *casa* quando acompanhada de expressão que denota o dono ou morador, ou qualquer qualificação: Irei *à/a* casa de meus pais.

Obs.: A locução *à distância* deverá, a rigor, ser iniciada por à. (*Ficou à distância, Ensino à distância.*) Todavia, uma tradição tem-se orientado no sentido de só a usar com acento grave quando a noção de distância estiver expressa: "(...) formigam lá embaixo, por entre casas, quelhas e penedos, *à distância* dum primeiro andar" [José Cardoso Pires]. A prática dos bons escritores nem sempre obedece a esta última tradição.

A e há

Na escrita há de se ter o cuidado de não confundir a preposição *a* e a forma verbal *há* nas indicações de tempo. Usa-se *a* (preposição) para o tempo que ainda vem: Daqui *a* três dias serão os exames./ Daqui *a* pouco sairei. Usa-se *há* (verbo) para o tempo passado: *Há* três dias começaram os exames./ Ainda *há* pouco estava em casa.

Cuidado especial merecem também as expressões *a cerca de* e *há cerca de*, em que a locução *cerca de* (= aproximadamente, perto de, mais ou menos) vem precedida da preposição *a* ou da forma verbal *há*: Ele falou *a cerca de* mil ouvintes. (= para cerca de mil ouvintes) / *Há cerca de* trinta dias foi feita esta proposta.

Temos, ainda, a locução *acerca de*, que significa 'sobre', 'a respeito de', 'em relação a': O professor dissertou *acerca dos* progressos científicos.

CONJUNÇÃO

A língua possui unidades que têm por missão reunir orações num mesmo enunciado.

Estas unidades são tradicionalmente chamadas conjunções, que se têm repartido em dois tipos: *coordenativas* e *subordinativas*. (Ver nas páginas 56 a 64 as conjunções subordinativas e coordenativas e seus valores semânticos.)

INTERJEIÇÃO

É a expressão com que traduzimos os nossos estados emotivos. Têm elas existência autônoma e, a rigor, constituem por si verdadeiras orações.

As interjeições se repartem por quatro tipos:

a) certos sons vocálicos que na escrita se representam de maneira convencional: *ah!*, *oh!*, *ui!*, *hum* (o *h* no final pode marcar uma aspiração, alheia ao sistema do português).

b) palavras já correntes na língua, como: *olá!*, *puxa!*, *bolas!*, *bravo!*, *homem!*, *valha!*, *viva!* (com contorno melódico exclamativo).

c) palavras que procuram reproduzir ruídos de animais ou de objetos, ou de outra origem, como: *clic* (*clique*), *pá!*, *pum!*

d) locuções interjetivas: *Ai de mim!*, *Valha-me Deus!*

Locução interjetiva

É um grupo de palavras com valor de interjeição: *Ai de mim!*, *Ora bolas!*, *Com todos os diabos!*, *Valha-me Deus!*, *Macacos me mordam!*

B) Orações complexas e grupos oracionais (subordinação e coordenação), justaposição, orações reduzidas, frases: enunciados sem núcleo verbal

SUBORDINAÇÃO

Uma oração independente do ponto de vista sintático constitui um texto se este nela se resumir, como em: *A noite chegou.*

Pode, entretanto, pelo fenômeno de estruturação das camadas gramaticais conhecido por *subordinação*, passar a uma camada inferior e aí funcionar como membro sintático de outra unidade: O caçador percebeu *que a noite chegou.*

A primitiva oração independente *A noite chegou* transportou-se do nível sintático de independência para exercer a função de complemento ou objeto direto da relação predicativa da oração a que pertence o núcleo verbal *percebeu*: *o caçador percebeu.*

Dizemos, então, que a unidade sintática *que a noite chegou* é uma oração *subordinada.* A gramática chama a unidade *o caçador percebeu* de oração principal. Gramaticalmente, a unidade oracional *O caçador percebeu que a noite chegou* é uma unidade sintática igual a *O caçador percebeu a chegada da noite*, em que *a chegada da noite* integra indissoluvelmente a relação predicativa que tem por núcleo o verbo *percebeu*, na função de complemento ou objeto direto.

Assim, temos:

Sujeito: *o caçador*
Predicado: *percebeu que a noite chegou*
Objeto direto: *que a noite chegou*

Como o objeto direto está constituído por uma oração subordinada, são passíveis de análise suas unidades sintáticas constitutivas:

Sujeito: *a noite*
Predicado: *chegou*

A rigor, o conjunto complexo *que a noite chegou* não passa de um termo sintático na oração complexa *O caçador percebeu que a noite chegou*, o qual funciona como objeto direto do núcleo verbal *percebeu*. Estas unidades transpostas exercem função própria de meros substantivos, adjetivos e advérbios, razão por que são assim classificadas na oração complexa: orações subordinadas substantivas, adjetivas e adverbiais.

Diferente deste caso será o grupo oracional integrado por orações sintaticamente independentes, que, por isso, poderiam aparecer em separado: *O caçador chegou à cidade e procurou um hotel.*

Temos aqui um grupo de enunciados da mesma camada gramatical, isto é, como orações, o que caracteriza uma das propriedades de estruturação das camadas gramaticais conhecida por *coordenação*.

No exemplo *O caçador percebeu que a noite chegou*, a marca de que a oração independente (*A noite chegou*) passou, pelo processo da subordinação, a funcionar como membro de outra oração é o *que*, conhecido tradicionalmente como "conjunção" integrante.

Daí não corresponder à nova realidade material da unidade sintática subordinada a denominação tradicional de *orações compostas* ou *período composto*. Temos sim orações *complexas*, isto é, orações que têm termos determinantes complexos, representados sob forma de outra oração. Rigorosamente, só haverá orações ou períodos *compostos* quando houver *coordenação*. Não obstante, a prática das bancas examinadoras, muitas vezes, não faz esta distinção, classificando ambos os casos como *período composto*.

Orações complexas de transposição substantiva

A oração transposta, inserida na oração complexa, é classificada conforme a categoria gramatical a que corresponde e pela qual pode ser substituída no desempenho da mesma função. Daí ser a oração transposta classificada como *substantiva*, *adjetiva* ou *adverbial*, segundo a tradição gramatical, pois desempenha função sintática normalmente constituída por substantivo, adjetivo ou advérbio.

A oração subordinada transposta substantiva aparece inserida na oração complexa exercendo funções próprias do substantivo, ressaltando-se que a "conjunção" *que* pode vir precedida de preposição, conforme exerça função que necessite desse índice funcional:

a) sujeito: Convém *que tu estudes.* / Convém *o teu estudo.*

b) objeto direto: O pai viu *que a filha saíra.* / O pai viu *a saída da filha.*

c) complemento relativo: Todos gostam *de que sejam premiados.* / Todos gostam *de prêmio.*

d) predicativo: A verdade é *que todos foram aprovados.* / A verdade é *a aprovação de todos.*

e) objeto indireto: Enildo dedica sua atenção *a que os filhos se eduquem.* / Enildo dedica sua atenção *à educação dos filhos.*

f) aposto: Uma coisa lhe posso adiantar, *que as crianças virão.* / Uma coisa lhe posso adiantar, *a vinda das crianças.*

Características da oração subjetiva e predicativa

A oração substantiva subjetiva apresenta as seguintes características: estar depois da principal, estar o verbo da oração principal na 3.ª pessoa do singular e num destes quatro casos:

a) verbo na voz reflexiva de sentido passivo: *Sabe-se* que tudo vai bem.

b) verbo na voz passiva (*ser, estar, ficar*) seguido de particípio: *Ficou provado* que estava inocente.

c) verbos *ser, estar, ficar* seguidos de substantivo ou adjetivo: *É verdade* que sairemos cedo. / *Foi bom* que fugissem. / *Está claro* que consentirei.

d) verbo do tipo *parece, consta, ocorre, corre, urge, importa, convém, dói, punge, acontece*: *Parece* que vai chover. / *Urge* que estudem. / *Cumpre* que façamos com cuidado todos os exercícios. / *Acontece* que todos já foram punidos.

> **Obs.**: Nos casos em que aparece o verbo ser em construções enfáticas do tipo *O professor é quem dará a palavra final* (ênfase da oração de base *O professor dará a palavra final*), a análise poderá considerar a oração de *quem* como predicativa, ou considerar uma só oração e *é quem* como expletivo. É bom ficar atento às duas possibilidades de análise que a banca pode adotar.

Orações complexas de transposição adjetiva

Tomemos a seguinte oração: *O aluno estudioso vence na vida*, em que o adjunto adnominal representado pelo adjetivo *estudioso* pode também ser representado por uma oração que, pela equivalência semântica e sintática com *estudioso*, se chama *adjetiva*: O aluno *que estuda* vence na vida.

O transpositor relativo *que*, na oração subordinada, reintroduz o antecedente a que se refere e acumula também uma função de acordo com a estrutura sintática da oração transposta.

O adjetivo pode antepor-se ou pospor-se ao substantivo e, segundo sua posição, o adjetivo pode variar de valor. Em geral, o adjetivo anteposto traduz, por parte da perspectiva do falante, valor *explicativo*: *a triste vida*. Aqui o adjetivo não designa nenhum tipo de *vida* que se oponha a outro que não seja *triste*; apenas se descreve como a *vida* é. Agora, se disséssemos *a vida triste*, nos estaríamos restringindo a uma realidade que se opõe a outras, como *vida alegre*, *vida boêmia*, etc. Neste caso, o adjetivo se diz *restritivo*.

A oração adjetiva também conhece esses dois valores; a adjetiva explicativa alude a uma particularidade que não modifica a referência do antecedente e que, por ser mero apêndice, pode ser dispensada sem prejuízo total da mensagem. Na língua oral, aparece marcada por pausa em relação ao antecedente e, na escrita, é assinalada por adequado sinal de pontuação, em geral, entre vírgulas: *O homem*, que vinha a cavalo, *parou defronte da igreja*.

Já em *O homem* ***que vinha a cavalo*** *parou defronte da igreja*, a oração adjetiva, proferida sem pausa e não indicada na escrita por sinal de pontuação a separá-la do antecedente, demonstra que nesta narração havia mais de um homem, mas só o "que vinha a cavalo" parou defronte da igreja. A esta subordinada adjetiva se chama restritiva.

À semelhança do que se fez com a oração complexa, em *O aluno que estuda vence na vida*, temos:

Sujeito: *O aluno que estuda*
Predicado: *vence na vida*
Adjunto adverbial: *na vida*

Como o adjunto adnominal está constituído por uma oração subordinada adjetiva, são passíveis de análise suas unidades sintáticas constitutivas:

Sujeito: *que* (= o aluno)
Predicado: *estuda*

As orações adjetivas iniciam-se pelo pronome relativo *que*. Além de marcar a subordinação, exerce uma função sintática na oração a que pertence.

É importante assinalar que a função sintática do pronome relativo nada tem a ver com a função do seu antecedente; *ela é indicada pelo papel que desempenha na oração subordinada a que pertence.*

a) *Que* — não precedido de preposição necessária — pode exercer as funções de sujeito, objeto direto ou predicativo:

O menino *que* estuda aprende. (sujeito)
O livro *que* lemos é instrutivo. (objeto direto)
Somos o *que* somos. (predicativo)

b) *Que* — precedido de preposição necessária — pode exercer as funções de objeto indireto, complemento relativo, complemento nominal, adjunto adverbial ou agente da passiva:

A pessoa *a que* entreguei o livro deixou-o no táxi. (objeto indireto)
Os filmes *de que* gostamos são muitos. (complemento relativo)
O livro *de que* tenho necessidade é caro. (complemento nominal)
A caneta *com que* escrevo não está boa. (adjunto adverbial de meio / instrumento)
Esta é a obra *por que* foi dado o maior lance. (agente da passiva)

c) *Quem* — sempre em referência a pessoas ou coisas personificadas — só se emprega precedido de preposição e exerce as seguintes funções sintáticas:

Ali vai o professor *a quem* ofereci o livro. (objeto indireto)
Apresento-te o amigo *a quem* hospedei no verão passado. (objeto direto preposicionado)
Não conheci o professor *a quem* te referes. (complemento relativo)
As companhias *com quem* andas são péssimas. (adjunto adverbial)
O amigo *por quem* fomos enganados desapareceu. (agente da passiva)

d) *Cujo(s), cuja(s)* — precedidos ou não de preposição — valem sempre *do qual, da qual, dos quais, das quais* (caso em que a preposição *de* tem sentido de posse) e funcionam como adjunto adnominal do substantivo seguinte com o qual concordam em gênero e número:

> O homem *cuja* casa comprei embarcou ontem. (= a casa do qual)
> Terminei o livro *sobre cuja* matéria tanto discutíamos. (= sobre a matéria do qual)

Adjetivação de oração originariamente substantiva

A unidade complexa *homem corajoso* pode ser substituída por *homem de coragem*, em que o substantivo *coragem*, transposto por uma preposição ao papel integrante de locução adjetiva, funciona também como adjunto do núcleo nominal.

Esta mesma possibilidade de transposição a adjetivo modificador de um grupo nominal mediante o concurso de preposição conhece a oração originariamente substantiva: *O desejo de que se apurem os fatos é a maior preocupação dos diretores.*

O *que* (conjunção) que introduz a oração *que se apurem os fatos* é um transpositor de oração subordinada, igual a *a apuração dos fatos*. Precedida da preposição *de*, a oração substantiva fica habilitada a exercer a função de adjetivo (adjunto adnominal) do substantivo *desejo*. É operação idêntica à que vimos em *homem corajoso* → *homem de coragem*.

Este grupo nominal pode ter como núcleo um substantivo ou um adjetivo.

Núcleo substantivo:

> O desejo *de que se apurem os fatos* é a maior preocupação dos diretores.
> A crença *em que a crise se espalhe* atormenta todos nós.

Núcleo adjetivo:

> Estávamos todos desejosos *de que o concurso saísse logo.*
> Todos estavam crentes *de que isso aconteceria.*

Obs.: Sendo as expressões preposicionadas *desejo de glória, ânsia de liberdade, desejoso de glória, ansioso de liberdade* modificadoras dos núcleos nominais e, por isso mesmo, chamadas *complementos nominais* e funcionalmente partícipes da natureza dos adjetivos, manda a coerência que as orações que funcionam como complemento nominal sejam incluídas entre as adjetivas — como fizemos aqui — e não entre as substantivas, como faz a tradição entre nós. Como vimos, elas são primitivamente substantivas, mas que, num segundo momento de estruturação, para funcionarem como modificadoras de substantivos e adjetivos, são transpostas a adjetivas mediante o concurso da preposição. Estamos aqui com a lição do linguista espanhol Alarcos Llorach. Ocorre o mesmo com as orações que funcionam como agente da passiva que, primitivamente substantivas, são transpostas a adverbiais, mediante a preposição *por*. Não obstante, a prática das bancas examinadoras quase sempre considera estas orações como substantivas.

Orações complexas de transposição adverbial

Refletindo a classe heterogênea dos advérbios, também as orações transpostas que exercem funções da natureza do advérbio se repartem por dois grupos:

a) as subordinadas adverbiais propriamente ditas, porque exercem função própria de advérbio ou locução adverbial e podem ser substituídas por um destes (advérbio ou locução adverbial): estão neste caso as que exprimem as noções de *tempo, lugar, modo* (substituíveis por advérbio), *causa, concessão, condição, conformidade, proporção* e *fim* (substituíveis por locuções adverbiais formadas por substantivo e grupos nominais equivalentes introduzidos pelas respectivas preposições).

b) as subordinadas *comparativas* e *consecutivas.*

1. Causais

Quando a subordinada exprime a causa, o motivo, a razão do pensamento expresso na oração principal — *que* (= porque), *porque, como* (= porque), *visto que, visto como, já que, uma vez que* (com o verbo no indicativo), *desde que* (com o verbo no indicativo), etc.: Saiu cedo *porque precisou ir à cidade.* / *Como está chovendo,* transferiremos o passeio. / *Desde que assim quiseram,* vão arrepender-se.

2. Comparativas

As orações subordinadas comparativas, geralmente, não repetem certos termos que, já existentes na sua principal, são facilmente subentendidos: Nada conserva e resguarda tanto a vida *como a virtude.* (como a virtude conserva e resguarda...)

Para evitar confusões no sentido, usam-se as comparativas *como, que, do que* junto ao sujeito e, seguidas de preposição, *como a, que a, do que a* junto de objeto direto (o *a* é preposição):

Estimo-o *como um pai.* (= como um pai estima)
Estimo-o *como a um pai.* (= como se estima a um pai)

Por meio de *como se* indicamos que o termo de comparação é hipotético:

"O velho fidalgo estremeceu *como se acordasse sobressaltado.*" [Rebelo da Silva]

Obs.: A maioria dos gramáticos de língua portuguesa prefere desdobrar o *como se* em duas orações, sendo a primeira comparativa e a segunda condicional: Ele lutaria *como se fosse um leão* (comparativa). / Ele lutaria *como lutaria* (comparativa) *se fosse um leão* (condicional).

O verbo *preferir* sugere uma ideia implícita de comparação, à semelhança de *querer mais, querer antes,* mas exige complemento regido da preposição *a*: Prefiro a praia *ao campo.*

3. Concessivas

A subordinada exprime que um obstáculo — real ou suposto — não impedirá ou modificará de modo algum a declaração da oração principal. Iniciadas por *ainda que, embora, posto que, se bem que, conquanto,* etc.: *Embora chova,* sairei.

4. Condicionais

A oração condicional exprime um fato que não se realizou ou, com toda a certeza, não se realizará:

a) falando-se do presente: *Se eu sou aplicado*, obterei o prêmio.

b) falando-se do passado: *Se eu fosse aplicado*, obteria o prêmio.

As orações condicionais não só exprimem condição, mas ainda podem encerrar as ideias de hipótese, eventualidade, concessão, tempo, sem que muitas vezes se possam traçar demarcações entre esses vários campos do pensamento.

5. Conformativas

A subordinada exprime um fato apresentado em conformidade com a declaração da principal (*como, conforme, segundo, consoante*):

> Conseguiu fazer o trabalho *como lhe ensinaram.*
> Todos procederam *conforme a ocasião ensejava.*

6. Consecutivas

A subordinada exprime o efeito ou consequência do fato expresso na principal. A oração consecutiva é introduzida pelo transpositor *que* a que se prende, na principal, uma expressão de natureza intensiva como *tal, tanto, tão, tamanho*, termos que também se podem facilmente subentender:

> Alongou-se tanto no passeio, *que chegou tarde.*
> É feio *que mete medo.* (= é tão feio...)

A oração consecutiva não só exprime a consequência devida à ação ou ao estado indicado na principal, mas pode denotar que se deve a consequência ao modo pelo qual é praticada a ação da principal. Para este último caso servimo-nos, na oração principal, das unidades complexas *de tal maneira, de tal sorte, de tal forma, de tal modo*: Convenceu-se de tal maneira *que surpreendeu a todos.*

7. Finais

A oração subordinada indica a intenção, o objetivo, a finalidade do pensamento expresso na principal: *para que, a fim de que, que* (= para que): Saíram *para que pudessem ver o incêndio.* / Reclamou *a fim de que o nomeassem.* / Falta pouco *que isto suceda.*

8. Locativas

Iniciam-se com *onde, quem, quanto* sem referência a antecedentes: "Os meninos sobejam *onde estão* e faltam *onde não se acham*"; "Não pode haver reflexão *onde tudo é distração*"; "*Onde o luxo vence* a probidade afraca e desfalece" [máximas do Marquês de Maricá].

9. Modais

A oração subordinada exprime o modo pelo qual se executou o fato expresso na oração principal (locução *sem que*):

> Fez o trabalho *sem que cometesse erros graves.*
> "De um relance leu na fisionomia do mancebo, *sem que suas pupilas estáticas se movessem nas órbitas.*" [José de Alencar]

Se a oração principal estiver na negativa, usar-se-á de *que não* + subjuntivo: Não emite um parecer *que não se aconselhe com o diretor*.

Obs.: A Nomenclatura Gramatical Brasileira (NGB) não reconhece as conjunções modais e, assim, as orações modais, apesar de pôr o modo entre as circunstâncias adverbiais.

10. Proporcionais

A subordinada exprime um fato que aumenta ou diminui na mesma proporção do fato que se declara na principal — *à medida que, à proporção que, ao passo que, tanto mais... quanto mais, tanto mais... quanto menos, tanto menos... quanto mais*, etc.:

À medida que a idade chega, a nossa experiência aumenta.
Aprendia *à proporção que lia o livro*.
Aumentava o seu vocabulário *ao passo que consultava os mestres da língua*.

Obs.: A unidade *ao passo que* pode ser empregada sem ideia proporcional, para indicar que um fato não se deu ou não tem as características de outro já enunciado: "A nudez habitual, dada a multiplicação das obras e dos cuidados do indivíduo, tenderia a embotar os sentidos e a retardar os sexos, *ao passo que* o vestuário, negaceando a natureza, aguça e atrai as vontades (...)" [Machado de Assis]; Ele foi ao cinema, *ao passo que* eu resolvi ir à praia.

11. Temporais

A oração subordinada denota o tempo da realização do fato expresso na principal.

As principais conjunções e "locuções" conjuntivas temporais são:

a) para o tempo anterior: *antes que, primeiro que* (raro): Saiu *antes que* eu lhe desse o recado. / "Ninguém, senhores meus, que empreenda uma jornada extraordinária, *primeiro que* meta o pé na estrada, se esquecerá de entrar em conta com as suas forças..." [Rui Barbosa]

b) para o tempo posterior (de modo vago): *depois que, quando*: Saiu *depois que* ele chegou.

c) para o tempo posterior imediato: *logo que, tanto que* (raro), *assim que, desde que, apenas, mal, eis que, (eis) senão quando, eis senão que*: Saiu *logo que* ele chegou. / "*Eis senão quando* entra o patrão..." [Afonso Arinos]

d) para o tempo frequentativo (repetido): *quando* (estando o verbo no presente), *todas as vezes que, (de) cada vez que, sempre que*: *Todas as vezes que* saio de casa, encontro-o à esquina. / *Quando o vejo*, lembro-me do que me pediu.

Obs.: Evite-se o erro de colocar a preposição *em* antes de *que*, dizendo-se: todas as vezes *em que*, ao mesmo tempo *em que*. As formas corretas são: todas as vezes *que*, toda vez *que*, ao mesmo tempo *que*.

e) para o tempo concomitante: *enquanto, (no) entretanto que* (hoje raro): Dormia *enquanto* o professor dissertava.

Obs.: A rigor, as "conjunções" proporcionais também indicam tempo concomitante; por isso, uns autores não distinguem as *temporais* das *concomitantes*, fazendo destas classes à parte das *temporais*. A Nomenclatura Gramatical Brasileira não fala em *concomitante*.

f) para o tempo limite terminal: *até que*: Brincou *até que* fosse repreendido.

Assume valor temporal o *que* relativo repetidor de advérbio e expressões que designam "desde que época um fato acontece": *agora que, hoje que, então que, a primeira vez que, a última vez que*, etc.:

> *Agora que* consegui aprender a lição, passarei adiante.
> Esta foi *a última vez que* o vi.

Não se fazendo pausa entre o advérbio e o transpositor (*agora que, então que*, etc.) estabelece-se uma unidade de valor semelhante ao que existe em *depois que*, etc., e se pode passar a considerar o todo como "locução conjuntiva": *Agora que* tudo está certo vou embora.

Sob o modelo de tais linguagens, desenvolveu-se o costume de se acrescentar o transpositor *que* depois de expressões que denotam "desde que tempo uma coisa acontece", reduzida a simples palavra de realce temporal:

> Desde aquele dia *que* o procuro.

Analisando, dispensa-se o *que*.

COORDENAÇÃO

As orações coordenadas são orações sintaticamente independentes entre si e que se podem combinar para formar *grupos oracionais* ou *períodos compostos*: *Mário lê muitos livros e aumenta sua cultura.*

As duas orações são sintaticamente independentes, porque, ao analisar a primeira (*Mário lê muitos livros*), verificamos que possui todos os termos sintáticos previstos na relação predicativa, ao contrário da oração complexa:

Sujeito: *Mário*
Predicado: *lê muitos livros*
Objeto direto: *muitos livros*

As orações coordenadas estão ligadas por conectores chamados conjunções coordenativas, que apenas marcam o tipo de relação semântica que o falante manifesta entre os conteúdos de pensamento designado em cada uma das orações sintaticamente independentes. Tais orações ligadas pelas conjunções coordenativas se dizem, por isso, *sindéticas*.

São três as relações semânticas marcadas pelas conjunções coordenativas ou conectores:

a) *Aditiva*: adiciona ou entrelaça duas ou mais orações, sem nenhuma ideia subsidiária. As conjunções aditivas são *e* e *nem* (esta para os conteúdos negativos, e pode vir na 2.ª oração ou em ambas):

> Pedro estuda *e* Maria trabalha. / Pedro não estuda *nem* trabalha. / *Nem* Pedro estuda *nem* Maria trabalha.

b) *Adversativa*: contrapõe o conteúdo de uma oração ao de outra expressa anteriormente. As conjunções adversativas são *mas*, *porém*, *senão* (depois de conteúdo negativo):

João veio visitar o primo, *mas* não o encontrou. / Não saía *senão* com os primos.

c) *Alternativa*: contrapõe o conteúdo de uma oração ao de outra e manifesta exclusão de um deles, isto é, se um se realizar, o outro não se cumprirá:

Estudas *ou* brincas.

Obs.: ***Unidades adverbiais que não são conjunções coordenativas***
Levada pelo aspecto de certa proximidade de equivalência semântica, a tradição gramatical tem incluído entre as conjunções coordenativas certos advérbios que estabelecem relações interoracionais ou intertextuais. É o caso de *pois*, *logo*, *portanto*, *entretanto*, *contudo*, *todavia*, *não obstante*. Assim, além das conjunções coordenativas já assinaladas, teríamos as *explicativas* (*pois*, *porquanto*, etc.) e *conclusivas* (*pois* [posposto], *logo*, *portanto*, *então*, *assim*, *por conseguinte*, etc.), sem contar *contudo*, *entretanto*, *todavia*, que se alinhavam junto com as *adversativas*.

JUSTAPOSIÇÃO

Ao lado da presença de transpositores e conectores, as orações podem encadear-se, como ocorre com os termos sintáticos dentro da oração, sem que venham entrelaçadas por unidades especiais; basta-lhes apenas a sequência, em geral proferida com contorno melódico descendente e com pausa demarcadora, assinalada quase sempre na escrita por vírgulas, ponto e vírgula e, ainda, por dois-pontos: este procedimento de enlace chama-se *assindetismo* ou *justaposição*.

Obs.:

→ Podem-se incluir nas orações justapostas aquelas que a gramática tradicional arrola sob o rótulo de coordenadas distributivas, caracterizadas por virem enlaçadas pelas unidades que manifestam uma reiteração anafórica do tipo de *ora...ora*, *já... já*, *quer...quer*, *um...outro*, *este...aquele*, *parte...parte*, *seja...seja*, e que assumem valores distributivos alternativos e, subsidiariamente, concessivos, temporais, condicionais.

→ Do ponto de vista constitucional, essas unidades são integradas por várias classes de palavras: substantivo, pronome, advérbio e verbo, e do ponto de vista funcional, não se incluem entre os conectores que congregam orações coordenadas: *Ora* eram eles capazes de atos de vandalismo, *ora* eram capazes de atos de ajuda ao próximo.

Também se incluem nos grupos oracionais como orações justapostas as *intercaladas*, também caracterizadas por estarem separadas do conjunto por pausa e por contorno melódico particular. Na escrita, aparecem marcadas por vírgula, travessão ou parênteses. Assim, dois períodos independentes, como *Janete viajou para o Recife* e *Deus a acompanhe*, podem se juntar em um só texto do tipo: *Janete — Deus a acompanhe — viajou para o Recife*. O primitivo texto *Deus a acompanhe*, agora incorporado, chama-se oração intercalada, e o faz por justaposição, isto é, sem conectivo para ligá-las. Gramáticos há que preferem considerar as duas opções como dois períodos independentes.

Discurso direto, indireto e indireto livre

O português, como outras línguas, apresenta normas textuais para nos referirmos, no enunciado, às palavras ou pensamentos de responsabilidade do nosso interlocutor, mediante os chamados *discurso direto, discurso indireto* e *discurso indireto livre.*

No discurso direto reproduzimos ou supomos reproduzir fiel e textualmente as nossas palavras e as do nosso interlocutor, em diálogo, com a ajuda explícita ou não de verbos como *disse, respondeu, perguntou, retrucou* ou sinônimos (os chamados verbos *dicendi*). Às vezes, usam-se outros verbos de intenção mais descritiva, como *gaguejar, balbuciar, berrar,* etc. São os *sentiendi,* que exprimem reação psicológica do personagem. No diálogo, a sucessão da fala dos personagens é indicada por travessão (outras vezes, pelos nomes dos intervenientes):

> José Dias recusou, dizendo:
> — *É justo levar a saúde à casa de sapé do pobre.*

No discurso indireto, os verbos *dicendi* se inserem na oração principal de uma oração complexa, tendo por subordinadas as porções do enunciado que reproduzem as palavras próprias ou do nosso interlocutor. Introduzem-se pelo transpositor *que,* pela dubitativa *se* e pelos pronomes e advérbios de natureza pronominal *quem, qual, onde, como, por que, quando,* etc.: Perguntei *se lavou as orelhas.*

O discurso indireto livre consiste em, conservando os enunciados próprios do nosso interlocutor, não fazer-lhe referência direta. Como ensina Mattoso Câmara, mediante o estilo indireto livre reproduz-se a fala dos personagens — inclusive do narrador — sem "qualquer elo subordinativo com um verbo introdutor *dicendi*". Tomando o exemplo anterior (discurso direto), bastaria suprimir a forma verbal *dizendo* e construir dois períodos independentes com as duas partes restantes:

> *José Dias recusou. Era justo levar a saúde à casa de sapé do pobre.*

Uma particularidade do estilo indireto livre é a permanência das interrogações e exclamações da forma oracional originária, ao contrário do caráter declarativo do estilo indireto:

> "Minha mãe foi achá-lo à beira do poço, e intimou-lhe que vivesse. *Que maluquice era aquela de parecer que ia ficar desgraçado, por causa de uma gratificação a menos, e perder um emprego interino? Não, senhor, devia ser homem, pai de família, imitar a mulher e a filha...*" [Machado de Assis]

ORAÇÕES REDUZIDAS

Oração reduzida é a que apresenta seu verbo (principal ou auxiliar, este último nas locuções verbais) no infinitivo, gerúndio e particípio (reduzidas infinitivas, gerundiais e participiais).

Obs.:
→ Havendo locução verbal, é o auxiliar que indica o tipo de reduzida. Assim são exemplos de reduzidas de gerúndio: *estando amanhecendo, tendo de partir, tendo partido*; são exemplos de reduzidas de infinitivo: *ter de partir, depois de ter partido*; é exemplo de reduzida de particípio: *acabado de partir*. Se, por outro lado, o

auxiliar da locução estiver na forma finita, não haverá oração reduzida: *Quanta gente havia de chorar.*

→ Nem toda oração desprovida de transpositor é reduzida, uma vez que este transpositor pode estar oculto: *Espero que sejas feliz* ou *Espero sejas feliz*. Em ambos os exemplos a subordinada *que sejas feliz* ou *sejas feliz* é desenvolvida. O que caracteriza a reduzida é a forma infinita ou nominal do verbo (principal ou auxiliar): infinitivo, gerúndio e particípio.

→ *Infinita* é uma forma verbal normalmente sem flexão, enquanto *infinitivo* é uma das chamadas formas nominais do verbo; assim, se fala em emprego do *infinitivo flexionado*, e não em emprego do *infinito*.

Desdobramento das orações reduzidas

As orações reduzidas são subordinadas e quase sempre se podem desdobrar em orações desenvolvidas.

Vejamos o seguinte exemplo: *Declarei estar ocupado = declarei que estava ocupado.* Este desdobramento é mero artifício de equivalência textual, que nos ajuda a classificar as orações reduzidas, uma vez que poderemos proceder da seguinte maneira:

Declarei estar ocupado = declarei que estava ocupado.
que estava ocupado: subordinada substantiva objetiva direta.

Logo:

estar ocupado: subordinada substantiva objetiva direta reduzida de infinitivo ou reduzida infinitiva.

Orações substantivas reduzidas

Normalmente as orações substantivas reduzidas têm o verbo, principal ou auxiliar, no infinitivo. São elas:

Subjetiva: "Agora mesmo, custava-me *responder alguma coisa*, mas enfim contei-lhe o motivo da minha ausência." [Machado de Assis]

Objetiva direta: "(...) como se estivesse ainda no vigor da mocidade e contasse como certo *vir a gastar frutos desta planta*." [Latino Coelho]

Objetiva indireta: "Tudo, pois, aconselhava o rei de Portugal *a tentar uma expedição para aquele lado*." [Alexandre Herculano]

Completiva relativa: "Um povo que se embevecesse na História, que cultivasse a tradição, que amasse o passado, folgaria *de relembrar esses feitos...*" [Carlos de Laet]

Predicativa (*do sujeito* ou *do objeto*): "O primeiro ímpeto de Luísa foi *atirar-se-lhe aos braços*, mas não se atreveu." [Mendes Leal] / "O resultado foi *eu arrumar uns cocotes na Germana e esfaquear João Fagundes*." [Graciliano Ramos]

Apositiva: "Dois meios havia em seguir esta empresa: *ou atacar com a armada por mar, ou marchar o exército por terra e sitiar aquela cidade*." [Alexandre Herculano]

Orações adjetivas reduzidas

As orações adjetivas reduzidas têm o verbo, principal ou auxiliar, no:

1. Infinitivo

Está marcada a festa *a realizar-se na próxima semana.*

2. Gerúndio, indicando um substantivo ou pronome

a) uma atividade passageira:

> "(...) cujos brados selvagens de guerra começavam a soar ao longe como um trovão *ribombando no vale.*" [Alexandre Herculano]

b) uma atividade permanente, qualidade essencial, inerente aos seres, própria das coisas:

> "Algumas comédias havia com este nome *contendo argumentos mais sólidos.*" [Said Ali]

Aceitar o gerúndio como construção vernácula não implica adotá-lo a todo momento, acumulando-o numa série de mau gosto.

3. Particípio

"Os anais ensanguentados da humanidade estão cheios de facínoras, *empuxados* (= que foram empuxados) *ao crime pela ingratidão injuriosa de mulheres muito amadas, e perversíssimas.*" [Camilo Castelo Branco]

Orações adverbiais reduzidas

Têm o verbo, principal ou auxiliar, no:

1. Infinitivo

Deve-se empregar o verbo regido de preposição adequada. Para o desdobramento da reduzida em desenvolvida, basta substituir a preposição ou locução prepositiva por uma expressão do mesmo valor e pôr o verbo na forma finita. É de toda conveniência conhecermos as principais preposições que correspondem a "conjunções" subordinativas adverbiais:

> "Porém, deixando o coração cativo, / *Com fazer-te a meus rogos sempre humano,* / Fugiste-me traidor..." [Santa Rita Durão]

Com fazer-te = *porque te fizeste*, portanto a oração destacada é subordinada adverbial causal, reduzida de infinitivo.

Podem ser reduzidas de infinitivo as causais, concessivas, condicionais, consecutivas, finais, locativas, de meio e instrumento e temporais.

2. Gerúndio

Pode equivaler a uma oração causal; uma oração consecutiva; uma oração concessiva; uma oração condicional; uma oração que denota modo, meio, instrumento; uma oração temporal.

> *Tendo mais do que imaginavam*, não socorreu os irmãos.

Tendo = *embora tivesse*, portanto a oração destacada é subordinada adverbial concessiva, reduzida de gerúndio.

Tendo livres as mãos, poderia fugir do cativeiro.

Tendo = *tivesse*, portanto a oração destacada é subordinada adverbial condicional, reduzida de gerúndio.

3. Particípio

Pode equivaler a uma oração causal; uma oração condicional; uma oração temporal.

Quando fazem parte de uma locução verbal, infinitivo, gerúndio e particípio não constituem oração reduzida:

Tinham de chegar cedo ao trabalho.
Estão saindo todos os alunos.
As lições *foram aprendidas* sem esforço.

FRASES: ENUNCIADOS SEM NÚCLEO VERBAL

Oração e frase

A unidade sintática chamada *oração* constitui o centro da atenção da gramática por se tratar de uma unidade em que se relacionam sintaticamente seus termos constituintes e se manifestam as relações de ordem e regência, que partem do núcleo verbal, e das quais se ocupa a descrição gramatical.

Isto não impede a presença de enunciados destituídos desse núcleo verbal conhecidos pelo nome de *frases*: *Bom dia! Psiu! Ai de mim! Depressa! Sim. Não. Talvez. Ainda não. Que mistério? Entrada. Saída. Retorno.*

C) Seleção de questões

1) (FGV – 2024 – Empresa de Tecnologia e Informações da Previdência – Dataprev – Técnico de Segurança do Trabalho)

Das opções a seguir, assinale aquela que apresenta sujeito expresso na oração.

(A) Não havia remédio senão corresponder a brindes tão obrigativos.
(B) Encontrando Leopoldo, disseram duas palavras sobre ela.
(C) Estabeleceu-se um cordão sanitário entre a velhice e a mocidade.
(D) Certamente... não se chegará sempre cedo demais onde se corre algum risco?
(E) Ao terceiro dia amanheceu.

2) (FGV – 2024 – Assembleia Legislativa – PR – Analista Legislativo – Revisor Legislativo)

A simplicidade tem a ver com o emprego de termos acessíveis, com a sintaxe direta, com frases sem rebuscamento. Assinale a frase que se mostra em ordem direta.

(A) Todos os canalhas, segundo penso, foram crianças infelizes.
(B) É uma criança sábia aquela que conhece o próprio pai.
(C) O sorriso da filha adoça a fúria do pai.
(D) Sempre é obra da mãe o futuro de um filho.
(E) De todos os animais, os meninos são os mais difíceis de domar.

3) (IBFC – 2023 – Empresa brasileira de serviços hospitalares – Analista Administrativo – Estatística)

Obs.: O texto (ANDRADE, Mário de. “Nízia Figueira, sua criada”) de onde foi retirado o objeto desta questão não foi incluído aqui por não ser determinante para sua resolução.

Em “Pois ele virou pra ela encrespado”, o vocábulo destacado pode ser classificado, morfossintaticamente, como um:

(A) adjetivo que exerce a função de predicativo do sujeito.
(B) advérbio que exerce a função de adjunto adverbial.
(C) adjetivo que exerce a função de adjunto adnominal.
(D) substantivo que exerce a função de adjunto adnominal.
(E) advérbio que exerce a função de predicativo do sujeito.

4) (Vunesp – 2023 – Polícia Civil – SP – Investigador de Polícia)

Obs.: O texto (FUREDI, Frank. "A fuga da autoridade adulta". *Revista Oeste*, 24 jul. 2020. Adaptado) de onde foi retirado o objeto desta questão não foi incluído aqui por não ser determinante para sua resolução.

Assinale a alternativa que preenche, correta e respectivamente, as lacunas da seguinte afirmação:
Na passagem – *Tomava um drinque em um bar quando vi um jovem na casa dos 30 usando uma camiseta* ***que*** *dizia "Chega de adultar por hoje". Depois, entrevistei uma mulher cuja camiseta transmitia uma mensagem* ***simples****: "Adultar é cruel!".* –, a palavra "que" é um pronome _________na função de_________; a palavra "simples" é um _________na função de_________.

(A) pessoal ... adjunto adnominal ... advérbio ... adjunto adverbial
(B) relativo ... sujeito ... adjetivo ... adjunto adnominal
(C) relativo ... adjunto adnominal ... adjetivo ... predicativo
(D) demonstrativo ... predicativo ... substantivo ... objeto direto
(E) demonstrativo ... objeto direto ... advérbio ... adjunto adverbial

5) (Consulplan – 2023 – Secretaria de Estado da Saúde Pública – PA – Administrador)

Obs.: O texto (CARBINATTO, Bruno. "Procrastinação: entenda essa inimiga. E livre-se dela". *Você S/A*. Disponível em: https://vocesa.abril.com.br/desenvolvimento-pessoal/procrastinacao-entenda-essa-inimiga-e-livre-se-dela/. Fragmento) de onde foi retirado o objeto desta questão não foi incluído aqui por não ser determinante para sua resolução.

Em "Não adies para amanhã nem depois de amanhã, pois não enche o celeiro o homem negligente, nem aquele que adia: a atenção faz o trabalho prosperar", o trecho sublinhado é classificado sintaticamente como:

(A) Sujeito da oração.
(B) Predicativo da oração.
(C) Objeto direto do verbo "encher".
(D) Objeto indireto do verbo "encher".
(E) Complemento nominal de "celeiro".

6) (FCC – 2023 – Tribunal Regional do Trabalho da 18.ª Região – GO – Analista Judiciário – Área Administrativa)

Obs.: O texto (SIQUEIRA, Aldair Rômulo. "No voo da caneta", a publicar) de onde foi retirado o objeto desta questão não foi incluído aqui por não ser determinante para sua resolução.

Na frase *um poeta torna aberto para todos o universo reflexivo de sua intimidade,*

(A) o termo aberto qualifica o objeto direto universo reflexivo.
(B) sua intimidade refere-se ao termo todos.
(C) para todos é um exemplo de vocativo.

(D) ocorre uma indeterminação do sujeito em um poeta.
(E) o verbo tornar está conjugado na voz passiva.

7) (Instituto AOCP – 2023 – Polícia Civil – GO – Escrivão de Polícia de 3.ª Classe)

As mudanças climáticas já afetam nossas vidas

Ciência Hoje: Quais lugares do planeta estão sendo (e serão no futuro) mais afetados pelas mudanças climáticas? E em relação aos biomas brasileiros?

Argemiro Teixeira: Metade da população mundial já vive sob risco climático, e os impactos são mais graves entre populações urbanas marginalizadas, como os moradores de favelas. Em geral, as áreas de alto risco às mudanças climáticas são regiões caracterizadas por grande densidade populacional, altos índices de pobreza e dependência de condições climáticas para o cultivo agrícola. Além disso, é importante falar que as áreas próximas da linha do Equador correm mais riscos do que as áreas temperadas. Todos os modelos mostram que, no Brasil, aumentarão a frequência e intensidade de ondas de calor e, por sua vez, aumentará o número de mortes.

CH: Pode falar dos efeitos dessa crise climática na segurança alimentar e na saúde humana?

AT: Em todo o mundo, altas temperaturas e eventos climáticos extremos como secas, ondas de calor e enchentes já prejudicam a produção de alimentos. O fornecimento internacional de alimentos está sob ameaça. Os riscos de quebra generalizada nas colheitas devido a eventos extremos que atingem locais em todo o mundo aumentarão se as emissões não forem reduzidas rapidamente. Isto poderia levar à escassez global de alimentos e ao aumento de preços, o que prejudicará particularmente as pessoas mais pobres. O novo relatório do IPCC (Painel Intergovernamental sobre Mudanças Climáticas, na tradução em português) sugere que esses fatores prejudicarão especialmente a agricultura no Brasil se as temperaturas continuarem a subir. A produção de arroz poderia cair em 6% com altas emissões. A produção de trigo poderia cair 21%, e a de milho poderia cair em até 71% até o final do século no Cerrado. Além disso, a combinação do aumento continuado de emissões de gases de efeito estufa com o desmatamento local pode causar uma queda de 33% na produção de soja e na das pastagens na Amazônia. Os impactos das mudanças climáticas também prejudicarão a pesca e a aquicultura no Brasil. Se as emissões seguirem altas, a produção de peixes cairá em 36% no período 2050-2070 em comparação com 2030-2050. Além de tudo isso, estudos sugerem que as mudanças climáticas refletem em mudanças no ambiente como a alteração de ecossistemas e de ciclos biológicos, geográficos e químicos, que podem aumentar a incidência de doenças infecciosas (malária, dengue etc.), mas também de doenças não transmissíveis, que incluem a desnutrição e enfermidades mentais.

(Adaptado de: https://cienciahoje.org.br/artigo/as-mudancas-climaticas-ja-afetam-nossas-vidas/)

Assinale a alternativa em que o verbo "poder" NÃO apresenta um sujeito simples.

(A) "A produção de arroz poderia cair em 6% com altas emissões."
(B) "A produção de trigo poderia cair 21% [...]."

(C) "Pode falar dos efeitos dessa crise climática na segurança alimentar e na saúde humana?"
(D) "Além disso, a combinação do aumento continuado de emissões de gases de efeito estufa com o desmatamento local pode causar uma queda de 33% [...]."
(E) "Isto poderia levar à escassez global de alimentos [...]."

8) (FGV – 2024 – Prefeitura de Vitória – ES – Guarda Municipal de Vitória)

Em "A vida é a arte do encontro, embora haja tanto desencontro pela vida" (Vinicius de Moraes), é correto afirmar que

(A) encontro é uma palavra formada por derivação regressiva.
(B) do encontro exerce o papel de um termo essencial da oração.
(C) a segunda oração atribui uma relação de conformidade em relação à primeira.
(D) tanto desencontro é um grupo nominal formado por adjetivo e substantivo.
(E) o sujeito da segunda oração é tanto desencontro.

9) (FCC – 2025 – Tribunal Regional do Trabalho da 6.ª Região – PE – Técnico Judiciário – Área Administrativa)

Obs.: O texto (BRITO, Alceste Romero. "A violência é sempre a dos outros", a editar) de onde foi retirado o objeto desta questão não foi incluído aqui por não ser determinante para sua resolução.

Está correto o emprego do elemento sublinhado na frase:

(A) As violências históricas são fenômenos que sua memória não deve se perder.
(B) Sempre há distorções históricas com as quais é difícil de encontrar justificativa.
(C) A escravidão é a cruel instituição de cujo uso a humanidade não se redimiu.
(D) Os escravocratas eram indivíduos de quem faltavam escrúpulos humanitários.
(E) A infância de cada um de nós é um tempo aonde tudo tende à idealização.

10) (FGV – 2025 – Instituto do Patrimônio Histórico e Artístico Nacional – Analista Ambiental)

Em todas as frases a seguir houve uma explicitação do termo sublinhado. Assinale a opção em que o processo dessa explicitação é identificado de forma correta.

(A) O pneu que foi colocado resiste às pedras da estrada / adjetivo.
(B) A indicação do caminho facilita a viagem / aposto.
(C) Romancista famoso, Guimarães Rosa era mineiro / complemento nominal.
(D) Pagou uma alta quantia por um móvel colonial / oração relativa.
(E) Os alunos de mais qualidade progridem rapidamente / advérbio.

11) (Avança SP – 2025 – Prefeitura de São Miguel Arcanjo – SP – Professor de Classe Especial)

A conjunção em destaque é subordinativa, e não coordenativa, na sentença em:

(A) Obedeça à sua mãe ou ficará de castigo.
(B) As barracas da feira já estão montadas e os clientes já estão em fila para fazer compras.
(C) Não dê atenção nem empreste suas coisas àqueles que te ignorarem.
(D) Os móveis já foram embalados, porque a mudança será amanhã.
(E) Gostaria de ter preparado algo para o jantar, mas não tive tempo.

12) (FGV - 2025 - Secretaria de Estado da Educação, do Esporte e do Lazer - RN - Professor de Língua Portuguesa)

Em todas as frases abaixo está presente a conjunção E. Assinale a opção que indica a frase em que esse significado está indicado ***erradamente***.

(A) Em muitos terrenos de cidades pequenas há simultaneamente plantas frutíferas e plantas ornamentais/ adição.
(B) A civilização nasce com a ordem, cresce com a liberdade e morre no caos/ consequência.
(C) Ambiente limpo não é o que mais se limpa e sim o que menos se suja/ oposição.
(D) Há gente que fala e fala, mas nada diz/ intensificação.
(E) Os policiais chegam a suas casas e tiram o uniforme/ sequência temporal.

13) (Avança SP - 2025 - Câmara de Itupeva - SP - Agente Legislativo)

Analise as classes de palavras destacadas abaixo. Assinale a classificação que foi definida incorretamente.

(A) O médico não o encontrou passando bem. (artigo definido masculino singular)
(B) Na empresa, havia apenas um técnico em informática. (numeral)
(C) Fez falsas acusações a todos os envolvidos. (preposição)
(D) Não estava passando bem, mas foi ao baile de carnaval. (advérbio)
(E) Basta! (interjeição)

14) (IDECAN - 2024 - Secretaria da Saúde - PB - Assistente Administrativo)

O texto seguinte servirá de base para responder à questão.

Não é preciso procurar muito para encontrar algum conflito que coloca duas ou mais pessoas - ou grupos - em posições ideológicas opostas, especialmente quando o tema é política. Porém, há alguns anos, esse debate no Brasil e no mundo tem se tornado cada vez mais intenso e menos amigável. Com certeza, algum leitor que está aqui nessa matéria cortou contato com familiares ou deixou de tocar no assunto para não inflamar ainda mais o ambiente. Mas quando foi que a política começou a ficar tão dividida, a ponto de a que vivemos hoje ser considerada uma guerra ideológica?
Luiz Felipe Gonçalves de Carvalho, sociólogo, filósofo e escritor, acredita que é da natureza da política que ela seja mesmo dividida e acolha o dissenso. "Como diria o filósofo francês Jacques Rancière, caso contrário, não seria política, e sim polícia", argumenta. O problema, segundo ele, surge quando a polarização não consegue ser moderada como deveria e acaba fortalecendo os extremismos. "Isso acontece, em geral, em épocas de incertezas sociais extremas, como guerras, revoluções e crise de fome", exemplifica.

(*Mente Afiada*, ano 2, n. 17, ago. 2024. Adaptado)

Algumas palavras da língua portuguesa podem pertencer a diferentes classes gramaticais, dependendo do contexto em que são empregadas. É o que ocorre com a forma "a", que pode apresentar-se como artigo, pronome ou preposição. No texto em análise, temos o trecho "Mas quando foi que a política começou a ficar tão dividida, a ponto de a que vivemos hoje ser considerada uma guerra ideológica?", em que encontramos esta forma três vezes. Sabendo disso, assinale a alternativa que identifica a classe gramatical das três ocorrências do "a" grifadas no trecho fornecido, respectivamente.

(A) Preposição, preposição, pronome.
(B) Pronome, preposição, pronome.
(C) Preposição, pronome, pronome.
(D) Pronome, preposição, preposição.
(E) Preposição, preposição, preposição.

15) (FGV - 2024 - Prefeitura de Niterói - RJ - Analista de Políticas Públicas e Gestão Governamental)

Assinale a opção em que a preposição sublinhada tem valor nocional, ou seja, **não** é exigida por nenhum termo anterior.

(A) O homem honrado representa seu papel o melhor possível, sem se preocupar com a galeria.
(B) Homens há que fogem de alguns trabalhos, mas caem em outros maiores.
(C) Mas homens são homens. E o melhor deles esquece-se, às vezes, de que é humano.
(D) Os relógios de ouro são mais valiosos, mesmo quando estão escangalhados.
(E) A necessidade de dinheiro faz com que pessoas se sacrifiquem.

16) (FGV - 2023 - Assembleia Legislativa - MA - Consultor Legislativo Especial - Direito Constitucional)

Observe o início de uma descrição, em que alguns artigos estão destacados.
"Um casal dirigia-se a um restaurante do centro da cidade para comemorar 20 anos de casados; o restaurante estava repleto, mas havia ainda algumas mesas disponíveis; logo que se sentaram numa delas, um garçom aproximou-se e entregou-lhes o cardápio."

Sobre um desses artigos, assinale a afirmativa correta:

(A) "Um casal" mostra o artigo indefinido para indicar nenhuma importância narrativa;
(B) o termo "o restaurante" mostra o artigo definido por já haver sido citado anteriormente;
(C) o elemento "um restaurante" mostra o artigo indefinido para mostrar que se trata de um restaurante qualquer, sem sofisticação;
(D) "um garçom" mostra um emprego inadequado do artigo indefinido;
(E) "o cardápio" traz um artigo definido por ser um elemento inesperado na situação narrada.

17) (Avança SP - 2023 - Departamento de Água e Esgoto de Santa Bárbara d'Oeste - SP - Operador de Telemarketing)

As equipes precisam ser formadas e desenvolvidas para que possam florescer e se multiplicar na organização. A organização precisa ajudar o processo com uma estrutura

orgânica e com uma cultura democrática e participativa. No trabalho de equipe, é importante eliminar as diferenças hierárquicas e os interesses específicos de cada departamento, proporcionando uma predisposição sadia para a criatividade e inovação.
As equipes devem ser coordenadas por um especialista ou consultor, cuja a atuação varia enormemente. Consultor e membros da equipe devem procurar eliminar as barreiras interpessoais de comunicação pelo esclarecimento e compreensão de suas causas. Nesse sentido, é necessário encontrar o ponto em que a colaboração seja considerada frutífera, alcançada por meio de críticas recíprocas entre os envolvidos nesse processo como uma porta que se abre para o novo.
A coordenação é considerada de suma importância para a compreensão dos processos internos e o estabelecimento de metas e objetivos, fornecendo subsídios para que a equipe evolua e consiga quebrar paradigmas, alcançando resultados mais concernentes ao almejado.

(MATOS, Francisco Gomes de; CHIAVENATO, Idalberto. *Visão e ação estratégica.* Adaptado. São Paulo: Makron Books, 2019.)

Releia o segundo parágrafo. Nele, propositalmente, há uma situação na qual o uso do artigo não está de acordo com as normas gramaticais, ou seja, ele não deveria ter sido empregado. Qual a regra gramatical que explicaria o erro encontrado?

(A) Não é correto empregar artigos definidos depois do pronome.
(B) O emprego do artigo definido feminino plural possui um erro de concordância nominal.
(C) Não é correto empregar artigos definidos após preposição.
(D) O artigo indefinido feminino singular possui um erro de concordância nominal.
(E) Não é correto empregar artigos definidos após verbos no infinitivo.

18) (FGV - 2023 - Secretaria de Estado da Educação - TO - Professor da Educação Básica)

Assinale a frase em que o vocábulo **um/uma** exerce a função de artigo.

(A) Existe **um** só sucesso: ser capaz de viver a sua vida do seu próprio jeito.
(B) Em muitas cidades do interior há apenas **uma** farmácia em cada bairro.
(C) Só se ocorrer **uma** emergência, devemos telefonar para os bombeiros.
(D) Alguns deputados enfrentam **uma** eleição somente em sua vida.
(E) Há apenas **um** cachorro em nosso jardim, mas vai destruir as flores.

19) (FGV - 2023 - Secretaria de Estado da Educação - TO - Professor da Educação Básica)

Assinale a frase a seguir em que a função do artigo sublinhado é substantivar a palavra seguinte.

(A) Quem vive **o** dia de hoje com medo do amanhã, não vive nem o hoje nem o amanhã.
(B) O comércio é **o** abusar do desejo ou da necessidade que alguém tem de alguma coisa.
(C) Amanhã pode chover, assim eu seguirei **o** sol.
(D) Contra a foice do tempo é vão **o** combate.
(E) O tempo é **a** imagem móvel da eternidade.

20) (FGV – 2024 – Câmara Municipal de Fortaleza – CE – Analista de Redação)

Assinale a frase em que a preposição sublinhada tem valor semântico, não sendo exigida por nenhum termo anterior.

(A) Justamente quando descobri o significado da vida, eles o mudaram.
(B) A dificuldade reside não nas novas ideias, mas em escapar das velhas ideias.
(C) Circunstâncias são os reguladores dos fatos e os instrumentos dos sábios.
(D) Não tem liberdade quem não tem sede dela.
(E) Não libere um camelo da carga do seu lombo, você pode libertá-lo de ser um camelo.

21) (Avança SP – 2025 – Prefeitura de Caieiras – SP – Auxiliar de Serviços Gerais)

A expressão em destaque é um adjetivo apenas em:

(A) Nem todas as coisas são prejudiciais.
(B) O azul do mar é belíssimo.
(C) Não deixe que os maus bocados te impeçam de viver.
(D) O ônibus partiu depressa para o seu destino.
(E) Ela não gostou do presente que ganhou.

22) (Avança SP – 2025 – Prefeitura de Morungaba – SP – Agente de Tributos)

Obs.: O texto (INGRID LUISA. "Leonardo da Vinci: o maior procrastinador da história". Adaptado. *Superinteressante*, 24 maio 2019) de onde foi retirado o objeto desta questão não foi incluído aqui por não ser determinante para sua resolução.

A qualidade atribuída a Leonardo da Vinci, de "o maior procrastinador da história", no título da reportagem, se apresenta de forma:

(A) superlativa relativa de inferioridade.
(B) superlativa relativa de superioridade.
(C) superlativa absoluta sintética.
(D) superlativa absoluta analítica.
(E) comparativa de superioridade.

23) (INEP – 2023 – Exame Nacional do Ensino Médio)

Quaresma despiu-se, lavou-se, enfiou a roupa de casa, veio para a biblioteca, sentou-se a uma cadeira de balanço, descansando. Estava num aposento vasto, e todo ele era forrado de estantes de ferro. Havia perto de dez, com quatro prateleiras, fora as pequenas com os livros de maior tomo. Quem examinasse vagarosamente aquela grande coleção de livros havia de espantar-se ao perceber o espírito que presidia a sua reunião. Na ficção, havia unicamente autores nacionais ou tidos como tais: o Bento Teixeira, da *Prosopopeia*; o Gregório de Matos, o Basílio da Gama, o Santa Rita Durão, o José de Alencar (todo), o Macedo, o Gonçalves Dias (todo), além de muitos outros.

(BARRETO, Lima. *Triste fim de Policarpo Quaresma*. Rio de Janeiro: Mediafashion, 2008.)

No texto, o uso do artigo definido anteposto aos nomes próprios dos escritores brasileiros

(A) demonstra a familiaridade e o conhecimento que o personagem tem dos autores nacionais e de suas obras.
(B) consiste em um regionalismo que tem a função de caracterizar a fala pitoresca do personagem principal.
(C) é uma marca da linguagem culta cuja função é enfatizar o gosto do personagem pela literatura brasileira.
(D) constitui um recurso estilístico do narrador para mostrar que o personagem vem de uma classe social inferior.
(E) indica o tom depreciativo com o qual o narrador se refere aos autores nacionais, reforçado pela expressão "tidos como tais".

24) (Avança SP – 2025 – Câmara Municipal de Santana de Parnaíba – SP – Oficial Administrativo de Patrimônio)

Nas sentenças a seguir, as preposições destacadas introduzem objetos indiretos, exceto em:

(A) Lembre-se <u>de</u> que estaremos juntos nisso.
(B) A esposa está desgostosa <u>com</u> a relação.
(C) Eles gostam <u>de</u> literatura estrangeira.
(D) Aspiro <u>a</u> este cargo da empresa há algum tempo.
(E) Cumpriu <u>com</u> seu dever precisamente.

25) (FGV – 2025 – Secretaria de Estado da Educação, do Esporte e do Lazer – RN – Professor de Língua Portuguesa)

O vocábulo "menos" pode ser classificado como pronome indefinido ou como advérbio. Assinale a opção que indica a frase em que funciona como pronome.

(A) Menos mal te fará um homem que te persiga do que um que te siga.
(B) Paixão e resfriado a gente pega quando menos espera.
(C) As mulheres extremamente belas assombram menos no dia seguinte.
(D) Os homens mentiriam muito menos se as mulheres fizessem poucas perguntas.
(E) Estarão os brasileiros menos preparados que os bolivianos para participar de um regime democrático?

26) (FGV – 2024 – Prefeitura de Caraguatatuba – SP – Professor de Educação Básica II – Língua Portuguesa)

O conceito de "causa" designa a ação ou a situação que dá origem a um fato, enquanto "consequência" remete ao acontecimento de que decorre uma ação ou uma situação. Assinale a opção em que a primeira oração expressa uma consequência.

(A) Há muita gente na praia porque faz bom tempo.
(B) Dado que a greve continua, o transporte ferroviário está deficiente.
(C) Chove tanto que não se vê mais a rua.

(D) O relatório de seus trabalhos anteriores está incompleto, consequentemente ele foi recusado pelo gerente.
(E) Com a tempestade, houve deslizamentos de terra.

27) (IBFC – 2023 – Companhia de Engenharia de Tráfego de Santos – SP – Assistente Administrativo)

Obs.: O texto (PEREIRA, Tuka. Pra onde vai agora? [*blog*]. *Catraca Livre*, jan. 2008. Disponível em: https://catracalivre.com.br/author/tukapereira/) de onde foi retirado o objeto desta questão não foi incluído aqui por não ser determinante para sua resolução.

Observe o trecho: "Muitas pessoas visitam o lugar para observar as estrelas..." e analise as afirmativas abaixo em relação à sintaxe.
I. Muitas pessoas: sujeito composto.
II. Para observar as estrelas: oração subordinada adverbial final.
III. O lugar: objeto direto.

Assinale a alternativa correta.

(A) II e III estão corretas.
(B) I, II e III estão corretas.
(C) I e III estão corretas.
(D) Apenas II está correta.

28) (IDECAN – 2023 – Prefeitura de São Caetano do Sul – SP – Guarda Civil Municipal)

Obs.: O texto (VERISSIMO, Luis Fernando. "Provocações." Plenos Pecados. São Paulo: Objetiva, 1999, p. 31-34) de onde foi retirado o objeto desta questão não foi incluído aqui por não ser determinante para sua resolução.

Partindo da definição de que orações subordinadas são aquelas que dependem de outras orações no período e que não têm sentido completo isoladas, aponte a alternativa em que há uma oração subordinada destacada cuja classificação se encontra correta entre parênteses.

(A) "Depois perder o barraco, **que estava onde não podia estar**." (subordinada adverbial causal)
(B) "Parece **que a ideia era lhe dar uma terrinha**." (subordinada subjetiva completiva nominal)
(C) "Concluiu **que era provocação**." (subordinada substantiva objetiva direta)
(D) "Aí ouviu **que a reforma agrária não era bem assim**." (subordinada substantiva predicativa)

29) (FGV – 2023 – Prefeitura de Jaboatão dos Guararapes – PE – Professor 2)

Assinale a frase em que houve uma substituição adequada de uma oração reduzida por uma oração desenvolvida.

(A) Se não fosse para cometer erros, eu não tomaria decisões/ para que cometesse.
(B) É impossível um homem aprender aquilo que ele acha que já sabe/ que um homem aprendesse aquilo.

(C) É mais fácil construir um menino que consertar um homem/ a construção de um menino que um conserto de um homem.
(D) Para ficar para trás não é necessária uma parada ou uma volta/ Para que ficássemos.
(E) O objetivo é mantermos os homens separados/ que mantemos.

30) (VUNESP – 2023 – Tribunal Regional Federal da 3.ª Região – SP e MS – Analista Judiciário)

Minha empregada, Mme. Thérèse, que já ia se conformando em ser chamada de dona Teresa, caiu doente. Mandou-me um bilhete com a letra meio trêmula, falando em reumatismo. Dias depois apareceu, mais magra, mais pálida e menor; explicou-me que tudo fora consequência de uma corrente de ar. Que meu apartamento tem um *courant d'air* terrível, de tal modo que, ___________, chegando em casa, nem teve coragem de tirar a roupa, caiu na cama. "Dói-me o corpo inteiro, senhor; o corpo inteiro."
O mesmo caso, ajuntou, houve cerca de 15 anos atrás, quando trabalhava em um apartamento que tinha uma corrente de ar exatamente igual ___________ essa de que hoje sou sublocatário. Fez uma pausa. Fungou. Contou o dinheiro que eu lhe entregava, agradeceu ___________ dispensa do troco. Foi lá dentro apanhar umas pobres coisas que deixara. Entregou-me a chave, fez qualquer observação sobre o aquecedor ___________ gás – e depois, no lugar de sair ___________ rua, deixou-se ficar imóvel e calada, de pé, em minha frente.

(BRAGA, Rubem. "Dona Teresa". *200 crônicas escolhidas*. Rio de Janeiro: Record, 1978. Adaptado.)

Em conformidade com a norma-padrão, as lacunas do texto devem ser preenchidas, respectivamente, com:

(A) aquela tarde … à … à … à … a.
(B) aquela tarde … a … a … à … à.
(C) àquela tarde … a … a … a … à.
(D) àquela tarde … à … à … a … a.
(E) àquela tarde … à … a … a … à.

31) (FCC – 2024 – Tribunal Regional Federal da 11.ª Região – AM e RR – Técnico Administrativo – Área Administrativa)

Considere as frases a seguir.
I. Apresse-se! Sua reunião vai começar às 8 horas.
II. Uso lapiseira, mas sempre preferi escrever à lápis.
III. Não diga nada à ninguém sobre nossos planos futuros.
IV. Aos domingos, minha família se reúne para saborear um bom filé à parmegiana.
V. Voltei à casa da minha infância depois de muitos anos.

O sinal indicativo de crase foi usado corretamente APENAS em

(A) II, III e IV.
(B) I, II e IV.
(C) I, III e IV.

(D) I, IV e V.
(E) II, IV e V.

32) (Avança SP - 2023 - Prefeitura de Rio Claro - SP - Professor de Educação Básica)

Considere as seguintes sentenças:
I. Ele disse que estará disponível no sábado.
II. Que bagunça é essa?
III. Eles terão que me ouvir!

Nas sentenças dadas, a palavra "que" atua, respectivamente, como:

(A) conjunção integrante, pronome interrogativo e preposição.
(B) conjunção integrante, pronome interrogativo e conjunção integrante.
(C) preposição, pronome interrogativo e preposição.
(D) preposição, pronome interrogativo e conjunção integrante.
(E) conjunção integrante, preposição e preposição.

33) (Avança SP - 2025 - Prefeitura de Caieiras - SP - Agente de Limpeza Pública)

Analise a relação de sentido estabelecida pelas conjunções em negrito e o termo entre parênteses. Destaque a relação incorreta.

(A) **Como** não tinha aptidão para a música, vendeu seu violão. (conformidade)
(B) **Por mais que** esteja atrasado, esperarei por você. (concessão)
(C) Esvaziou suas economias, **porque** estava endividado. (explicação)
(D) Seus olhos fecham-se **sempre que** está com medo. (tempo)
(E) **Caso** não termine o trabalho, avise-me. (condição)

34) (IDECAN - 2024 - Assembleia Legislativa - PI - Analista Legislativo - Biblioteconomia)

Obs.: O texto (FARACO, Carlos Alberto. "O maiúsculo e o minúsculo". *Folha de S.Paulo*, 13 maio 2001. Adaptado. Disponível em: https://www1.folha.uol.com.br/fsp/mais/fs1305200117.htm.) de onde foi retirado o objeto desta questão não foi incluído aqui por não ser determinante para sua resolução.

As orações subordinadas são aquelas que dependem de outras orações no período e que não têm sentido completo se aparecerem isoladas. Assim sendo, assinale a alternativa em que há uma oração subordinada destacada corretamente classificada.

(A) "Uma observação cuidadosa e honesta dos fatos nos mostra <u>que esses estrangeirismos não passam de uma insignificante gota d'água num imenso oceano</u>." (substantiva subjetiva)
(B) "É o <u>que tem ocorrido ultimamente com certa discussão em torno da língua</u>." (adjetiva restritiva)
(C) "[...] afinal cada um acredita naquilo <u>que bem lhe apraz</u>." (substantiva objetiva indireta)

(D) "Enquanto essas simplificações permanecem nos limites do idiossincrático, parece não haver maiores problemas [...]." (adverbial condicional)
(E) "Apesar de termos essas tarefas maiúsculas à frente, foi uma questão minúscula que acabou por tomar corpo em prejuízo de todo o resto." (adverbial causal)

35) (SELECON – 2024 – Prefeitura de Sapezal – MT – Professor de Informática)

Obs.: O texto (BOTTALLO, Ana. "Exposição a calor extremo de menores de 1 ano aumentou 250% no Brasil de 2014 a 2023". *Folha de S.Paulo*, 29 out. 2024. Disponível em: https://www1.folha.uol.com.br/ambiente/2024/10/exposicao-a-calor-extremo-de-menores-de-1-ano-aumentou-250-no-brasil-de-2014-a-2023.shtml. Excerto. Adaptado) de onde foi retirado o objeto desta questão não foi incluído aqui por não ser determinante para sua resolução.

Em "As conclusões são do relatório mais recente de saúde e mudança climática Lancet Countdown, produzido pela mais prestigiada revista médica do mundo, que contou com a colaboração de 122 cientistas líderes de agências da ONU (Organização das Nações Unidas) e instituições acadêmicas de todo o mundo" (6.º parágrafo), a palavra destacada introduz uma oração:

(A) principal.
(B) coordenada.
(C) subordinada adjetiva.
(D) subordinada substantiva.

36) (COSEAC – 2024 – Fundação Municipal de Educação de Niterói – RJ – Psicólogo)

Obs.: O texto (CARDOZO, Wallace. "Ser professora é um estilo de vida" [Depoimento de Rebeca Simões] *Itaú Social*, 27 fev. 2023. Disponível em: https://www.itausocial.org.br/noticias/ser-professora-e-um-estilo-de-vida.) de onde foi retirado o objeto desta questão não foi incluído aqui por não ser determinante para sua resolução.

Considerando que o "a", como palavra, pode ser classificado como artigo definido, preposição ou pronome pessoal, observe as seis ocorrências que se encontram no parágrafo "Alfabetizar é o meu propósito. Em minha trajetória, pretendo ensinar **a** leitura e **a** escrita **a** quantas crianças conseguir. Esse é um direito delas. Fico pensando como seria **a** minha vida se eu não soubesse ler e escrever. Que perspectiva de vida têm aquelas pessoas que não são alfabetizadas? Foi por meio desse propósito que me encontrei ao começar **a** trabalhar com **a** educação infantil". É correto afirmar que se trata de

(A) artigo definido em todas as ocorrências.
(B) artigo na primeira, quarta e quinta ocorrência, preposição na sexta e pronome pessoal na segunda e na terceira.
(C) pronome pessoal na terceira e na sexta ocorrência, artigo definido na segunda e preposição nas demais.
(D) preposição na terceira e na sexta ocorrência, pronome pessoal na primeira e artigo definido nas demais.
(E) preposição na terceira e na quinta ocorrência, sendo artigo nas demais.

37) (Avança SP – 2024 – Serviço de Água e Esgoto de Pirassununga – SP – Técnico em Manutenção)

Obs.: O texto (VERISSIMO, Luis Fernando. *O suicida e o computador*. Porto Alegre: L&PM, 1992) de onde foi retirado o objeto desta questão não foi incluído aqui por não ser determinante para sua resolução.

Considere o excerto a seguir. "Vivemos a civilização do automóvel, mas atrás do volante de um carro o homem se comporta como se ainda estivesse nas cavernas. Antes da roda. Luta com seu semelhante pelo espaço na rua como se este fosse o último mamute."

Na primeira sentença do excerto, a conjunção "mas" desempenha um papel relacionado à coesão textual. Trata-se de um recurso coesivo:

(A) referencial catafórico.
(B) referencial anafórico.
(C) sequencial de oposição.
(D) sequencial de adição.
(E) sequencial de explicação.

38) (IBAM – 2024 – Prefeitura de Cubatão – SP – Professor de Ensino Fundamental II)

Obs.: O texto (CARPINEJAR, Fabrício. "Comida é dinheiro vivo". Adaptado. *O Tempo*, 18 ago. 2019. Disponível em: https://www.otempo.com.br/opiniao/fabricio-carpinejar/comida-e-dinheiro-vivo-1.2223796) de onde foi retirado o objeto desta questão não foi incluído aqui por não ser determinante para sua resolução.

Analise a frase: "Todos cuidam de todos, com um canto da mirada atenta às reações dos demais comensais."

Assinale a alternativa que justifica corretamente o uso da crase em "às reações".

(A) A crase ocorre devido à regência verbal de "atenta", que exige preposição, e à presença do artigo definido feminino plural que acompanha "reações".
(B) O uso da crase se justifica pela fusão da preposição exigida pelo adjetivo "atenta" e o artigo definido plural que acompanha o substantivo feminino "reações".
(C) A crase em "às reações" ocorre porque o adjetivo "atenta" rege a preposição "a", sendo esta obrigatória mesmo sem a presença do artigo definido feminino.
(D) A crase foi empregada devido à presença de um termo masculino que, mesmo não exigindo o artigo definido, se combina com a preposição "a" por exigência do adjetivo.

39) (Avança SP – 2024 – Prefeitura de Paraty – RJ – Técnico de Procuradoria)

Obs.: O texto (MOURÃO, Manuela. "Como nasceram os jogos paralímpicos?" *Superinteressante*, 27 ago. 2024. Disponível em: https://super.abril.com.br/sociedade/como-nasceram-os-jogos-paralimpicos/) de onde foi retirado o objeto desta questão não foi incluído aqui por não ser determinante para a sua resolução.

O excerto apresentado a seguir está em discurso direto. Analise-o e assinale a alternativa que o transpõe ao discurso indireto corretamente, com as modificações necessárias.

"'O mais importante é a reintegração social dos paralisados na sociedade', falou o médico na época."

(A) O médico falou na época que o mais importante será a reintegração social dos paralisados na sociedade.
(B) O médico falou na época que o mais importante fora a reintegração social dos paralisados na sociedade.
(C) Falou o médico na época que o mais importante foi a reintegração social dos paralisados na sociedade.
(D) Falou o médico na época que o mais importante seria a reintegração social dos paralisados na sociedade.
(E) Falou o médico na época que o mais importante era a reintegração social dos paralisados na sociedade.

40) (FGV – 2024 – Empresa de Tecnologia e Informações da Previdência – Dataprev – Advocacia)

Obs.: O texto (BIERNATH, André. "Como uso excessivo de celular impacta cérebro da criança". *BBC News Brasil*, 24 mar. 2022. Disponível em: https: https://www.bbc.com/portuguese/geral-60853962) de onde foi retirado o objeto desta questão não foi incluído aqui por não ser determinante para sua resolução.

O uso excessivo de telas faz mal à saúde da mente e do corpo e os efeitos podem ser ainda mais danosos nas duas primeiras décadas de vida:
"Como tudo, o problema está no excesso e na falta de controle adequado", afirma o psicólogo Thiago Viola, do Instituto do Cérebro do Rio Grande do Sul.

Sobre o uso do discurso direto, é ***incorreto*** afirmar que este procedimento

(A) cria o efeito de realidade, já que a fala busca reproduzir o momento da enunciação.
(B) atribui o sentido de verdade, tendo em vista que prevalece o teor de preservação do discurso citado.
(C) delimita a fronteira entre o discurso do narrador e o discurso citado por meio de aspas, travessão e verbos de elocução.
(D) demarca a soberania do narrador, pois ele interpreta a fala citada, absorvida no fio de seu discurso.
(E) precisa transpor as palavras do discurso citado, tal qual foram enunciadas originalmente.

D) Gabarito comentado

1) Gabarito: C. Comentário: O sujeito expresso é aquele que está claro na oração, sendo sempre representado por uma expressão substantiva exercida por um substantivo, pronome ou equivalente. Pode o sujeito ser simples (um só núcleo) ou composto (dois ou mais núcleos). A única opção que apresenta um sujeito expresso é a C ("um cordão sanitário" é sujeito do verbo na passiva pronominal: "estabeleceu-se"). Nas demais opções, temos: A) uma oração sem sujeito com o verbo "haver" empregado com o sentido de 'existir' e uma oração com sujeito indeterminado (verbo "corresponder" no infinitivo); B) dois verbos ("encontrar" e "dizer") com sujeito indeterminado; D) dois verbos ("chegar" e "correr") acompanhados de partícula de indeterminação do sujeito; e E) um verbo impessoal ("amanhecer"), com sujeito inexistente.

2) Gabarito: C. Comentário: Chama-se direta a frase que obedece a certas tendências de colocação, tais como: sujeito antes do verbo (devem ser descartadas, portanto, as opções B, pois o sujeito do verbo "ser" é "aquela", e D, pois o sujeito do verbo "ser" é "o futuro de um filho") e adjuntos adverbiais ao final do período (devem ser descartadas as opções A, em que a oração subordinada adverbial "segundo penso" aparece entre o sujeito e o verbo, e E, em que a expressão "de todos os animais" está antecipada). Analisando a opção C, percebemos que sujeito e predicado estão dispostos na ordem considerada habitual, não havendo, dentro de cada um, inversão de palavras.

3) Gabarito: A. Comentário: Do ponto de vista morfológico, o vocábulo "encrespado" pertence à classe dos adjetivos, por estar qualificando uma palavra de valor substantivo; neste caso, o pronome "ele". Já do ponto de vista sintático, deve ser classificado como predicativo do sujeito, pois se refere ao sujeito da oração ("ele"). Neste tipo de questão, o candidato deve estar atento para perceber que o predicativo não se restringe a orações com o concurso de verbos de ligação – como *ser*, *estar* e *ficar* –, podendo também aparecer com verbos de ação ou processo.

4) Gabarito: B. Comentário: O vocábulo "que", sempre que se referir a um termo antecedente na frase e puder ser substituído por "o qual" e suas variantes, será classificado como pronome relativo. Neste caso, terá função sintática. Em "uma camiseta que dizia", o "que" tem por antecedente o substantivo "camiseta" e exerce a função de sujeito do verbo "dizer". Temos em "simples" um adjetivo que qualifica o substantivo nuclear "mensagem" e exerce a função sintática de adjunto adnominal, por acrescer uma ideia complementar ao significado desse substantivo, sem alterar sua relação gramatical.

5) Gabarito: A. Comentário: O termo destacado é sujeito posposto ao verbo "encher"; portanto, está correta a opção A. As demais estão incorretas porque: B) não há predicativo na oração; C) o objeto direto de "encher" é "o celeiro"; D) o verbo "encher" não se constrói, aqui, com objeto indireto; E) o substantivo "celeiro", por não derivar de verbo, não admite complemento nominal.

6) Gabarito: A. Comentário: No período destacado no enunciado da questão, "um poeta" é sujeito, "tornar" é verbo transitivo direto, "aberto" é predicativo do objeto, "para todos" é complemento nominal de "aberto" e "o universo reflexivo de sua intimidade" é objeto direto. Na opção A, o gabarito, "aberto" é atributo do objeto direto "o universo reflexivo de sua intimidade". As demais opções estão incorretas porque: B) "sua intimidade" refere-se a "um poeta"; C) "para todos" não é vocativo, pois não cumpre função de chamamento ou apelo; D) "um poeta" é sujeito simples, não sujeito indeterminado, ainda que não saibamos de que poeta se trata; E) o verbo "tornar" está na voz ativa, visto que o sujeito "um poeta" pratica a ação verbal.

7) Gabarito: C. Comentário: Na opção C, temos um caso de sujeito oculto, indicado na desinência verbal de 3.ª pessoa ("Pode falar"). Nas demais opções, temos sujeitos simples: "A produção de arroz" (A), "A produção de trigo" (B), "A combinação do aumento continuado [...] com o desmatamento local" (D) e "Isto" (E).

8) Gabarito: A. Comentário: A formação regressiva ou deverbal consiste em criar palavras pela subtração do sufixo do verbo: de "encontrar", portanto, tiramos "encontro". As demais opções estão incorretas, uma vez que: B) "do encontro" é um termo acessório da oração, um adjunto adnominal ligado ao núcleo nominal "arte"; C) a conjunção "embora" estabelece entre as orações valor de concessão, não de conformidade; D) "tanto desencontro" é um grupo nominal formado por pronome indefinido e substantivo; E) o verbo "haver" da segunda oração está empregado no sentido de 'existir' e forma, assim, uma oração sem sujeito, sendo "tanto desencontro" seu objeto direto.

9) Gabarito: C. Comentário: O candidato deve ficar atento ao uso dos pronomes relativos, sobretudo do "cujo", observando a regência do verbo da oração que introduzem, para determinar o emprego ou não emprego da preposição. Na opção C, o gabarito, "cujo" está corretamente empregado porque: indica posse, concorda em gênero e número com seu consequente (o substantivo "uso") e é precedido da preposição "de", requerida pelo verbo "redimir-se" (portanto, "não se redimiu do uso da cruel instituição"). Nas demais opções, o correto seria: A) "As violências históricas são fenômenos cuja memória não deve se perder", com "cuja" indicando posse e concordando com "memória"; B) "[...] distorções históricas para as quais é difícil encontrar justificativa", pois "justificativa" requer a preposição "para"; D) "[...] indivíduos a quem faltavam escrúpulos humanitários", sendo "a quem" complemento preposicionado do verbo transitivo indireto "faltar"; E) "[...] um tempo em que tudo tende à idealização", com "em que" indicando tempo.

10) Gabarito: A. Comentário: A opção A é o gabarito da questão porque o termo "pneu" é explicitado por "que foi colocado", uma oração subordinada adjetiva, isto é, com valor adjetivo.
Nas demais opções, a explicitação se dá por: B) "do caminho", complemento nominal; C) "Romancista famoso", aposto explicativo; D) "por um móvel colonial", adjunto adverbial; E) "de mais qualidade", adjunto adnominal.

11) Gabarito: D. Comentário: As conjunções coordenativas ligam orações sintaticamente independentes entre si, isto é, que pertencem à mesma camada gramatical e não exercem função sintática uma da outra. Na opção A, a conjunção "ou" é alternativa; na B, a conjunção "e" é aditiva; na C, a conjunção "nem" é aditiva; na E, a conjunção "mas" é adversativa. Já as conjunções subordinativas ligam uma oração principal a uma dependente, que exerce função sintática da principal e corresponde a um advérbio ou substantivo. Na opção D, nosso gabarito, "porque" é conjunção subordinativa adverbial causal.

12) Gabarito: B. Comentário: O candidato deve ler com atenção o enunciado, que pede que se identifique a alternativa que contém erro. Há de se notar que nem sempre a conjunção "e" indicará uma relação de adição entre as unidades que une. Muitas vezes pode ela estabelecer valor semântico de causa, consequência, oposição, intensidade, etc., sem deixar de ser classificada como conjunção aditiva. A opção B é o gabarito, pois o sentido contextual aqui não é de consequência, mas de adição/ sucessão.

13) Gabarito: A. Comentário: A classificação da opção A está incorreta, uma vez que o termo destacado é pronome pessoal oblíquo átono, funcionando como objeto direto do verbo "encontrar". Vale lembrar que o artigo definido – "o", "a", "os", "as" – acompanha sempre substantivo. Nas demais opções, a classificação está correta.

14) Gabarito: A. Comentário: Em "começou a ficar tão dividida", "a" é preposição e faz parte de uma locução verbal, na qual aparece entre o verbo auxiliar e o verbo principal no infinitivo. Em "a ponto de", uma locução prepositiva, "a" é preposição. Já em "a que vivemos hoje", "a" é pronome demonstrativo feminino, uma vez que retoma um termo feminino anteriormente mencionado ("política"), equivalendo a "aquela que". Está correta, portanto, a opção A.

15) Gabarito: D. Comentário: Passou a ser prática das bancas examinadoras formular questões sobre o "valor relacional" ou "nocional" das preposições. Vale lembrar: "valor relacional" associa-se a uma função sintática integrante exigida por um termo anterior; já o "valor nocional" é característico de uma preposição que introduz um termo acessório, ou seja, independente. Nas opções A, B, C e E, as preposições são exigidas pelos termos que as antecedem; são, portanto, exemplos de valores relacionais. Assim: A) "com a galeria" é objeto indireto do verbo "preocupar-se"; B) "de alguns trabalhos" é objeto indireto do verbo "fugir"; C) "de que é humano" é complemento indireto oracional, análogo ao objeto indireto, do verbo "esquecer-se"; E) "de dinheiro" é complemento nominal do substantivo "necessidade". Já na frase da opção D, "Os relógios <u>de</u> ouro são mais valiosos, mesmo quando estão escangalhados", a preposição destacada tem valor nocional por ser um adjunto adnominal indicativo da matéria de que uma coisa é feita (neste caso, "relógios feitos de ouro"). Note que, em adjuntos adnominais, a preposição sempre terá valor nocional, por não ser exigida por termo anterior.

16) Gabarito: B. Comentário: O artigo definido – "o", "a", "os", "as" – identifica o objeto designado pelo nome a que se liga, delimitando-o como aquele que já foi ou será imediatamente conhecido do leitor/ouvinte. Já o artigo indefinido representa generalização. Assim sendo, na primeira referência ao restaurante no texto, foi empregado o artigo indefinido "um" (trata-se de um dos muitos restaurantes do centro da cidade). Na segunda referência ao restaurante, o artigo definido aponta para o elemento já mencionado no início, equivalendo a "esse" ("esse restaurante"). Neste caso, dizemos que a referência é anafórica, por retomar um termo já enunciado. O gabarito, então, é a opção B. As demais opções estão incorretas porque: A) o artigo indefinido "um" tem função generalizante, como no caso de "um restaurante" – não há relação entre o emprego desse artigo e a importância dada ao casal na narrativa; C) o artigo indefinido, aqui, tem função generalizante, sem qualquer valor pejorativo; D) o emprego do artigo indefinido em "um garçom aproximou-se da mesa" é adequado e também implica generalização; E) em "entregou-lhes o cardápio", o artigo definido identifica uma palavra que, apesar de não ter sido citada anteriormente no texto, nomeia toda uma classe de objetos conhecidos por nós na realidade extralinguística – graças ao conhecimento que temos das coisas e do mundo, entendemos com facilidade que se trata do cardápio costumeiramente oferecido aos clientes em restaurantes.

17) Gabarito: A. Comentário: Constitui erro empregar artigo definido depois do pronome relativo *cujo*. No caso em análise, a construção apropriada é: "cuja atuação varia enormemente".

18) Gabarito: C. Comentário: É importante ter claro que "um/ uma" é numeral quando pode ser substituído por outro numeral cardinal ("dois", "duas", por exemplo) e quando pode ser modificado por advérbio de inclusão ou de exclusão. O candidato deve ficar muito atento para perceber que elemento o advérbio está modificando, se o numeral ou outra palavra ou expressão da frase. Na opção C, se em vez de "só se ocorrer uma emergência" tivéssemos "se ocorrer só uma emergência", "uma" seria numeral. Nas opções A, B, D e E, os vocábulos destacados relacionam-se, respectivamente, aos advérbios de exclusão "só", "apenas", "somente" e "apenas". Deste modo, devem ser classificados como numerais. Apenas na opção C não identificamos quantificador relacionado a "uma", o que nos leva a concluir que não se trata de uma única emergência, mas, sim, de uma emergência qualquer, de qualquer natureza.

19) Gabarito: B. Comentário: O candidato deve identificar a opção em que o termo acompanhado do artigo destacado pertencia a outra classe originalmente e passou a substantivo justamente pela presença do artigo. Na opção B, o verbo "abusar" é substantivado pelo artigo "o". Chamamos este processo de formação de palavras, no qual uma palavra muda de classe gramatical sem sofrer alterações em sua estrutura, de conversão ou derivação imprópria. Nas demais opções, os artigos ligam-se a palavras originalmente substantivas: "dia", "sol", "combate" e "imagem".

20) Gabarito: A. Comentário: Na opção A, a preposição "de", empregada com o valor de posse ou pertença, não é obrigatória, visto que introduz um adjunto adnominal ("da vida"), isto é, serve meramente para ampliar o significado do núcleo "significado". Na opção B, a preposição "de" é requerida pelo verbo "escapar"; na C, pelo substantivo "reguladores"; na D, pelo substantivo "sede"; na E, pelo verbo "liberar" ("liberar algo de alguma coisa").

21) Gabarito: C. Comentário: O candidato deve encontrar, entre os termos destacados, aquele que modifica um substantivo, pois é este o papel gramatical do adjetivo. Na opção C, "maus" refere-se ao substantivo "bocados", concordando com ele em gênero e número; trata-se, portanto, de adjetivo. Nas demais opções, temos: A) substantivo ("[as] coisas"); B) palavra substantivada ("[o] azul", originalmente um adjetivo); D) advérbio ("depressa", modificando o verbo "partir"); E) substantivo ("[o] presente").

22) Gabarito: B. Comentário: No título da reportagem, na expressão "o maior procrastinador da história", o grau superlativo relativo de superioridade ressalta a qualidade de um ser em relação a outros seres pelo emprego de "o maior... da". O gabarito é, portanto, a opção B.

23) Gabarito: A. Comentário: Junto ao nome próprio, o artigo definido denota familiaridade. Modernamente, tem-se estendido a presença do artigo antes dos nomes de escritores, artistas e personagens célebres. Contudo, vale ressaltar que, nestes mesmos casos, pode-se omitir o artigo, como fazem os habitantes de certas regiões do Brasil: "carro de Fernanda", "sala de Paulo", "texto de Camões".

24) Gabarito: B. Comentário: Na opção B, a expressão "com a relação" liga-se ao adjetivo "desgostosa" e exerce a função sintática de complemento nominal. Nos demais casos, temos objetos indiretos acompanhando os verbos "lembrar-se", "gostar", "aspirar" (no sentido de 'desejar, almejar') e "cumprir".

25) Gabarito: A. Comentário: "Menos" é pronome indefinido adjetivo quando se junta a substantivo. Na opção A, o gabarito, "menos" se refere ao substantivo "mal" (que, neste caso, significa "maldade"). Nas demais opções, "menos" é advérbio porque: B) modifica o verbo "esperar"; C) modifica o verbo "assombrar"; D) modifica o verbo "mentir"; E) modifica o adjetivo "preparados". Em todos estes casos, o termo modificador é indicativo de grau e não se refere a substantivo, devendo ser classificado, portanto, como advérbio de intensidade.

26) Gabarito: A. Comentário: O candidato deve ficar atento ao enunciado da questão: em todas as opções apresentadas há relação de causa e consequência entre as orações; no entanto, é na opção A, o gabarito, que a primeira oração expressa a consequência e a segunda oração expressa a causa, introduzida pela conjunção "porque": a quantidade de pessoas na praia é consequência, resultado, efeito do bom tempo. Nas demais opções: B) causa: "a greve continua"/ consequência: "o transporte rodoviário está deficiente"; C) causa: "chove tanto"/ consequência: "não se vê mais a rua"; D) causa: "o relatório de seus trabalhos anteriores está incompleto"/ consequência: "ele foi recusado pelo gerente"; E) causa: "a tempestade" / consequência: "houve deslizamentos de terra".

27) Gabarito: A. Comentário: A afirmativa I está incorreta: "Muitas pessoas" é sujeito simples, constituído de apenas um núcleo no plural ("pessoas"). Seria sujeito composto se houvesse dois ou mais núcleos ligados por conjunção coordenativa: "Muitos homens e mulheres visitam o lugar..." As afirmativas II e III estão corretas.

28) Gabarito: C. Comentário: Na opção C, a oração destacada exerce função sintática de objeto direto em relação ao verbo "concluir", núcleo verbal da oração principal do período. Nas demais alternativas, a classificação correta seria: A) oração subordinada adjetiva explicativa; B) oração subordinada substantiva subjetiva; D) oração subordinada substantiva objetiva direta.

29) Gabarito: A. Comentário: As orações reduzidas apresentam o seu verbo no infinitivo, no gerúndio ou no particípio. Já as orações desenvolvidas são estruturadas com verbo no indicativo, no subjuntivo ou no imperativo. Para o desdobramento da reduzida em desenvolvida, basta substituir a preposição ou locução prepositiva por uma conjunção ou locução conjuntiva do mesmo valor e pôr o verbo na forma finita. Assim, concluímos que a opção A está correta, visto que há equivalência entre "cometesse" (pretérito imperfeito do subjuntivo) e "tomaria" (futuro do pretérito do indicativo). Na opção B, o correto é "que um homem aprenda"; na C, o correto é "que se construa"/ "que se conserte" (note-se que "a construção de um menino"/ "um conserto de um homem" não são orações, e sim expressões nominais); na D, o correto é "para que se fique"; na E, o correto é "que mantenhamos".

30) Gabarito: C. Comentário: De acordo com a norma-padrão, apenas a opção C preenche adequadamente as lacunas: na primeira, "àquela" deve receber o acento grave indicativo de crase, pois representa a contração da preposição "a" com o "a-" inicial do pronome demonstrativo feminino "aquela"; na segunda, "a" é preposição pura, sem acento indicativo de crase, uma vez que não pode haver artigo antes do pronome demonstrativo "esse"; na terceira, "a" é artigo que introduz o objeto direto do verbo "agradecer", "a dispensa do troco"; na quarta, a preposição "a" que compõe a locução adjetiva não recebe acento grave pois rege palavra masculina ("gás"); na quinta, "à" leva acento indicativo de crase, visto que ocorre a combinação da preposição "a" com o artigo definido "a" ("sair *a a* rua" = "sair à rua").

31) Gabarito: D. Comentário: Na frase I, o acento indicativo de crase está correto: a preposição "a" se combina com o artigo feminino que acompanha o substantivo feminino "horas". Na frase II, o acento está incorreto, pois não ocorre crase diante de palavra masculina ("lápis"). Na frase III, o acento está incorreto, uma vez que não se usa artigo diante de pronome indefinido (exceto "outra"), o que impossibilita a ocorrência da crase. Na IV, "à parmegiana" é expressão fixa em que se subentende o substantivo "moda" ("à moda parmegiana"), por isso está correto o acento. Na V, o sinal indicativo de crase foi usado corretamente: o verbo "voltar" requer complemento com a preposição "a" e o substantivo "casa" está antecedido pelo artigo definido feminino "a", por se tratar de uma casa específica (aquela da infância). As frases I, IV e V estão corretas, sendo a opção D o gabarito.

32) Gabarito: A. Comentário: Na sentença I, "que" é conjunção integrante, uma vez que introduz oração subordinada substantiva (no caso, objetiva direta). Na sentença II, "que" inicia uma pergunta, sendo, portanto, pronome interrogativo. Já na III, "que" funciona como verdadeira preposição, pois integra a construção "ter que + infinitivo", equivalente a "ter de + infinitivo" ("eles terão *de* me ouvir"). O gabarito, então, é a opção A.

33) Gabarito: A. Comentário: Está incorreta a classificação da opção A, em que a conjunção "como" que introduz a oração subordinada indica, na realidade, causa, isto é, o motivo da venda do violão. As demais classificações entre parênteses estão corretas. Uma observação, no entanto: a rigor, a conjunção "porque" da opção C deveria ser interpretada como causal; é comum, contudo, que algumas bancas examinadoras a considerem explicativa.

34) Gabarito: B. Comentário: Na opção B, nosso gabarito, "que tem ocorrido ultimamente com certa discussão em torno da língua" é oração subordinada adjetiva restritiva, uma vez que delimita o campo de significação do pronome demonstrativo a que se refere ("o", equivalente a "isso") e é introduzida por pronome relativo. As demais opções estão incorretas porque: A) a oração destacada é objeto direto do verbo "mostrar" – trata-se, portanto, de uma oração subordinada substantiva objetiva direta; C) a oração destacada, "que bem lhe apraz", iniciada pelo pronome relativo "que" (conector próprio das orações subordinadas adjetivas), limita o sentido do pronome demonstrativo "(n) aquilo", complemento verbal de "acreditar" na oração principal, sendo uma oração subordinada adjetiva restritiva; D) a conjunção "enquanto", neste caso, expressa ideia de simultaneidade, não de condição, encabeçando, portanto, uma oração subordinada adverbial temporal; E) a locução prepositiva "apesar de" indica ideia de oposição, de concessão, não de causa. Deste modo, a oração que introduz é subordinada adverbial concessiva.

35) Gabarito: C. Comentário: A palavra destacada "que" é pronome relativo (vale por "a qual") e introduz uma oração subordinada adjetiva explicativa ("que contou com a colaboração [...] de todo o mundo"). O gabarito é, portanto, a opção C. Note-se que se trata de oração explicativa, e não restritiva, por estar isolada da oração principal pelo emprego da vírgula.

36) Gabarito: E. Comentário: Os vocábulos destacados ficam classificados como: "a leitura e a escrita" – artigo definido nos dois casos, pois acompanha palavra substantiva ("leitura" e "escrita"); "ensinar [...] a quantas crianças conseguir [...]" – preposição, requerida pelo verbo "ensinar" ("ensinar algo a alguém"); "a minha vida" – artigo definido, pois se prende ao substantivo "vida", ainda que apareça entre eles o pronome possessivo "minha"; "comecei a trabalhar" – preposição, que, aqui, cumpre a função de ligar o verbo principal "começar" a seu auxiliar "trabalhar" na locução verbal; "a educação infantil" – artigo definido que acompanha o substantivo "educação". Assim sendo, a terceira e a quinta ocorrências trazem preposições e as demais trazem artigos.

37) Gabarito: C. Comentário: Chamam-se *recursos coesivos sequenciais* aqueles que empregam conectores ou operadores discursivos (como as conjunções e as preposições) para estabelecer relações semânticas entre as partes de um texto. Já os *recursos coesivos referenciais* retomam termos mencionados anteriormente no texto (anáfora), antecipam termos que aparecerão mais adiante (catáfora) ou aludem a elementos extratextuais (dêixis). A conjunção em destaque "mas" é conjunção coordenativa adversativa, que exprime ideia de contraste. A oração por ela introduzida ("mas atrás do volante de um carro [...] como se ainda estivesse nas cavernas") contradiz a ideia contida na oração principal ("Vivemos a civilização do automóvel"), estabelecendo uma relação de oposição dentro da progressão do texto. A opção correta é, portanto, a C.

38) Gabarito: B. Comentário: Está correta a opção B: a crase ocorre pela contração, ou fusão, da preposição requerida pelo adjetivo "atenta" ("atenta a algo ou alguém") com o artigo feminino plural "as" que antecede o substantivo "reações" ("as reações"), dando origem a "às". Quanto às demais opções: A) Incorreta: a palavra "atenta" é adjetivo, não verbo. C) Incorreta: sem a presença do artigo definido feminino não haveria crase. D) Incorreta: o termo "reações" é precedido do artigo feminino "a", sendo, portanto, feminino, não masculino; no entanto, ainda que fosse o caso, não ocorreria crase, pois esta implica encontro de vogais iguais (no caso, *a* + *a*).

39) Gabarito: E. Comentário: O candidato deve ter em mente as normas textuais que regem a transposição do discurso direto para o discurso indireto: emprego de um verbo *dicendi* (do tipo "falar", "dizer", "responder", "perguntar", etc.) na oração principal; supressão das aspas e transformação da porção do enunciado que reproduz o discurso direto em uma oração subordinada introduzida pelo transpositor *que*, pela dubitativa *se* ou pelos pronomes e advérbios de natureza pronominal *quem*, *qual*, *onde*, *como*, *por que*, *quando*; e alteração dos tempos verbais. Se, no discurso direto, a frase está no presente, no discurso indireto irá para o pretérito imperfeito ou futuro do pretérito, dependendo do contexto. Assim sendo, a única opção correta é a E, em que o verbo "ser" está no pretérito imperfeito. Nas demais opções, o tempo verbal está inadequado: A) será (futuro do presente); B) fora (pretérito mais-que-perfeito); C) foi (pretérito perfeito); D) seria (futuro do pretérito).

40) Gabarito: D. Comentário: A opção D corresponde ao gabarito por ser a única a conter uma afirmação incorreta. No discurso direto, o narrador reproduz ou supõe reproduzir fielmente as palavras ditas por alguém, sem intenção de nelas interferir. As demais opções encerram declarações corretas.

PARTE II - COMPREENDER E INTERPRETAR OS TEXTOS

A) Figuras de sintaxe, vícios e anomalias de linguagem e alterações semânticas

FIGURAS DE SINTAXE (OU DE CONSTRUÇÃO)

No esforço de conseguir expressar ao nosso ouvinte, o leitor, ideias e sentimentos com maior força comunicativa ou intenção estética, a linguagem põe à nossa disposição uma série de recursos fonéticos, morfológicos, sintáticos e semânticos. Cabe lembrar que tais recursos são usados não só na prática espontânea da conversação do dia a dia, como na linguagem escrita e literária por deliberada intenção estética. Daí a necessidade de conhecermos alguns desses recursos de expressividade que passaremos a indicar.

Fenômenos de sintaxe mais importantes:

1. Anacoluto

Quebra da estruturação gramatical da oração:

> *Eu parece-me* que tudo vai bem.
> *A pessoa* que não sabe viver em sociedade, *contra ela* se põe a lei.

Nos dois casos, a construção gramatical seria:

> *Parece-me* que tudo vai bem.
> *Contra a pessoa* que não sabe viver em sociedade se põe a lei.

O anacoluto, fora de certas situações especiais de grande efeito expressivo, é evitado no estilo formal.

2. Anáfora

Repetição da mesma palavra em começo de frases diferentes:

> "*Quem* pagará o enterro e as flores / Se eu me morrer de amores? / *Quem*, dentre amigos, tão amigo / Para estar no caixão comigo? / *Quem*, em meio ao funeral / Dirá de mim: — Nunca fez mal... / *Quem*, bêbedo, chorará em voz alta / De não me ter trazido nada? / *Quem* virá despetalar pétalas / No meu túmulo de poeta?" [Vinicius de Moraes, "A hora íntima"]

Também chamamos de anáfora o processo sintático em que um termo retoma outro anteriormente citado:

> A cadela Laika foi o primeiro animal da Terra a ser colocado em órbita. *Ela* morreu horas depois do lançamento.

3. Anástrofe

Inversão de palavras na frase:

> De repente *chegou a hora.*

4. Antecipação ou prolepse

Colocação de uma expressão fora do lugar que gramaticalmente lhe compete:

> O tempo *parece que* vai piorar **em vez de** *Parece que* o tempo vai piorar.

5. Assíndeto

Ausência de conjunção coordenativa entre palavras, termos da oração ou orações de um período:

> "Vim, vi, venci." [Júlio César]

6. Braquilogia

Emprego de uma expressão curta equivalente a outra mais ampla ou de estruturação mais complexa:

> Estudou como se fosse passar **em vez de** Estudou como *estudaria* se fosse passar.

Ainda há braquilogia quando se coordenam dois verbos de complementos diferentes e se simplifica a expressão dando-se a ambos o regime do verbo mais próximo:

> Eu vi e gostei do filme **em vez de** Eu vi o filme e gostei *dele.*

7. Contaminação sintática

"É a fusão irregular de duas construções que, em separado, são regulares." [Epifânio Dias]

> Chegou *de a pé* (fusão de *Chegou de pé* e *Chegou a pé*).

Também resultam de contaminações sintáticas acumulações de preposições como:

> Andar *por entre espinhos* (*andar por espinhos* + *andar entre espinhos*).

8. Elipse

Omissão de um termo facilmente subentendido por faltar onde normalmente aparece, ou por ter sido anteriormente enunciado ou sugerido, ou ainda por ser depreendido pela situação, ou contexto:

> São barulhentos, mas eu admiro *meus alunos.* (Desnecessário dizer: *Meus alunos* são barulhentos, mas...)
> *Sairei* depois do almoço. (Desnecessário dizer: *Eu* sairei...)

9. Expressão expletiva ou de realce

É a que não exerce função gramatical:

> Nós *é que* sabemos viver.

10. Hipérbato

Inversão violenta entre termos da oração:

> "Sobre o banco de pedra que ali tens / Nasceu uma canção. (...)" [Vinicius de Moraes, "Copacabana"]

11. Pleonasmo

Repetição de um termo já expresso ou de uma ideia já sugerida, para fins de clareza ou ênfase:

> Vi-*o a ele* (pleonasmo do objeto direto).
> *Vi* com estes *olhos* que não se enganam.

Evite-se o **pleonasmo vicioso**, por desnecessário: *Retroceder para trás.*

O grande juiz entre os pleonasmos de valor expressivo e os de valor negativo (por isso considerados erro de gramática) é o uso, e não a lógica. Se não dizemos, em geral, fora de situação especial de ênfase, *Subir para cima* ou *Descer para baixo*, não nos repugnam construções como *O leite está saindo por fora* ou *Palavra de rei não volta atrás.*

12. Polissíndeto

Repetição enfática de conectivos:

> *E* corre, *e* chora, *e* cai sem que possamos ajudar o amigo.

13. Silepse

Discordância de gênero, de pessoa ou de número por se levar mais em conta o sentido do que a forma material da palavra:

> *Saímos todos* desiludidos da reunião.

14. Sínquise

Inversão violenta de palavras na frase que dificulta a compreensão. É prática a ser evitada. Quase sempre essa deslocação violenta dos termos oracionais exige, para o perfeito entendimento da mensagem, nosso conhecimento sobre as coisas e saber de ordem cultural.

> *Abel matou Caim.*

15. Zeugma

Costuma-se assim chamar a elipse do verbo:

> "Não *queria*, porém, ser um estorvo para ninguém. *Nem atrapalhar* a vida da casa." (omissão do verbo *querer*) [Ana Maria Machado, *Palavra de honra*].

VÍCIOS E ANOMALIAS DE LINGUAGEM

Vícios de linguagem

Entre os vícios de linguagem cabe menção aos seguintes:

1. Solecismo

Construção (que abrange a concordância, a regência, a colocação e a má estruturação dos termos da oração) que resulta da impropriedade de fatos gramaticais ou da inadequação de se levar para uma variedade de língua a norma de outra variedade; em geral, a norma coloquial ou popular vista pela norma exemplar:

Eu lhe abracei. (Em vez de: *Eu o abracei.*)

2. Barbarismo

Erro no emprego de uma palavra, em oposição ao solecismo, que o é em referência à construção ou combinação de palavra. Inclui o erro de pronúncia (ortoepia), de prosódia, de ortografia, de flexões, de significado, de palavras inexistentes na língua, de formação irregular de palavras:

rúbrica por *rubrica*
a telefonema por *o telefonema*

3. Estrangeirismo

Emprego de palavras, expressões e construções alheias ao idioma que a ele chegam por empréstimos tomados de outra língua. Os estrangeirismos léxicos entram no idioma por um processo natural de assimilação de cultura ou de contiguidade geográfica.

São exemplos de galicismos ou francesismos:

a) certos empregos da preposição *a* em vez de *de*: *equação a duas incógnitas.*

b) certos empregos da preposição *contra*: *pagar contra recibo* por *pagar com, mediante recibo.*

c) certos empregos da preposição *de*: *envelhecer de dez anos* por *envelhecer dez anos.*

São exemplos de anglicismos:

a) Léxicos: *básico* (por exemplo: *inglês básico, francês básico*, etc.).

b) Sintáticos: a anteposição do adjetivo ao seu substantivo, com valor meramente descritivo, como nos nomes de hotéis e estabelecimentos comerciais: *Majestoso Hotel.*

São exemplos de castelhanismos (léxicos):

entretenimento (= divertimento)
muchacho (= garoto, rapazinho)
piso (= andar, pavimento)

São exemplos de italianismos léxicos (muito frequentes em termos de arte, música):

adágio (= andamento musical vagaroso)
aquarela (= pintura feita com tinta diluída em água)

Anomalias de linguagem

Idiotismo ou *expressão idiomática* é toda a maneira de dizer que, não podendo ser analisada ou estando em choque com os princípios gerais da Gramática, é aceita no falar formal.

São idiotismos de nossa língua a expressão *é que*, o infinitivo flexionado (porque a sua flexão contraria o conceito de forma infinita, isto é, não flexionada), a preposição *de* em expressões como: *o danado do menino* (por *o danado menino*), *o pobre do rapaz* (por *o pobre rapaz*), etc.

Outros exemplos:

> *Nós é que seremos os escolhidos* (em vez de: *Nós seremos os escolhidos*).
> *Deixai vir* (em vez de: *virem*) *a mim as criancinhas.*

ALTERAÇÕES SEMÂNTICAS

1. Figuras de palavras

No decorrer de sua história nem sempre a palavra guarda seu significado *etimológico*, isto é, originário. Por motivos variadíssimos, ultrapassa os limites de sua primitiva "esfera semântica" e assume valores novos.

Entre as causas que motivam a mudança de significação das palavras, as principais são:

a) *Metáfora*

Mudança de significado motivada pelo emprego em solidariedades, em que os termos implicados pertencem a classes diferentes, mas, pela combinação, se percebem também como assimilados:

> *cabelos* ***de neve****;* ***pesar*** *as razões;* ***doces*** *sonhos; gastar* ***rios*** *de dinheiro;* ***vale*** *de lágrimas; o* ***sol*** *da liberdade; os dias* ***correm****; a noite* ***caiu***, etc.

b) *Metonímia*

Mudança de significado pela proximidade de ideias:

1. causa pelo efeito, ou vice-versa, ou o produtor pelo objeto produzido:

    ler Machado de Assis (isto é, *um livro escrito por Machado de Assis*).

2. o tempo ou o lugar pelos seres que se acham no tempo ou lugar:

    a nação (isto é, *os componentes da nação*).

3. o continente pelo conteúdo, ou vice-versa:

    comi dois pratos (isto é, *a porção da comida que dois pratos continham*).

4. o todo pela parte, ou vice-versa:

    encontrar um teto amigo (isto é, *uma casa*).

5. a matéria pelo objeto:

    uma prata (isto é, *moeda de prata*).

6. o lugar pelo produto ou características, ou vice-versa:

havana (isto é, *charuto da cidade de Havana*).

7. o abstrato pelo concreto:

praticar a caridade (isto é, *atos de caridade*).

8. o sinal pela coisa significada, ou vice-versa:

o trono (isto é, *o monarca*).

c) ***Antonomásia***

Substituição de um nome próprio por um comum ou vice-versa, com intuito explicativo, elogioso, irônico, etc.:

a cidade luz (em referência a Paris); *o Salvador* (em referência a Jesus Cristo), etc.

d) ***Catacrese***

Mudança do significado por esquecimento do significado original:

embarcar no trem; *calçar as luvas*; *abismo sem fundo*; *correta ortografia*, etc.

e) ***Braquilogia ou abreviação***

As diversas acepções de uma palavra devidas à elipse do determinante, ou vice-versa:

dou-lhe a minha palavra (isto é, *palavra de honra*).

f) ***Eufemismo***

Mudança de sentido pela suavização da ideia:

1. para a morte: *entregar a alma a Deus*; *dar o último suspiro* (literários), etc.
2. para a bebida: *água que gato (passarinho) não bebe.*

O tabu linguístico pode favorecer o aparecimento de expressões eufemísticas.

g) ***Sinestesia***

Translação semântica que implica uma transposição sensorial em diferentes campos de sensação corporal:

uma mentira fria (tato) *e amarga* (paladar); *uma gargalhada* (audição) *luminosa* (visão).

h) ***Alterações semânticas por influência de um fato de civilização***

Cor [ó] (saber, guardar, ter *de cor* = de memória) relembra-nos a época em que a anatomia antiga fazia do coração a sede dos sentimentos, da inteligência, da memória.

i) ***Etimologia popular ou associativa***

A tendência que o falante — culto ou inculto — revela em aproximar uma palavra a um determinado significado, com o qual verdadeiramente não se relaciona:

inconteste (= sem testemunho) passa a sinônimo de "incontestável"; *falaz* (= falso, enganador) é aproximado de "falador".

2. Figuras de pensamento

a) ***Antítese***

Oposição de palavras ou ideias: *um riso de tormenta*; *uma alegria dolorosa*; *tinha um olhar angelical e uma mente diabólica.*

b) ***Apóstrofe***

Invocação a seres reais ou imaginários:

> *Oh, tu que tens de humano o gesto e o peito; Meu Deus, mostre-me um caminho.*

c) ***Hipérbole***

Expressão que envolve um exagero:

> *Ela é um poço de vaidade.*

d) ***Ironia***

Dizer algo por expressão às avessas:

> "Bonito!" (como expressão de reprovação).

e) ***Oximoro***

Figura em que se combinam palavras de sentido oposto que parecem excluir-se mutuamente, mas que, no contexto, reforçam a expressão:

> *obscura claridade*; *silêncio ensurdecedor.*

f) ***Paradoxo***

Consiste na expressão de pensamentos antitéticos aparentemente absurdos:

> *Vivo sem viver em mim.*

g) ***Prosopopeia ou personificação***

Figura que consiste em dar vida a coisa inanimada, ou atribuir características humanas a objetos, animais ou mortos:

> *Minha experiência diz o contrário do que me dizem.*
> *O relógio cansou de trabalhar.*
> "As *estrelas*, grandes olhos curiosos, *espreitavam* através da folhagem." [Eça de Queirós]

Além dessas figuras, ocorrem expressões e termos usados em algumas ciências da linguagem, como os seguintes:

1. ***Eu lírico*** — primeira pessoa gramatical fictícia não identificável com o autor.

2. ***Função fática* (ou *de contato*)** — função da linguagem que interrompe, enlaça ou dá novos aspectos à mensagem. A função fática está centrada na eficiência do canal de comunicação e faz uso de palavras ou expressões que buscam checar e prolongar o contato entre emissor e destinatário. São exemplos: *Alô!*, *Entenderam?*, *Sério?*, *Olha…*, *Veja bem…*, *Está me ouvindo?*, *Como é?*, entre outros.

3. ***Função referencial*** — função da linguagem que consiste em o emissor se restringir a assinalar os fatos de modo objetivo. A mensagem está centrada naquilo de que se fala,

normalmente com o uso da 3.ª pessoa. Muito usada em matéria jornalística e em textos científicos.

4. ***Hiperônimo*** — vocábulo de sentido mais genérico em relação a outro, com o qual tem traços semânticos comuns. Por exemplo: *assento* é hiperônimo de *cadeira*, de *poltrona*, etc.; *animal* é hiperônimo de *leão*; *flor* é hiperônimo de *malmequer*, de *rosa*, etc.

5. ***Hipônimo*** — vocábulo de sentido mais específico em relação a outro, com o qual tem traços semânticos comuns. Por exemplo: *cadeira* é hipônimo de *assento*; *leão* é hipônimo de *animal*, etc.

6. ***Metalinguagem*** — utilização da linguagem para falar da própria linguagem (por exemplo, um texto que fale de como devemos escrever).

OUTROS ASPECTOS SEMÂNTICOS

1. Polissemia

É o fato de haver uma só forma (significante) com mais de um significado unitário pertencentes a campos semânticos diferentes: *manga* (de camisa ou de candeeiro) — *manga* (fruto) — *manga* (= bando, ajuntamento) — *manga* (parede).

É preciso não confundir a polissemia léxica ou *homofonia* com variação semântica ou polivalência no falar (ato de fala), que consiste na diversidade de acepções (sentidos) de um mesmo significado da língua segundo os valores contextuais, ou pela designação, isto é, graças ao conhecimento dos "estados de coisas" extralinguísticos: o *leão* do circo e o *leão* do imposto de renda.

2. Homonímia

Por *homonímia* entende a tradição: "propriedade de duas ou mais formas, inteiramente distintas pela significação ou função, terem a mesma estrutura fonológica, os mesmos fonemas, dispostos na mesma ordem e subordinados ao mesmo tipo de acentuação"; como exemplo: um homem *são*, *São* Jorge, *são* várias as circunstâncias; *manga* (fruta), *manga* (parte do vestuário), etc.

Dentro da homonímia, alude-se, em relação à língua escrita, aos *homófonos* distinguidos por ter cada qual um grafema diferente, de acordo com o sistema ortográfico: *coser* 'costurar', *cozer* 'cozinhar'; *expiar* 'sofrer', *espiar* 'olhar sorrateiramente'; *seção* 'divisão', *sessão* 'reunião', *cessão* 'ato de ceder', 'concessão'.

3. Sinonímia

É o fato de haver mais de uma palavra com semelhante significação, podendo uma estar em lugar da outra em determinado contexto, apesar dos diferentes matizes de sentido ou de carga estilística: *casa*, *lar*, *morada*, *residência*, *mansão*.

4. Antonímia

É o fato de haver palavras que entre si estabelecem uma oposição *contraditória* (*vida*; *morte*), *contrária* (*chegar*; *partir*) ou *correlativa* (*irmão*; *irmã*).

5. Paronímia

É o fato de haver palavras parecidas na sua estrutura fonológica e diferentes no significado. Os parônimos dão margem a frequentes erros de impropriedade lexical: *descrição* (ato de descrever) e *discrição* (qualidade de quem é discreto); *emergir* (ir de dentro para fora ou para a superfície) e *imergir* (ir de fora para dentro, para o fundo); *iminente* (pendente, próximo para acontecer) e *eminente* (ilustre); *infringir* (transgredir, violar) e *infligir* (aplicar pena, castigo); *intimorato* (destemido, intrépido) e *intemerato* (puro, imaculado); *proscrever* (proibir) e *prescrever* (aconselhar); *ratificar* (confirmar) e *retificar* (corrigir); *tráfego* (trânsito) e *tráfico* (comércio).

B) Compreensão e interpretação de textos (intelecção textual)

O falar em geral, do plano *universal* da linguagem, implica falar segundo as regras elementares do pensar em conformidade com o conhecimento que as pessoas têm do mundo e das coisas nele existentes. Temos de ser *congruentes* no falar e no entender os outros. Bom exercício desta atividade é a *interpretação* e a *compreensão* de textos escritos.

Cabe dizer que a *intelecção textual* é uma habilidade que vem sendo cada vez mais exigida nos concursos, especialmente porque se o candidato capta a intencionalidade do comunicador, seja por meio da linguagem verbal (escrita ou falada) e não verbal (imagem, cor, gestual, som, corporal, etc.), seja pela combinação das duas, ele mostrará, também, nas entrelinhas, que conhece a gramática da língua e a domina de tal forma que é capaz de integrá-la à correta compreensão textual.

OS DEZ MANDAMENTOS PARA ANÁLISE DE TEXTOS NUM TESTE DE INTERPRETAÇÃO

1. Ler duas vezes o texto. A primeira para tomar contato com o assunto; a segunda para observar como o texto está articulado, desenvolvido, exposto.

2. Observar que um parágrafo em relação ao outro pode indicar uma continuação ou uma conclusão ou, ainda, uma falsa oposição.

3. Sublinhar, em cada parágrafo, a ideia mais importante (tópico frasal).

4. Ler com muito cuidado os enunciados das questões para entender direito a intenção do que foi pedido.

5. Sublinhar palavras como: *erro*, *incorreto*, *correto*, etc., para não se confundir no momento de responder à questão.

6. Escrever, ao lado de cada parágrafo ou de cada estrofe, a ideia mais importante contida neles.

7. Não levar em consideração o que o autor quis dizer, mas sim o que ele disse, escreveu.

8. Examinar com atenção a introdução e/ou a conclusão, se o enunciado mencionar *tema* ou *ideia principal.*

9. Preocupar-se com o desenvolvimento, se o enunciado mencionar *argumentação.*

10. Tomar cuidado com os vocábulos relatores (os que remetem a outros vocábulos do texto: pronomes relativos, pronomes pessoais, pronomes demonstrativos, etc.).

COMPREENSÃO E INTERPRETAÇÃO DE TEXTOS

Compreensão de texto — consiste em analisar o que realmente está escrito, ou seja, coletar dados do texto.

Interpretação de texto — consiste em saber o que se infere (conclui) do que está escrito.

TRÊS ERROS CAPITAIS NA ANÁLISE DE TEXTOS

1. Extrapolação

É o fato de se fugir do texto. Ocorre quando se interpreta o que não está escrito. Muitas vezes são fatos reais, mas que não estão expressos no texto. Deve-se ater somente ao que está relatado.

2. Redução

É o fato de se valorizar uma parte do contexto, deixando de lado a sua totalidade. Deixa-se de considerar o texto como um todo para se ater apenas à parte dele.

3. Contradição

É o fato de se entender justamente o contrário do que está escrito. É bom que se tome cuidado com algumas palavras, como: "pode"; "deve"; "não"; verbo "ser", etc.

LINGUÍSTICA TEXTUAL

Para não se ser ludibriado pela articulação do contexto, é necessário que se esteja atento à *coesão* e à *coerência* textuais.

1. Coesão textual é o que permite a ligação entre as diversas partes de um texto. Pode-se dividir em três segmentos: *coesão referencial, coesão sequencial* e *coesão recorrencial.*

a) Coesão referencial — é a que se refere a outro(s) elemento(s) do mundo textual: De você só quero *isto*: a sua amizade (antecipação de uma palavra gramatical → "isto" = "a sua amizade").

b) Coesão sequencial — é feita por conectores ou operadores discursivos, isto é, palavras ou expressões responsáveis pela criação de relações semânticas (causa, condição, finalidade, etc.). São exemplos de conectores: *mas*, *dessa forma*, *portanto*, *então*, etc.: Ele é rico, *mas* não paga as suas dívidas. (O vocábulo "mas" não faz referência a outro vocábulo; apenas conecta [liga] uma ideia a outra, transmitindo a ideia de *compensação*.)

c) Coesão recorrencial — é realizada pela repetição de vocábulos ou de estruturas frasais semelhantes: Os carros *corriam*, *corriam*, *corriam*.

2. Coerência textual é a relação que se estabelece entre as diversas partes do texto, criando uma unidade de sentido. Está ligada ao entendimento, à possibilidade de interpretação daquilo que se ouve ou lê.

Um fato normal é a coesão textual levar à coerência; porém pode haver texto com a presença de elementos coesivos, e não apresentar coerência.

Veja o texto: O presidente George W. Bush está descontente com o grupo Talibã. Estes eram estudantes da escola fundamentalista. Eles, hoje, governam o Afeganistão. Os afegãos apoiam o líder Osama Bin Laden. Este foi aliado dos Estados Unidos quando da invasão da União Soviética ao Afeganistão.

Comentário: Ninguém pode dizer que falta coesão a este parágrafo. Mas de que se trata mesmo? Do descontentamento do presidente dos Estados Unidos? Do grupo Talibã? Do povo afegão? Do Osama Bin Laden? Embora o parágrafo tenha coesão, não apresenta coerência, entendimento.

Obs.: Pode ainda um texto apresentar coerência e não apresentar elementos coesivos.

INTERTEXTUALIDADE OU POLIFONIA

Consiste em apresentar a fala de outra pessoa, ou do próprio autor em outro texto.

Pode ser expressa por meio de paráfrases (reprodução de um enunciado de forma diversa, geralmente mais extensa, mas sem alterar seu sentido, com o intuito de esclarecer), ou paródias (obra que imita outra no tema, na estrutura, no vocabulário, etc., com intenção satírica ou jocosa), ou citações (transcrição de outro texto, ou referência a ele).

No poema "Escapulário", de Oswald de Andrade ("No Pão de Açúcar / De cada dia / Dai-nos Senhor [...]), observa-se que a intertextualidade aparece sob a forma de paródia do discurso religioso.

TIPOLOGIA TEXTUAL

Pode-se dizer que existem basicamente três tipos de texto: o *descritivo*, o *narrativo* e o *dissertativo*.

1. Texto descritivo

A descrição assemelha-se ao retrato, procura transmitir ao leitor a imagem que se tem de um ser mediante a percepção dos cinco sentidos: tato, gustação, olfato, visão e audição.

Exemplo:

> "Eram sapatos de homem, de bico fino, sem cadarço, de couro marrom. Ainda novos. Porém recobertos de uma poeira fina, parecendo açúcar de confeiteiro." [Heloisa Seixas, *Revista de Domingo*, *Jornal do Brasil*, 21/10/2001]

2. Texto narrativo

A narração é a forma de composição que consiste no relato de um fato real ou imaginário. O texto narrativo compõe-se de exposição, enredo e desfecho; e os elementos centrais são as personagens, as ações e as ideias.

Exemplo:

> "Há coisas que só acontecem nos Estados Unidos. A Federal Aviation Association, FAA, investiga como um porco — isso mesmo, um porco — de 135 kg conseguiu embarcar na primeira classe de um Boeing 757. E mais, nele viajou por seis horas. Segundo os relatos, o animal foi embarcado no dia 17 de outubro no voo 107 sem escalas da companhia US Airways que saiu da Filadélfia para Seatle." [*Jornal do Brasil*, 1/11/2000]

3. Texto dissertativo

A dissertação é a forma de composição que consiste na posição pessoal sobre determinado assunto. O discurso dissertativo pode ser:

a) *expositivo*: consiste numa apresentação, explicação, sem o propósito de convencer o leitor. Não há intenção expressa de criar debate, pela contestação de posições contrárias às nossas.

Exemplo:

> "Eu, se tivesse um filho, não me meteria a chefiá-lo como se ele fosse um soldado de chumbo. Teria que lhe dar uma certa autonomia, para que pudesse livremente escolher o seu clube de futebol, procurar os seus livros, opinar à mesa, sem que esta aparência de liberdade fosse além dos limites. Não queria que parecesse um ditador, nem tampouco um escravo. Os meninos mandões e os meninos passivos são duas deformações desagradáveis." [Edições *O Cruzeiro — O Vulcão e a Fonte*]

b) *argumentativo*: consiste numa opinião que tenta convencer o leitor de que a razão está do lado de quem escreveu o texto. Para isso, lança-se mão de um raciocínio lógico, coerente, baseado na evidência de provas.

Exemplo:

> "Em geral as pessoas morrem em torno dos trinta anos e são sepultadas por volta dos setenta. Leva quarenta anos para os outros perceberem que aquela pessoa está morta. Lembre-se: a vida é sempre uma incerteza. Somente o que é morto é certo, fixo, sólido." [Revista *Motivação & Sucesso*, Empresa ANTHROPOS Consulting].

C) Seleção de questões

Leia o texto para responder às questões de números 1 e 2.

Uma nova era para a China

A China encerrou 2024 com dois feitos notáveis. O primeiro: o Produto Interno Bruto (PIB) do país cresceu no ano passado os 5% que o governo tinha como meta, ligeiramente abaixo dos 5,2% de 2023. Trata-se de crescimento invejável para a maioria dos países, mas muito aquém daquele que o gigante asiático já produziu em um passado não tão distante.

Reproduzir tal façanha nos próximos anos, contudo, parece cada vez mais improvável. Oficialmente, o governo chinês ainda sonha com crescimento de 5% no futuro próximo, mas tal desempenho exigirá bem mais que os estímulos dados por Pequim e que garantiram o cumprimento da meta de crescimento em 2024.

Desafios como a queda dos preços das casas no obscuro mercado imobiliário chinês, desemprego acima de dois dígitos entre os mais jovens e consumo interno fraco são problemas estruturais com os quais Pequim vem tentando lidar com o gradualismo que lhe é característico.

Outro ponto de atenção é o encolhimento populacional, mesmo para um país com mais de 1 bilhão de habitantes. A China registrou declínio de população nos últimos três anos, indicativo de que os chineses, que contam com aparato muito reduzido de proteção social, têm optado por não ter filhos, ou seja, cai o número de trabalhadores e consumidores tão necessários a uma economia que precisará fortalecer cada vez mais a demanda interna.

Isto porque o segundo feito notável conquistado pela China no ano passado, o superávit comercial de quase US$ 1 trilhão (mais de R$ 6 trilhões), não apenas não deve se repetir, como certamente será utilizado pelo presidente dos Estados Unidos, Donald Trump, como mais um argumento para limitar as importações norte-americanas de produtos chineses.

A China sabe que precisa calibrar sua política econômica porque o modelo atual, em grande parte bem-sucedido até aqui, pode enfraquecer ainda mais seu mercado doméstico. Os Estados Unidos sabem que precisam diminuir seu déficit comercial gigantesco, pois ele elimina empregos bem remunerados para os norte-americanos, entre outros problemas.

Uma nova era se anuncia para a China. Ao Brasil, que sabiamente resistiu a aderir à Nova Rota da Seda e vem aumentando tarifas de importação sobre veículos elétricos chineses, será necessária ainda mais racionalidade. Do contrário, o País sairá chamuscado na guerra entre as duas potências econômicas globais.

("Uma nova era para a China". Adaptado. *O Estado de S.Paulo*, Opinião, 19 jan. 2025. Disponível em: https://www.estadao.com.br/opiniao/ uma-nova-era-para-a-china/)

1) (VUNESP – 2025 – Tribunal de Justiça – SP – Assistente Social Judiciário)

A progressão textual ocorre no texto, fundamentada na ideia de causa, em:

(A) "... mesmo para um país com mais de 1 bilhão de habitantes." (4.º parágrafo)
(B) "... não apenas não deve se repetir, como certamente será utilizado..." (5.º parágrafo)
(C) "... porque o modelo atual [...] pode enfraquecer ainda mais seu mercado doméstico." (6.º parágrafo)
(D) "... mas muito aquém daquele que o gigante asiático já produziu..." (1.º parágrafo)
(E) "... como mais um argumento para limitar as importações norte-americanas..." (5.º parágrafo)

2) (VUNESP – 2025 – Tribunal de Justiça – SP – Assistente Social Judiciário)

A tipologia textual predominante no texto é a

(A) expositiva, pois tem como objetivo a explicação dos impactos mundiais das medidas protetivas comerciais do Brasil.
(B) injuntiva, pois tem como objetivo a interlocução direta com o leitor para que entenda o contexto da economia chinesa.
(C) narrativa, pois tem como objetivo o relato pormenorizado das relações comerciais entre a China e os Estados Unidos.
(D) descritiva, pois tem como objetivo a apresentação das características da conjuntura atual chinesa e os desafios que o país enfrenta.
(E) argumentativa, pois tem como objetivo a análise da conjuntura econômica atual e sua relação com os Estados Unidos e o Brasil.

3) (VUNESP – 2022 – Câmara de Suzano – SP – Agente Parlamentar)

Obs.: O texto (BRAGA, Rubem. "Cafezinho". *Cultura Genial*. Literatura. Disponível em: https://www.culturagenial.com/cronicas-famosas-comentadas/) de onde foi retirado o objeto desta questão não foi incluído aqui por não ser determinante para sua resolução.

Assinale a alternativa em que, no parêntese, a expressão em destaque está substituída, correta e respectivamente, por um pronome:

(A) ... chegou à conclusão de que o funcionário passou <u>o dia inteiro</u> tomando café. (passou-lhe)
(B) Sim, deixemos em todos os lugares <u>este recado simples e vago</u>... (deixemos-lo)
(C) – Alguém dará <u>o nosso recado</u>... (dará-lhe)
(D) Podemos, ainda, deixar <u>o chapéu</u>. (deixar-lo)
(E) Gastamos <u>muito pensamento</u>... (Gastamo-lo)

4) (IDECAN – 2023 – Secretaria de Estado da Fazenda – RR – Técnico em Infraestrutura de Tecnologia da Informação)

Relações de poder e decisão: conflitos entre médicos e administradores hospitalares

Os hospitais abrigam tensões de natureza grupal e profissional. Seu corpo diretivo e clínico é constituído por médicos que usualmente têm dificuldade de aceitar normas disciplinares e de ouvir recomendações, principalmente quando elas vêm dos administradores hospitalares. Esta pesquisa tem como objetivo analisar como administradores hospitalares da cidade de Belo Horizonte percebem as relações de poder entre sua categoria profissional e a dos médicos proprietários de hospitais e suas consequências. Os discursos de nove administradores hospitalares, com experiência mínima de quatro anos na gerência de hospitais, foram coletados e analisados usando a metodologia qualitativa. A pesquisa identificou que o hospital é um local da disciplina médica, no qual o médico controla o cotidiano dos demais profissionais, determinando o tipo de comportamento esperado. Os empregados entrevistados se ressentem da falta de autonomia na gestão e consideram que isso prejudica o andamento dos processos e a qualidade dos serviços prestados. Queixam-se, principalmente, da falta de informações e da impossibilidade de participarem das decisões estratégicas. Admitem que o relacionamento com os médicos proprietários é permeado por conflitos, pois, muitas vezes, estes ignoram as questões colocadas pelos administradores e insistem na diferença de classe como forma de fazer prevalecer suas opiniões. A principal característica dos conflitos refere-se ___[1] percepção de superioridade do profissional médico em relação aos demais.

(*RAM – Revista de Administração Mackenzie*, v. 11, n. 6. Disponível em: https://doi.org/10.1590/S1678- 69712010000600004)

Numere os períodos seguintes observando a ordem em que devem ocorrer para constituírem um texto coeso e coerente. Assinale em seguida o item que apresenta a ordem correta, de acordo com a sua numeração.

( ) não adquiriram conhecimentos necessários para tal e agem como se fossem profissionais especializados na área.
( ) Em épocas passadas, era administrada por curiosos, religiosos, militares e médicos
( ) A organização hospitalar apresenta estrutura orgânica extremamente complexa, na medida em que exige conhecimentos específicos necessários para gerir recursos físicos e humanos.
( ) Nos dias atuais, segundo Cherubin (1999), ainda predomina uma administração pouco profissionalizada, executada por médicos proprietários, que, em sua maioria,
( ) que não tinham conhecimentos suficientes para geri-la.

A sequência correta obtida no sentido de cima para baixo é:

(A) 1, 2, 3, 4 e 5.
(B) 1, 4, 3, 2 e 5.
(C) 5, 4, 1, 2 e 3.
(D) 2, 5, 1, 4 e 3.
(E) 5, 2, 1, 4, e 3.

Leia o texto para responder às questões de números 5 e 6.

5) (IDECAN – 2025 – Agência de Defesa Agropecuária – CE – Agente Fiscal Agropecuário)

Petróleo cai 17% no terceiro trimestre com desaceleração da demanda (NOVA YORK | REUTERS)

Os preços do petróleo registraram uma perda de 17% no terceiro trimestre, diante de preocupações com a desaceleração da demanda global que ofuscaram temores de que um conflito crescente no Oriente Médio poderia reduzir a oferta.

Os futuros do Brent para entrega em novembro caíram 9% em setembro, para US$ 71,77 o barril, maior declínio mensal desde novembro de 2022. O WTI fechou a US$ 68,17 – queda de 7% no mês e de 16% no trimestre.

(*Folha de S.Paulo*, Mercado, 1 out. 2024.)

A partir da leitura do primeiro parágrafo do texto, podemos afirmar que se trata de uma sequência textual:

(A) descritiva.
(B) dissertativa.
(C) narrativa.
(D) injuntiva.

6) (IDECAN – 2025 – Agência de Defesa Agropecuária – CE – Agente Fiscal Agropecuário)

A partir da leitura do texto, podemos afirmar que:

(A) o temor de um conflito no Oriente Médio reduziu a oferta de petróleo em setembro.
(B) o preço do petróleo caiu por conta do conflito crescente no Oriente Médio.
(C) um possível conflito no Oriente Médio provavelmente faria o preço do petróleo aumentar.
(D) a desaceleração da demanda global fez com que o preço do petróleo aumentasse.

7) (VUNESP – 2025 – Tribunal de Justiça – SP – Psicólogo Judiciário)

Obs.: O texto (GUANABARA, Rachel. "Medo de adversidades climáticas tem de ser ressignificado em tempos de ecoansiedade". Adaptado. *Estadão*, Opinião, 2 fev. 2025. Disponível em: https://www.estadao.com.br/opiniao) de onde foi retirado o objeto desta questão não foi incluído aqui por não ser determinante para sua resolução.

Considere as passagens do texto:

- A atual juventude tem mais consciência quanto às questões ambientais que assolam o planeta. (1.º parágrafo)
- Tais sintomas são comumente identificados em países vulneráveis aos impactos ambientais. (2.º parágrafo)
- Essa alteração no padrão de comportamento de jovens em todo o mundo exige uma abordagem sensível e prática de familiares e educadores. (3.º parágrafo)
- A empatia reforça a audiência desses indivíduos e lhes dá uma resposta que reconhece a seriedade das suas sensações. (3.º parágrafo)

Os termos destacados nas passagens significam, correta e respectivamente:

(A) arrasam; suscetíveis; solidária; fragilidade.
(B) afetam; alheios; emergencial; compreensão.
(C) prejudicam; vitimados; dolorosa; comunicação.
(D) destroem; sujeitos; compreensiva; atenção.
(E) atingem; frágeis; intempestiva; expectativa.

8) (Consulplan – 2023 – Fundação Estadual de Proteção Ambiental Henrique Luis Roessler – RS – Agente Administrativo – Assistente Administrativo)

A mulher ramada

Verde-claro, verde-escuro, canteiro de flores, arbusto entalhado, e de novo verde-claro, verde-escuro, imenso lençol do gramado; lá longe o palácio. Assim o jardineiro via o mundo, toda vez que levantava a cabeça do trabalho.

E via carruagens chegando, silhuetas de damas arrastando os mantos nas aleias, cavaleiros partindo para a caça.

Mas a ele, no canto mais afastado do jardim, que a seus cuidados cabia, ninguém via. Plantando, podando, cuidando do chão, confundia-se quase com suas plantas, mimetizava-se com as estações. E se às vezes, distraído, murmurava sozinho alguma coisa, sua voz não se entrelaçava à música distante que vinha dos salões, mas se deixava ficar por entre as folhas, sem que ninguém a viesse colher.

Já se fazia grande e frondosa a primeira árvore que havia plantado naquele jardim, quando uma dor de solidão começou a enraizar-se no seu peito. E passados dias, e passados meses, só não passando a dor, disse o jardineiro a si mesmo que era tempo de ter uma companheira.

No dia seguinte, trazidas num saco duas belas mudas de rosa, o homem escolheu o lugar, ajoelhou-se, cavou cuidadoso a primeira cova, mediu um palmo, cavou a segunda, e com gestos sábios de amor enterrou as raízes. Ao redor afundou um pouco a terra, para que a água de chuva e rega mantivesse sempre molhados os pés da rosa.

Foi preciso esperar. Mas ele, que há tanto esperava, não tinha pressa. E quando os primeiros, tênues galhos despontaram, carinhosamente os podou, dispondo-se a esperar novamente, até que outra brotação se fizesse mais forte.

Durante meses trabalhou conduzindo os ramos de forma a preencher o desenho que só ele sabia, podando os espigões teimosos que escapavam à harmonia exigida. E aos poucos, entre suas mãos, o arbusto foi tomando feitio, fazendo surgir dos pés plantados no gramado duas lindas pernas, depois o ventre, os seios, os gentis braços da mulher que seria sua. Por último, cuidado maior, a cabeça levemente inclinada para o lado.

O jardineiro ainda deu os últimos retoques com a ponta da tesoura. Ajeitou o cabelo, arredondou a curva de um joelho. Depois, afastando-se para olhar, murmurou encantado:

– Bom dia, Rosamulher.

Agora levantando a cabeça do trabalho, não procurava mais a distância. Voltava-se para ela, sorria, contava o longo silêncio da sua vida. E quando o vento batia no jardim, agitando os braços verdes, movendo a cintura, ele todo se sentia vergar de amor, como se o vento o agitasse por dentro.

Acabou o verão, fez-se inverno. A neve envolveu com seu mármore a mulher ramada. Sem plantas para cuidar, agora que todas descansavam, ainda assim o jardineiro ia todos os dias visitá-la. Viu a neve fazer-se gelo. Viu o gelo desfazer-se em gotas. E um dia em que o sol parecia mais morno do que de costume, viu de repente, na ponta dos dedos esgalhados, surgir a primeira brotação na primavera.

Em pouco, o jardim vestiu o cetim das folhas novas. Em cada tronco, em cada haste, em cada pedúnculo, a seiva empurrou para fora pétalas e pistilos. E mesmo no escuro da terra os bulbos acordaram, espreguiçando-se em pequenas pontas verdes.

Mas enquanto todos os arbustos se enfeitavam de flores, nem uma só gota de vermelho brilhava no corpo da roseira. Nua, obedecia ao esforço de seu jardineiro que, temendo que viesse a floração a romper tanta beleza, cortava rente todos os botões.

De tanto contrariar a primavera, adoeceu porém o jardineiro. E ardendo de amor e febre na cama, inutilmente chamou por sua amada.

Muitos dias se passaram antes que pudesse voltar ao jardim. Quando afinal conseguiu se levantar para procurá-la, percebeu de longe a marca da sua ausência. Embaralhando-se aos cabelos, desfazendo a curva da testa, uma rosa embabadava suas pétalas entre os olhos da mulher. E já outra no seio despontava.

Parado diante dela, ele olhava e olhava. Perdida estava a perfeição do rosto, perdida a expressão do olhar. Mas do seu amor nada se perdia. Florida, pareceu-lhe ainda mais linda. Nunca Rosamulher fora tão rosa. E seu coração de jardineiro soube que jamais teria coragem de podá-la. Nem mesmo para mantê-la presa em seu desenho.

Então docemente a abraçou descansando a cabeça no seu ombro. E esperou.

E sentindo sua espera, a mulher-rosa começou a brotar, lançando galhos, abrindo folhas, envolvendo-o em botões, casulo de flores e perfumes.

Ao longe, raras damas surpreenderam-se com o súbito esplendor da roseira. Um cavaleiro reteve seu cavalo. Por um instante pararam, atraídos. Depois voltaram a cabeça e a atenção, retomando seus caminhos. Sem perceber debaixo das flores o estreito abraço dos amantes.

(COLASANTI, Marina. "A mulher ramada". *Doze reis e a moça no labirinto do vento.* São Paulo: Global, 2006. p. 22-28.)

Para que se mantenha a coerência estrutural, os elementos narrativos devem seguir uma lógica. A seguir, são apresentadas algumas sequências, que estão desordenadas.

1. Desejando o seu ideal de beleza, o jardineiro, contrariando a primavera, procura impedir o florescer da roseira.
2. A chegada da primavera é um momento adequado para o desabrochar da natureza e para a concretização do amor.
3. A transformação de Rosamulher significa a libertação da mulher em relação à opressão masculina.
4. O fluxo natural da primavera faz com que o jardineiro perceba que só se realizará plenamente no amor caso deixe que Rosamulher floresça.
5. A solidão do jardineiro o leva a desejar uma companheira.

De acordo com o texto, explicita a ordem correta dessas sequências:

(A) 4, 2, 5, 1, 3.
(B) 4, 5, 3, 2, 1.
(C) 5, 1, 4, 2, 3.
(D) 5, 2, 1, 4, 3.
(E) 5, 2, 3, 4, 1.

9) (FGV – 2023 – Tribunal de Justiça – RN – Analista Judiciário – Tecnologia de Informação – Análise de Sistemas)

A frase abaixo que mostra ambiguidade em função de NÃO se poder distinguir agente e paciente é:

(A) O chefe encontrou o funcionário em seu gabinete.
(B) A criação da instituição demorou mais do que se esperava.
(C) João e Maria se casaram ontem.
(D) Encontrei o assaltante andando pela rua.
(E) Chamar os bombeiros já ficou na moda.

10) (IDECAN – 2024 – Assembleia Legislativa – PI – Analista Legislativo – Redação e Revisão de Texto)

Obs.: O texto (ALENCAR, José. *Diva*, 1864. Disponível em: http://www.dominiopublico.gov.br/download/texto/bv000131.pdf) de onde foi retirado o objeto desta questão não foi incluído aqui por não ser determinante para sua resolução.

Considerando o período "Tu me rejeitastes rispidamente quando retornei do exterior", assinale a alternativa que classifica corretamente o vício de linguagem presente no período acima.

(A) Redundância.
(B) Barbarismo.
(C) Solecismo.
(D) Anacronismo.
(E) Coloquialismo.

11) (IBADE - 2024 - Prefeitura de Florianópolis - SC - Monitor Escolar)

Obs.: O texto (ANDRADE, Carlos Drummond de. "Poema de sete faces". *Poesia completa*. Rio de Janeiro: Nova Aguilar, 2002) de onde foi retirado o objeto desta questão não foi incluído aqui por não ser determinante para sua resolução.

As figuras de linguagem são recursos estilísticos que tornam a língua mais bela e expressiva, e estão presentes tanto na fala quanto na escrita. Podem ser de palavras, de pensamento, de som e de construção.

Considerando os trechos abaixo, do "Poema de sete faces", de Carlos Drummond de Andrade, identifique quais são elas e marque a alternativa correta:

"As casas espiam os homens que correm atrás de mulheres"
"o bonde passa cheio de pernas"
"... botam a gente comovido como o diabo."

(A) personificação, metáfora, comparação – figuras de construção.
(B) paronomásia, comparação, metáfora – figuras de som.
(C) personificação, metonímia, comparação – figuras de palavras.
(D) litotes, metonímia, metáfora – figuras de pensamento.
(E) pleonasmo, metonímia, metáfora – figuras de palavras.

12) (IBADE - 2024 - CISDESTE - MG - Operador de Frota)

Assinale a alternativa em que foi utilizada a mesma figura de linguagem presente na frase "O livro é tal qual uma ponte para o infinito":

(A) o trabalho dele era uma prisão.
(B) a amizade é um grande laço.
(C) ela é a luz que ilumina nossos dias.
(D) a vida dele é um conto de fadas.
(E) suas mãos estão frias como gelo.

Leia o texto para responder às questões de números 13 e 14.

Palavras em agonia

No avião, ouço a voz da comissária: "Senhores passageiros, estamos próximos à decolagem." Oba! Finalmente vou descobrir onde fica a decolagem. Deve ser um lugar, porque, segundo a moça, estamos próximos dela. Já reparei que, ao levantar voo no Santos Dumont para São Paulo, o avião rola de mansinho pela pista, acelera e, quando passa pela Escola Naval, decola. Se a decolagem é um lugar, significa que esse lugar é ali, diante da antiga ilha onde, em 1555, Villegagnon tentou construir a França Antártica. Isso justificaria a frase "Estamos próximos à decolagem". Mas, e se a decolagem não for um lugar, e sim uma ação? Mais correto, então, seria dizer "Dentro de instantes iremos decolar". Ou "Estamos perto de decolar". Isso obrigaria, no entanto, ao uso de uma palavra que está se despedindo da língua, como se seu significado tivesse se exaurido. A palavra é "perto". As pessoas agora dizem "Estou próximo de sair, não "perto de sair, "Estou próximo de conseguir emprego", não "perto de conseguir emprego". "Perto" não é a única palavra em agonia entre nós. Há muitas mais, substituídas por outras que se instalaram e ganharam a preferência nacional. Exemplos. Ninguém mais coloca algo em lugar nenhum – "posiciona". Ninguém termina mais nada – "finaliza". Ninguém mais tem resistência física ou emocional – é "resiliente". Ninguém mais completa ou enriquece um texto – "atualiza".

(CASTRO, Ruy. *Folha de S.Paulo*, 26 dez. 2024.)

13) (FCC – 2025 – Tribunal Regional do Trabalho da 15.ª Região – SP – Técnico Judiciário – Área Administrativa)

Ao dizer que palavras como "perto" estão "se despedindo da língua", o autor sugere implicitamente que:

(A) Enriquecimento linguístico é um reflexo das mudanças culturais e sociais.
(B) Renovação do vocabulário é uma característica espontânea da evolução linguística.
(C) Sofisticação tem mais a ver com efeito natural do que com necessidade comunicativa.
(D) Palavras mais simples por termos formais é uma tendência irreversível na língua.
(E) Mudanças na língua têm sido conduzidas por influências culturais.

14) (FCC – 2025 – Tribunal Regional do Trabalho da 15.ª Região – SP – Técnico Judiciário – Área Administrativa)

Ao longo do texto, o autor adota um tom sarcástico para tratar do uso de determinadas palavras. Esse tom é construído principalmente

(A) pelo apelo a exemplos históricos, como Villegagnon, para reforçar a crítica ao uso incorreto das palavras.
(B) pela rejeição à evolução linguística, defendendo a conservação estrita de palavras em desuso.
(C) pelo uso frequente de termos técnicos para criticar a formalidade excessiva na linguagem.

(D) pelo questionamento do uso descontextualizado das palavras, expondo a incongruência em expressões cotidianas.
(E) pelo enaltecimento de palavras simples como "perto" em oposição a termos mais sofisticados e modernos.

15) (AVALIA – 2023 – Conselho de Arquitetura e Urbanismo – BA – Analista de Gestão)

Assinale a alternativa em que ocorre metonímia.

(A) A razão é a luz na escuridão.
(B) Não foi possível embarcar no ônibus naquele ponto.
(C) O rei das selvas ainda não foi extinto.
(D) Aquele médico é um bisturi excepcional.
(E) No doce caminho que percorri, ouvi cantarem os pássaros no calor da manhã.

16) (IDECAN – 2023 – Secretaria de Estado da Fazenda – RR – Desenvolvedor de *Software*)

Obs.: O texto (MEDEIROS, Martha. "Quem está 'on'?" *NSC Total*, 14 out. 2022. Disponível em: https://www.nsctotal.com.br/colunistas/martha-medeiros/quem-esta-on) de onde foi retirado o objeto desta questão não foi incluído aqui por não ser determinante para sua resolução.

"Ando bem tonta com a esquizofrenia cibernética, com o parcelamento de informações, com a falta de cuidado e de concentração."
O uso repetido da preposição **com** é um recurso linguístico chamado de

(A) catáfora.
(B) dêitico.
(C) elipse.
(D) anáfora.
(E) silepse.

17) (FGV – 2023 – Tribunal de Contas do Estado – SP – Agente da Fiscalização – TI)

A frase abaixo que, em sua formulação, apresenta redundância que deve ser evitada é:

(A) Havia um verdadeiro absurdo no local do *show*.
(B) Não havia alternativa: era pagar ou ir embora.
(C) Não dispunha de muito mais tempo para a tarefa.
(D) O professor está absolutamente seguro do que diz.
(E) Era pura verdade o que diziam os apóstolos.

18) (UFMT - 2017 - Universidade Federal de Mato Grosso - MT - Administrador)

Os trechos numerados abaixo, quando na ordem correta, constituem um texto.

1 - Os chamados micronutrientes são fundamentais, entre outras coisas, para garantir disposição e alavancar a imunidade.
2 - Disponível nos sabores menta e citrus, a novidade é indicada para ajudar jovens e adultos a atingirem as necessidades diárias de vitaminas e minerais.
3 - Ao redor de 80% dos brasileiros não conseguem manter uma dieta balanceada em meio à correria do dia a dia, indica pesquisa da Pfizer.
4 - Só é preciso lembrar que o produto não dispensa os cuidados com a alimentação, essencial para obter as fibras e outros nutrientes importantes.
5 - De olho nisso, o laboratório decidiu aumentar seu portfólio, criando e lançando no mercado um multivitamínico em forma de pastilhas mastigáveis.

Assinale a sequência que, coesa e coerentemente, forma esse texto.

(A) 1, 3, 2, 5, 4.
(B) 3, 5, 2, 1, 4.
(C) 3, 1, 4, 5, 2.
(D) 1, 5, 3, 4, 2.

19) (FGV - 2025 - Prefeitura de Canaã dos Carajás - PA - Agente de Serviços de Auxiliar de Sala)

Analise o cartaz a seguir.

Sobre o cartaz, assinale a afirmativa incorreta.

(A) As imagens agradáveis ajudam a venda.
(B) O refrigerante não está anunciado no texto.
(C) A última frase do cartaz representa uma ordem.
(D) Um dos fatores que favorece a compra é o preço baixo.
(E) As dimensões das letras e números e as cores são elementos publicitários de valor.

20) (FGV – 2023 – Secretaria Municipal de Educação – SP – Professor de Ensino Fundamental II e Médio – Português)

As opções a seguir apresentam frases que mostram ambiguidade, **à exceção de uma**. Assinale-a.

(A) O bandido que tinha fugido da prisão no mês passado foi assassinado.
(B) A nomeação do novo ministro trouxe muita apreensão para o mercado financeiro.
(C) O repórter esportivo viu o craque passeando pelo mercado de Qatar.
(D) O filhote do cachorro mordeu a perna de um transeunte.
(E) Os que se vacinarem já terão direito ao passaporte.

21) (Consulplan – 2023 – Prefeitura de Orlândia – SP – Consultor Jurídico)

Obs.: O texto (RODRIGUES, Nelson. "Os idiotas da objetividade". *A cabra vadia*: novas confissões. Rio de Janeiro: Nova Fronteira, 2017) de onde foi retirado o objeto desta questão não foi incluído aqui por não ser determinante para sua resolução.

"Falei no demônio e pode parecer que foi o Príncipe das Trevas que criou a nova moda." (3º§). A relação entre "demônio" e "Príncipe das Trevas" indica a utilização de uma figura semântica denominada:

(A) Metáfora.
(B) Catacrese.
(C) Sinédoque.
(D) Antonomásia.

22) (FGV – 2025 – Prefeitura de Canaã dos Carajás – PA – Procurador Municipal)

As frases a seguir mostram uma retomada coesiva do termo sublinhado anteriormente. Assinale a opção que mostra a frase em que essa retomada é feita por uma perífrase.

(A) A passagem de <u>ônibus</u> foi cara, mas o estado do veículo era perfeito.
(B) <u>Ganhou bastante dinheiro</u> no mês, mas isso não foi suficiente para quitar as dívidas.
(C) Percorreu o <u>caminho</u> do Rio a São Paulo em quatro horas, mas o trajeto não foi agradável.
(D) Todos observavam a <u>Mona Lisa</u> de Da Vinci, o que é uma rotina para o mais belo quadro do pintor italiano.
(E) Toda a <u>alegria</u> da festa não conseguia apagar em sua alma o outro contentamento de ter casado com Maria.

23) (FGV – 2024 – Prefeitura de São Lourenço da Mata – PE – Professor de Língua Portuguesa)

O tempo, como o Mundo, tem dois hemisférios: um superior e visível, que é o passado, outro inferior e invisível, que é o futuro. No meio de um e outro hemisfério ficam os horizontes do tempo, que são estes instantes do presente que imos vivendo, onde o passado se termina e o futuro começa.
(VIEIRA, Pe. Antônio. *História do futuro*, v. 1, 1718. Disponível em: http://www.dominiopublico.gov.br/)

No trecho, é possível identificar o emprego das seguintes figuras de linguagem:

(A) metáfora, metonímia e prosopopeia.
(B) catacrese, antítese e metonímia.
(C) hipérbole, prosopopeia e metáfora.
(D) antítese, metáfora e comparação.
(E) comparação, catacrese e hipérbole.

24) (NC-UFPR – 2016 – Prefeitura de Curitiba – PR – Docência I)

O texto a seguir, adaptado da revista *Mundo Estranho*, explicita os passos da criogenia, processo que permite manter um corpo congelado para uma possível "ressurreição" quando (e se) a tecnologia permitir. Numere os parágrafos de forma a organizá-los numa progressão textual coerente e lógica.

( ) Em seguida, o corpo, envolto em um saco plástico protetor, é mergulhado em um grande cilindro de nitrogênio líquido circulante a 196 ºC negativos. A cabeça, presa ao corpo ou avulsa (sim, é possível congelar só a cabeça), fica no fundo do cilindro, para que, em caso de vazamento, demore mais a descongelar.
( ) No transporte até a clínica, o corpo é colocado em uma manta térmica especial e imerso em um tanque de gelo até chegar à instituição. A ideia é manter o corpo na temperatura mais baixa possível, para minimizar a atividade cerebral restante e manter os tecidos preservados por mais tempo.
( ) Na clínica, o sangue do paciente é retirado e, em seu lugar, é inserido um líquido à base de glicerina, evitando que cristais de gelo se formem no interior das células e rompam as membranas. Esse processo é chamado de vitrificação e permite que o corpo fique em animação suspensa por longos períodos.
( ) Depois que o coração para de bater, um médico atesta a morte legal do paciente e o processo de criogenia começa. Um líquido anticoagulante é injetado no corpo e uma máquina continua bombeando sangue e oxigênio artificialmente para evitar a morte dos tecidos. O ideal é que tudo isso aconteça em, no máximo, 15 minutos.

Assinale a alternativa que apresenta a sequência correta, de cima para baixo.

(A) 4 – 2 – 3 – 1.
(B) 2 – 3 – 1 – 4.
(C) 4 – 2 – 1 – 3.
(D) 2 – 4 – 3 – 1.

25) (FGV – 2023 – Secretaria Municipal de Fazenda – RJ – Analista de Planejamento e Orçamento)

Nas frases abaixo, os termos sublinhados exemplificam uma figura de linguagem denominada metonímia. A frase em que essa metonímia é caracterizada pelo emprego de um termo abstrato por um concreto é:

(A) Ao ler-se Camões, aprende-se muito sobre a história heroica de Portugal;
(B) O parati é uma bebida tradicional das classes populares, mas, tomada em excesso, prejudica bastante a saúde;
(C) Quando chega a bondade do Natal, as crianças ficam felizes;
(D) Todos ficaram emocionados no auditório quando o comediante declarou que não possuía um teto onde morar;
(E) A feijoada estava tão boa, que o cozinheiro comeu três pratos.

26) (Avança SP – 2024 – Prefeitura de Cabreúva – SP – Auxiliar Administrativo)

A linguagem figurada ou sentido figurado consiste em uma ferramenta ou modalidade de comunicação que utiliza figuras de linguagem para expressar um sentido não literal de um determinado enunciado.

Observe as figuras de linguagem presentes em cada uma das orações abaixo e destaque a que não foi classificada corretamente.

(A) A vida passa como um furacão. (símile)
(B) Os cacos dos meus sonhos têm olhos que enxergam o meu futuro. (prosopopeia)
(C) O ouro verde representa a herança do Brasil Império. (perífrase)
(D) "Tenho bastante em ter nada." (Fernando Pessoa) (oximoro)
(E) "Homem é lobo do homem." (diácope)

27) (Avança SP – 2025 – Câmara de Itupeva – SP – Técnico Legislativo – Administração Geral)

Analise os processos de formação de palavras descritos abaixo e assinale a alternativa que traz um erro em sua elaboração.

(A) desleal = derivação prefixal
(B) espaçosa = derivação sufixal
(C) enrubescer = derivação parassintética
(D) combate = derivação prefixal
(E) embora = aglutinação

Leia o texto para responder às questões de números 28 a 30.

1. A riqueza cresce em escala global, mas o fosso que separa as nações ricas das mais pobres só aumenta, ao contrário do que sugeriam defensores das forças do mercado. Os números que comprovam essa realidade são dramáticos e poderiam ter origem numa organização não governamental contrária à globalização ou fazer parte do material de propaganda da Coreia do Norte, último bastião do comunismo. Mas provêm de entidades insuspeitas. Os beneficiados que estão entre os 20% mais ricos da população mundial respondiam por 86% do consumo total, enquanto restava aos 20% mais pobres mirrado 1,3%, informa um estudo de 1998 do Programa das Nações Unidas para o Desenvolvimento (Pnud).

2. O historiador e economista político David Landes, professor da Universidade de Harvard, nos Estados Unidos, lembra que há 250 anos a diferença de renda entre um habitante do país mais rico e outro do mais pobre era, talvez, de cinco para um. Agora, "a diferença em termos de renda *per capita* entre a nação industrial mais rica, a Suíça, e o mais pobre país não industrial, Moçambique, é de cerca de 400 para 1", atesta Landes em seu livro *Riqueza e Pobreza das Nações.* O relatório do Banco Mundial confirma que as disparidades entre os países eram pequenas no começo do século XIX, mas pioraram no século XX, e a distância continua a aumentar, se excluídos dois países que expandiram muito suas economias nos últimos anos, a China e a Índia.

(FERNANDES JR., Ottoni. "Cada vez mais distantes". Adaptado. *Desafios do desenvolvimento*, Brasília, DF, ano 2, n. 16, nov. 2005. Disponível em: https://repositorio.ipea.gov.br/bitstream/11058/12501/1/Desafios_Desenvolvimento_v.2_n.16_2005_cada_vez_mais_distante.pdf. Acesso em: 25 set. 2025)

28) (CESGRANRIO - 2024 - Instituto de Pesquisa Econômica Aplicada - Técnico de Planejamento e Pesquisa)

Analisando-se a construção argumentativa do texto, nota-se o uso de diferentes tipos de argumentos. Associe as estratégias argumentativas aos argumentos trazidos pelo autor do texto, apresentados a seguir.

I - Argumento de autoridade
II - Argumento por evidência
III - Argumento por constatação

P - "Os números que comprovam essa realidade são dramáticos e poderiam ter origem numa organização não governamental contrária à globalização"
Q - "Os beneficiados que estão entre os 20% mais ricos da população mundial respondiam por 86% do consumo total, enquanto restava aos 20% mais pobres mirrado 1,3%"
R - "há 250 anos a diferença de renda entre um habitante do país mais rico e outro do mais pobre era, talvez, de cinco para um"
S - "as disparidades entre os países eram pequenas no começo do século XIX, mas pioraram no século XX, e a distância continua a aumentar"

As associações corretas são:

(A) I – P; II – R; III – S
(B) I – Q; II – S; III – P
(C) I – Q; II – S; III – R
(D) I – R; II – Q; III – P
(E) I – S; II – P; III – Q

29) (CESGRANRIO – 2024 – Instituto de Pesquisa Econômica Aplicada – Técnico de Planejamento e Pesquisa)

Observa-se, no desenvolvimento do texto acima, o uso da figura de retórica

(A) eufemismo, ao usar o termo "mirrado" (parágrafo 1);
(B) metáfora, ao apontar "o fosso que separa as nações" (parágrafo 1);
(C) metonímia, ao nomear as Nações Unidas e o Banco Mundial como "entidades" (parágrafo 1);
(D) perífrase, ao referir-se à Coreia do Norte como o "último bastião do comunismo" (parágrafo 1);
(E) hipérbole, ao dizer que "os 20% mais ricos da população mundial respondiam por 86% do consumo total" (parágrafo 1).

30) (CESGRANRIO – 2024 – Instituto de Pesquisa Econômica Aplicada – Técnico de Planejamento e Pesquisa)

Observando-se as três ocorrências do articulador textual **mas** no texto, entende-se que o autor

(A) reforça, no segundo parágrafo do texto, que a pobreza em escala global aumentou no século XX, como forma de negar o contra-argumento trazido no início do texto;
(B) parte de uma expectativa do leitor de que a riqueza é algo positivo e nega essa expectativa, na primeira frase do texto, como forma de atacar a globalização;
(C) produz alternâncias de pontos de vista, ao longo dos dois parágrafos do texto, como forma de gerar uma aparente incoerência no texto e motivar o leitor a prosseguir sua leitura;
(D) constrói uma oposição entre capitalismo e comunismo, no primeiro parágrafo, como forma de evidenciar a superioridade deste regime econômico sobre aquele no combate às desigualdades;
(E) indica que organizações contrárias à globalização e a Coreia do Norte não são fontes confiáveis para se criticar o capitalismo, no primeiro parágrafo, como forma de minimizar possíveis críticas à tese defendida em seu texto.

31) (UFMT - 2022 - Prefeitura de Nobres - MT - Professor de Educação Física)

Leia atentamente as frases a seguir e numere-as sequencialmente, para que formem um texto coeso e coerente.

( ) Eles estão nas conversas do filósofo grego Sócrates, quando falava na administração como uma habilidade pessoal separada do conhecimento técnico.
( ) É sabido que Taylor é o pai da administração científica.
( ) Desde tempos remotos, o grande desafio da administração pública consistia em buscar a chamada governabilidade, que nada mais é que a habilidade de governar.
( ) Mas a administração é algo que remonta a antes da era cristã e, ao buscarmos com paciência e persistência, veremos registros sobre a habilidade de administrar.
( ) Seu precursor, Platão, preocupou-se ainda com os problemas políticos e sociais inerentes ao desenvolvimento social e cultural do povo grego ao expor seu ponto de vista sobre a forma democrática de administração dos negócios públicos.

Assinale a sequência correta.

(A) 4, 2, 1, 5, 3
(B) 3, 1, 5, 2, 4
(C) 2, 3, 1, 5, 4
(D) 3, 1, 5, 4, 2

32) (FGV - 2025 - Prefeitura de Canaã dos Carajás - PA - Agente de Serviços de Auxiliar de Sala)

Assinale a opção em que o motivo da comparação está identificado corretamente.

(A) Os olhos dela pareciam dois faróis/ colorido.
(B) O tecido é como uma carícia no corpo/ massagem.
(C) A mão de meu pai parece feita de pedra/ tamanho.
(D) Há um inseto no meu quarto que parece um morcego/ feiura.
(E) Os adultos procediam como crianças no Natal/ a tranquilidade.

33) (FGV - 2025 - Prefeitura de Canaã dos Carajás - PA - Professor de Língua Portuguesa)

Num julgamento, o advogado de defesa, referindo-se ao réu, acusado de assassinato, declarou: "O acusado, senhores jurados, é um engenheiro famoso, ótimo funcionário da empresa em que trabalha, além de pai de família exemplar, e não deve ser colocado na prisão!"

A argumentação do advogado se apoia em uma falácia argumentativa, que é:

(A) círculo vicioso.
(B) fuga do assunto.
(C) argumento autoritário.
(D) generalização excessiva.
(E) simplificação exagerada.

34) (IDECAN – 2024 – Secretaria da Saúde – PB – Assistente Administrativo)

Não é preciso procurar muito para encontrar algum conflito que coloca duas ou mais pessoas – ou grupos – em posições ideológicas opostas, especialmente quando o tema é política. Porém, há alguns anos, esse debate no Brasil e no mundo tem se tornado cada vez mais intenso e menos amigável. Com certeza, algum leitor que está aqui nessa matéria cortou contato com familiares ou deixou de tocar no assunto para não inflamar ainda mais o ambiente. Mas quando foi que a política começou a ficar tão dividida, a ponto de a que vivemos hoje ser considerada uma guerra ideológica?

Luiz Felipe Gonçalves de Carvalho, sociólogo, filósofo e escritor, acredita que é da natureza da política que ela seja mesmo dividida e acolha o dissenso. "Como diria o filósofo francês Jacques Rancière, caso contrário, não seria política, e sim polícia", argumenta. O problema, segundo ele, surge quando a polarização não consegue ser moderada como deveria e acaba fortalecendo os extremismos. "Isso acontece, em geral, em épocas de incertezas sociais extremas, como guerras, revoluções e crise de fome", exemplifica.

(*Mente Afiada*, ano 2, n. 17, ago. 2024. Adaptado.)

No início do segundo parágrafo do texto, encontramos a expressão "o dissenso". A partir do contexto em que a palavra é empregada, podemos afirmar que ela poderia ser substituída, sem prejuízo ao sentido do texto, pela expressão:

(A) a inimizade;
(B) o desamparo;
(C) a diversidade;
(D) o desserviço;
(E) o conflito.

35) (FGV – 2025 – Prefeitura de Canaã dos Carajás – PA – Professor de Língua Portuguesa)

Leia o texto a seguir.

Quando entrei no terrível vagão, ele estava ocupado por duas pessoas. Uma, dobrada, coberta, dormia profundamente. A coberta superior estava manchada, de fundo amarelado, como pele de leopardo. Vendem-se muitas mantas assim nas lojas de artigos de viagens, mas pude notar logo depois que se tratava realmente da pele de um animal selvagem; do mesmo modo, o boné da pessoa adormecida me pareceu ser de feltro branco bastante delicado. O outro viajante, uma aparência simpática, parecia ter passado dos trinta anos e mostrava-se como figura insignificante que passa confortavelmente as noites em estradas de ferro.

Assinale a opção que apresenta a *estratégia* que o narrador usa nesse fragmento textual para criar <u>*sinais de história realista e verdadeira*</u>.

(A) Mostra detalhes variados e bastante pitorescos dos objetos descritos.
(B) Indica traços descritivos do ambiente, mostrando-o como se nada houvesse nele de excepcional.

(C) Seleciona uma situação banal da qual não precisa fornecer muitos detalhes, exatamente por sua banalidade.
(D) Dá ao leitor informações sobre personagens e ambiente, mostrando-os como bastante conhecidos do narrador.
(E) Fornece algumas marcas caracterizadoras dos dois personagens presentes no texto, destacando sua banalidade.

36) (FGV – 2025 – Empresa Brasileira de Serviços Hospitalares – Grupo Clínica Médica)

Assinale a frase que se mostra inteiramente coerente.

(A) Peguei um resfriado no parque; o portão estava aberto.
(B) Leve seu cachorro para passear todos os dias, independente de ter ou não um.
(C) Comida saudável é tudo o que se come antes do término da validade.
(D) O jogo foi interrompido porque o chapéu de um dos telespectadores voou para a quadra.
(E) Se eu morresse num hospital, eu o processaria.

37) (FCC – 2024 – Tribunal Regional do Trabalho da 20.ª Região – SE – Técnico Judiciário – Área Administrativa)

O Poeta

Quando surges sonhando e tua lira canta,
Inveja abrindo vai, como esfaimado corvo,
As asas negras pelo abobadado e torvo
Horizonte, em que o Deus da rima se levanta!...

Reatas a obra a imortal da caravana santa
Dos teus mortos irmãos, vencendo o mesmo estorvo,
Tragando o mesmo fel, haurindo o mesmo sorvo
Do veneno letal, que aos cobardes quebranta!

Ornas a Terra e a Terra, ingrata, te apedreja,
Porque o Infinito tens na mente e os pões no verso,
A sustentar, cantando, intérmina peleja.

É um louco! – brada o mundo em tua luz imerso,
Mas segue o raio astral, que pelo Azul dardeja
Doirando as almas como o sol doira o Universo!

(CARDOSO, Fausto. *Esparsos e inéditos*. Poesia, v. 1. Org. de Jackson da Silva Lima. Aracaju: Secretaria de Educação, Subsecretaria de Cultura, Governo do Estado de Sergipe, 1980. Adaptado.)

No poema, diante da incompreensão do mundo, o poeta é representado como

(A) uma figura heroica e mal interpretada, persistente em sua missão de criar arte, apesar do cenário de hostilidades;
(B) uma caracterização de um ser efêmero e criativo, mas sem alternativas de mudanças concretas à vida humana;
(C) uma pessoa que enfrenta uma derrota inevitável, completamente negligenciada pela sociedade e pelas artes;
(D) um ser criticado por sua religiosidade tradicional, colocando-se em forma de nova divindade, da arte e poesia;
(E) uma representação de alguém que está alheado, tentando expressar suas emoções, mas sem sucesso.

38) (FCC – 2024 – Tribunal Regional do Trabalho da 20.ª Região – SE – Técnico Judiciário – Área Administrativa)

"a Terra, ingrata, te apedreja,"

A alternativa que apresenta figura de linguagem semelhante à presente no trecho acima é:

(A) A sustentar, cantando, intérmina peleja.
(B) Reatas a obra a imortal da caravana santa.
(C) Tragando o mesmo fel, haurindo o mesmo sorvo.
(D) Dos teus mortos irmãos, vencendo o mesmo estorvo.
(E) Mas segue o raio astral, que pelo Azul dardeja.

39) (FGV – 2022 – Senado Federal – Técnico Legislativo – Policial Legislativo)

Em todas as frases a seguir, a forma verbal destacada está relacionada à ação de cair. Assinale a opção que indica a frase em que a seleção do verbo está corretamente feita.

(A) A tarde <u>tombou</u> de súbito e a noite se aproximou rapidamente.
(B) O palanque, pelo peso excessivo, <u>desmoronou</u>.
(C) A pedra <u>despencou</u> do alto do morro sobre o povoado.
(D) Por causa das chuvas, o muro <u>demoliu</u> sobre o asfalto.
(E) Tropecei na cadeira da sala e <u>precipitei-me</u> no sofá.

40) (FGV – 2022 – Tribunal de Contas do Estado – TO – Analista Técnico – Letras)

Nos atos de comunicação, deve-se levar em conta a situação; a frase abaixo em que o significado do termo destacado depende da situação de comunicação é:

(A) Amanhã começam as obras <u>em nosso bairro</u>;
(B) <u>Hoje</u>, dia 15 de novembro, festeja-se a República;
(C) Ainda se passeia muito pelas ruas do <u>Rio</u>;
(D) <u>Eles</u>, o autor e o leitor, se merecem;
(E) O <u>quadro</u> "O Dormitório" de Van Gogh é magnífico.

41) (FGV – 2025 – Prefeitura de Canaã dos Carajás – PA – Agente de Serviços de Auxiliar de Sala)

As opções a seguir mostram três vocábulos da mesma família, exceto uma, em que há um termo intruso. Assinale-a.

(A) Lua/ lunar/ lunático.
(B) Paz/ pacífico/ paciente.
(C) Astro/ asteroide/ astral.
(D) Terra/ terreno/ desterrar.
(E) Hipódromo/ hípica/ hipismo.

42) (IBADE – 2025 – Universidade Virtual do Estado de São Paulo – SP – Designer Gráfico e de Interface)

Leia o texto e marque a alternativa correta quanto aos comentários dentre as alternativas abaixo:

Vício na fala

"Para dizerem milho dizem mio
Para melhor dizem mió
Para pior dizem pió
Para telha dizem teia
Para telhado dizem teiado
E vão fazendo telhados."

(ANDRADE, Oswald de. *Poesias reunidas*. Rio de Janeiro: Civilização Brasileira, 1971.)

(A) o texto retrata a língua padrão e culta em toda a sua extensão;
(B) mostra uma variação linguística da língua com foco na linguagem técnica;
(C) o texto mostra modos diferentes de utilizar a língua em suas diferentes roupagens;
(D) o poema alerta para erros cometidos no uso da língua por falantes, considerando-os um fato inaceitável;
(E) a língua utilizada no sentido conotativo, pois mostra as palavras em suas novas versões com um significado diferente.

43) (FGV – 2025 – Prefeitura de Canaã dos Carajás – PA – Agente de Serviços de Segurança Patrimonial)

Considere a frase a seguir. "Os gatos sabem o momento em que os seus donos vão acordar e os despertam dez minutos antes."

Assinale a afirmativa que a interpreta corretamente.

(A) O possessivo "seus" equivale a "dos gatos".
(B) O pronome em "os despertam" se refere a gatos.
(C) O verbo "despertam" mostra uma ação dos donos.

(D) A frase mostra que os gatos são superiores aos cachorros.
(E) O advérbio "antes" se refere a "antes de dormir".

44) (FGV – 2025 – Prefeitura de Canaã dos Carajás – PA – Professor de Educação Básica)

Leia o trecho a seguir. "Os eleitores votaram pela manhã, para poderem curtir a praia mais tarde, e as autoridades da área prometem aos votantes os resultados para hoje à noite."

Assinale a opção que apresenta o único elemento semântico que está indicado erradamente.

(A) Agente: os eleitores.
(B) Processo: votaram.
(C) Localização temporal: pela manhã.
(D) Consequência: para poderem curtir a praia.
(E) Beneficiário: aos votantes.

45) (INSTITUTO AOCP – 2022 – Banco Banese – Técnico Bancário III – Área de Informática – Desenvolvimento)

O que é *marketing* digital?

O conceito *marketing* digital pode ser explicado como ações de comunicação para negócios que estão na internet, na telefonia celular e em outros meios digitais. O *marketing* digital também abrange a prática de promover produtos ou serviços através de canais que levam o conteúdo às pessoas rapidamente, de forma relevante e personalizada. Resumidamente, o termo "*marketing* digital" nada mais é que o *marketing* na era digital. Ele também impulsionou o surgimento de um novo cliente: o consumidor 2.0. Este cliente é mais exigente, atento, bem informado e curioso. O consumidor 2.0 faz buscas na internet para consultar preços de produtos e serviços, e também para saber a opinião de outros consumidores.

("Conceito marketing digital: 5 mentiras sobre o mercado que você deve saber". Adaptado. *Guia-se – Agências Digitais*. Blog. Disponível em: https://www.guiase.com.br/mentiras-sobre-o-conceito-marketing-digital/.)

Considerando a estruturação da frase que segue e os sentidos por ela expressos, assinale a alternativa que a analisa corretamente. "O *marketing* digital também abrange a prática de promover produtos ou serviços através de canais que levam o conteúdo às pessoas rapidamente, de forma relevante e personalizada."

(A) O advérbio "através" não poderia ser substituído pela expressão "por meio de", visto que os produtos e serviços atravessam os canais, ou seja, passam transversalmente por meio da tela.
(B) Ocorreria acento indicativo de crase no caso de o verbo "abrange" ser substituído por "compreende", por este ser um verbo transitivo indireto.

(C) O termo "também" apresenta função coesiva referencial, pois retoma uma característica do *marketing* digital, por meio de uma comparação.
(D) O verbo "levar" flexiona-se no presente do indicativo, tempo e modo verbal que permitem que seja revelada a crença do enunciador: no caso, ele considera verdadeiro o fato de que os canais levam algum tipo de conteúdo às pessoas.
(E) Os adjuntos adverbiais "rapidamente, de forma relevante e personalizada" articulam-se a "o *marketing* digital", indicando o modo como ele é disseminado nas mídias digitais.

Leia o texto para responder às questões de números 46 e 47.

As teorias de traços da personalidade são as teorias mais antigas a respeito da liderança. Um traço é uma qualidade ou característica distintiva da personalidade. Segundo essas teorias, o líder é aquele que possui certos traços específicos de personalidade por meio dos quais pode influenciar o comportamento das demais pessoas. Essas teorias foram influenciadas pela teoria do "grande homem", defendida por Carlyle para explicar que o progresso do mundo foi produto das realizações pessoais de alguns homens que dominaram a história da humanidade.

Cada traço possui suas especificidades. Energia, aparência pessoal, estatura e peso compreendem os traços físicos. Adaptabilidade, agressividade, entusiasmo e autoconfiança são exemplos de traços intelectuais. Alguns exemplos de traços sociais são cooperação, habilidades interpessoais e habilidade administrativa. Realização, persistência e iniciativa são traços relacionados à tarefa.

Em resumo, um líder deve inspirar confiança, ser inteligente, perceptivo e decisivo para ter condições de liderar com sucesso. O líder tem o poder de decidir ou delegar procedimentos. Prefere delegar.

(CHIAVENATO, Idalberto. *Introdução à teoria geral da administração.* Rio de Janeiro: Elsevier, 2014.)

46) (Avança SP – 2025 – Câmara Municipal de Itupeva – SP – Técnico Legislativo – Administração Geral)

Qual a figura de linguagem que aparece na última frase do texto anterior?

(A) Elipse
(B) Aliteração
(C) Metáfora
(D) Antítese
(E) Paradoxo

47) (Avança SP – 2025 – Câmara Municipal de Itupeva – SP – Técnico Legislativo – Administração Geral)

Assinale a alternativa em que as trocas dos termos foram responsáveis por alterar o sentido proposto pelo autor do texto.

(A) Um líder deve inspirar segurança, ser sagaz, cognoscível e essencial para ter condições de liderar com sucesso.
(B) Um líder deve inspirar convicção, ser astuto, acessível e substancial para ter condições de liderar com sucesso.
(C) Um líder deve inspirar firmeza, ser capaz, nítido e basilar para ter condições de liderar com sucesso.
(D) Um líder deve inspirar resolução, ser arguto, evidente e primordial para ter condições de liderar com sucesso.
(E) Um líder deve inspirar arrepsia, ser perspicaz, inteligível e precípuo para ter condições de liderar com sucesso.

48) (Avança SP – 2025 – Câmara Municipal de Itupeva – SP – Técnico Legislativo – Assistente Geral)

Analise as asserções abaixo, marque, posteriormente, a alternativa correspondente.

I – A coesão textual é a conexão linguística que permite a amarração das ideias dentro de um texto, corroborando para uma transmissão da mensagem mais eficiente e inteligível.
II – A coesão necessita de recursos que estabelecem a interligação entre os segmentos do texto. Esses recursos são chamados de elementos de coesão, caracterizados especificamente pelas conjunções.

(A) A asserção I é uma proposição falsa, e a II é uma proposição verdadeira.
(B) A asserção I é uma proposição verdadeira, e a II é uma proposição falsa.
(C) As asserções I e II são proposições verdadeiras, e a II é uma justificativa da I.
(D) As asserções I e II são proposições verdadeiras, e a II não é uma justificativa da I.
(E) As asserções I e II são proposições falsas.

49) (FGV – 2025 – Prefeitura de Canaã dos Carajás – PA – Analista de Controle Interno)

Assinale o fragmento textual a seguir que deve ser classificado como injuntivo por representar um desejo, conselho ou uma ordem.

(A) Quem não aguenta o trote não monta o burro.
(B) Enquanto o poço não seca, não sabemos dar valor à água.
(C) Como seriam venturosos os agricultores, se conhecessem sua sorte.
(D) É maior glória fugir dos agravos calando-se, que vencê-los, respondendo.
(E) Em nosso país, ao contrário dos outros, a agricultura se inicia tendo por base a grande propriedade.

50) (FGV – 2025 – Prefeitura de Canaã dos Carajás – PA – Procurador Municipal)

Leia o texto a seguir.

Ela dá alguns passos no quarto e se aproxima de uma grande cômoda, da qual ela puxa a gaveta superior. Ela remexe em alguns papéis, do lado direito da gaveta, se curva e, a fim de ver melhor o fundo, puxa um pouco mais a gaveta em sua direção. Após alguma procura, ela se recompõe e fica imóvel, os braços junto ao corpo, com os antebraços escondidos pelo busto.

Assinale a opção que apresenta a afirmativa adequada ao texto.

(A) O texto mostra um narrador em primeira pessoa, sendo ele mesmo um personagem.
(B) O texto traz os fatos e os personagens vistos através do olhar de um outro personagem.
(C) O texto mostra mudanças de ponto de vista, passando da visão de um personagem para outro.
(D) O texto mostra um narrador onisciente, que vê tudo, conhecendo os pensamentos dos personagens e as razões de suas ações.
(E) O texto é objetivo e neutro, com visão do lugar da cena, sem que saibamos o que pensam os personagens, limitando-se a transcrever os fatos.

D) Gabarito comentado

1) Gabarito: C. Comentário: A única opção que apresenta relação de causa é a C, indicada pela conjunção "porque". Nas demais opções, temos: A) concessão ("mesmo"); B) adição ("não apenas... como"); D) comparação ("muito aquém... daquele"); E) finalidade ("para").

2) Gabarito: E. Comentário: Trata-se de um artigo de opinião no qual o autor analisa a situação econômica da China, expondo dados e argumentos, com a finalidade de convencer e persuadir o leitor de seu ponto de vista – traço característico do texto dissertativo-argumentativo.

3) Gabarito: E. Comentário: Os pronomes oblíquos átonos *o*, *a*, *os*, *as* substituem complemento verbal não introduzido por preposição. Se o verbo terminar por vogal ou semivogal oral, os pronomes aparecem inalterados: "coloco-o", "ponho-a", "ponho--os", "ponho-as"; se o verbo terminar por *r*, *s* ou *z*, desaparecem estas consoantes e os pronomes aparecem nas antigas formas *lo*, *la*, *los*, *las*: "pôr + o" = "pô-lo"; "pões + o" = "põe-lo"; "diz + o" = "di-lo", "deixaria + o" = "deixá-lo-ia"; se o verbo terminar por som nasal (*m* ou sílaba com til), os pronomes assumem as formas *no*, *na*, *nos*, *nas*: põe + o = "põe-no"; viram + a = "viram-na". Já o pronome *lhe*/ *lhes* substitui complemento introduzido pela preposição *a* (e em alguns casos *para*). Na opção E, nosso gabarito, o complemento direto "muito pensamento" é comutado pelo pronome átono "o": "gastamo-lo". Nas demais opções, o correto seria: A) "passou-o"; B) "deixemo-lo; C) Alguém o dará (ocorre a próclise, pois não se pospõe pronome átono a verbo precedido de pronome indefinido, como "alguém"); D) "deixá-lo".

4) Gabarito: E. Comentário: O objetivo aqui é pôr em ordem sequencial os parágrafos, atentando-se para a coesão e a coerência do conjunto. Tem-se, portanto:
(5) não adquiriram conhecimentos necessários para tal e agem como se fossem profissionais especializados na área. (Conclui o texto, completando o sentido de "que, em sua maioria");
(2) Em épocas passadas, era administrada por curiosos, religiosos, militares e médicos (A expressão "era administrada" retoma "A organização hospitalar", apresentada no primeiro período do texto);
(1) A organização hospitalar apresenta estrutura orgânica extremamente complexa, na medida em que exige conhecimentos específicos necessários para gerir recursos físicos e humanos. (Tópico frasal que introduz o tema do texto);
(4) Nos dias atuais, segundo Cherubin (1999), ainda predomina uma administração pouco profissionalizada, executada por médicos proprietários, que, em sua maioria,

(As expressões "Nos dias atuais" e "ainda predomina" retomam, por contraste, os períodos anteriores, que tratam da administração dos hospitais em épocas passadas);
(3) que não tinham conhecimentos suficientes para geri-la. (O pronome relativo "que" retoma "curiosos, religiosos, militares e médicos" do período 2).

5) Gabarito: C. Comentário: Note-se que a questão se refere especificamente ao primeiro parágrafo. Trata-se do "lide", isto é, da abertura do texto jornalístico, que resume o assunto da matéria. O parágrafo é narrativo, pois expõe um fato ocorrido em determinado tempo e espaço (com apresentação, desenvolvimento e conclusão), sendo o tempo verbal predominante o pretérito. Vale ressaltar que o gênero jornalístico apresenta traços descritivos, narrativos e/ ou expositivos. As demais opções estão incorretas, visto que o parágrafo em questão não detalha características de seres, coisas, lugares ou situações (opção A); não apresenta o ponto de vista de quem escreve, com estratégias argumentativas para defendê-lo (opção B); e não exprime instrução ou ordem (opção D).

6) Gabarito: C. Comentário: Nosso gabarito é a opção C: no primeiro parágrafo, o texto informa que a queda dos preços do petróleo é consequência da preocupação com a desaceleração da demanda ao redor do mundo, que acabou superando a preocupação com uma possível redução da oferta resultante de um conflito crescente no Oriente Médio. Ou seja, está implícito no texto que um conflito no Oriente Médio faria os preços do petróleo subirem, dado que uma oferta reduzida tende a aumentar o valor de um produto. As demais opções estão incorretas, porque: A) o texto não diz que a oferta de fato diminuiu, menciona somente os temores de que a diminuição ocorra; B) de acordo com o texto, o preço caiu apesar do conflito, não por causa dele; D) de acordo com o texto, a desaceleração da demanda fez o preço diminuir, não aumentar.

7) Gabarito: D. Comentário: O candidato deve ficar atento ao analisar as palavras apresentadas no conjunto das opções, visto que há mais de um sinônimo possível para cada termo destacado nas passagens do texto. A opção em que as quatro palavras correspondem, respectivamente, ao significado de "assolam", "vulneráveis", "sensível" e "audiência" é a D.

8) Gabarito: D. Comentário: Devemos organizar os períodos da seguinte forma:
5. A solidão do jardineiro o leva a desejar uma companheira.
2. A chegada da primavera é um momento adequado para o desabrochar da natureza e para a concretização do amor.
1. Desejando o seu ideal de beleza, o jardineiro, contrariando a primavera, procura impedir o florescer da roseira.
4. O fluxo natural da primavera faz com que o jardineiro perceba que só se realizará plenamente no amor caso deixe que Rosamulher floresça.
3. A transformação de Rosamulher significa a libertação da mulher em relação à opressão masculina.

9) Gabarito: B. Comentário: Para atender ao que se pede na questão, o candidato deve escolher a alternativa em que há ambiguidade específica entre o agente (aquele que pratica a ação) e o paciente (aquele que sofre a ação). A opção B está correta, visto que não é possível determinar se a instituição foi criada por alguém ou se a instituição criou algo. Por vezes podem as construções com "de" provocar casos de sincretismo sintático, com consequente efeito de ambiguidade. Aqui, "da instituição" pode ser tanto adjunto adnominal (agente) quanto complemento nominal (paciente) de "criação". Nas demais opções, ocorre ambiguidade porque: A) o pronome "seu" pode se referir a "o chefe" ou a "o funcionário"; C) não está claro se "João e Maria se casaram" corresponde a "João e Maria casaram-se um com o outro" ou a "João casou-se com uma pessoa e Maria casou-se com outra pessoa"; D) não é possível dizer se quem andava na rua era o sujeito da frase ("eu") ou o assaltante a quem se refere; E) o advérbio "já" pode estar modificando a frase toda (caso em que equivale a "já ficou na moda chamar os bombeiros") ou pode estar modificando somente o segmento "chamar os bombeiros" (caso em que equivale a "ficou na moda chamar os bombeiros já").

10) Gabarito: C. Comentário: Solecismo é um erro de sintaxe que abrange a concordância, a regência, a colocação e a estruturação dos termos da oração. No período apresentado na questão, há um erro de concordância, visto que o verbo "rejeitar" está erroneamente conjugado na segunda pessoa do plural (vós), quando o sujeito é "tu". O correto seria "Tu me rejeitaste". Vale lembrar que **redundância** é a repetição desnecessária de um termo já expresso ou de uma ideia já sugerida; **barbarismo** é o emprego incorreto de uma palavra, seja na pronúncia, na grafia, no significado, na flexão ou na morfologia; **anacronismo** é um erro de cronologia, em que se atribui a uma época fatos ou ideias de outra época; e **coloquialismo** é o traço de linguagem (fonético, morfológico, léxico, sintático) característico dos registros coloquiais, informais.

11) Gabarito: C. Comentário: Nesta questão, o candidato deve estar atento à identificação tanto das figuras de linguagem presentes em cada trecho quanto da classe na qual se enquadram. A opção C é a única que traz a correta correspondência:
- "As casas espiam os homens que correm atrás de mulheres" - **personificação** ou **prosopopeia**, pois se atribui à coisa inanimada, à casa, a capacidade de "espiar", própria dos seres humanos.
- "o bonde passa cheio de pernas" - **metonímia** do tipo que toma a parte pelo todo, pois "cheio de pernas" equivale a "cheio de pessoas".
- "... botam a gente comovido como o diabo." - **comparação**, pois estabelece relação de semelhança entre dois elementos, por meio da partícula "como" ("comovido como o diabo").

Quanto às demais figuras de linguagem mencionadas nas opções: **metáfora** - translação de significado em que os termos implicados pertencem a classes diferentes, mas, pela combinação, se percebem também como assimilados ("Gastou rios de dinheiro"); **paronomásia** - aproximação de palavras parecidas na sua estrutura fonológica e diferentes no significado ("Do luxo ao lixo"); **lítotes** ou **litotes** - variedade do eufemismo em que se afirma algo pela negação do contrário ("Ela não está feliz" por "Ela está triste"); **pleonasmo** - repetição de um termo já expresso ou de uma ideia já sugerida, para fins de clareza ou ênfase ("Palavra de rei não volta atrás") ou de forma viciosa ("Subir para cima"). Vale também definirmos as diferentes classes de figuras de linguagem: as **figuras de construção** (também chamadas **figuras de sintaxe**) envolvem diretamente a estrutura gramatical do enunciado; as **figuras de som** exploram a expressividade por meio da sonoridade das palavras ou de unidades mais extensas; já as **figuras de palavras** e as **figuras de pensamento** o fazem pela alteração semântica de palavras e expressões.

É importante observar: a depender da banca examinadora, o mesmo recurso expressivo pode ser tomado como "figura de palavras" ou como "figura de pensamento", fato que justifica a discrepância de classificação entre a questão que ora analisamos e a parte teórica deste livro.

12) Gabarito: E. Comentário: A figura de linguagem presente em "O livro é tal qual uma ponte para o infinito" é a **comparação**, marcada pelo emprego do conectivo "tal qual". A opção E é a única que traz também uma comparação, mas pelo emprego de "como". Nos enunciados das alternativas A, B, C e D, a figura de linguagem que se apresenta é a **metáfora**. Vale lembrar que a **comparação** se diferencia da **metáfora** por explicitar, por meio de um conectivo, a relação de semelhança entre dois termos.

13) Gabarito: E. Comentário: Ao analisar o uso de certas construções no passado e no presente, o texto deixa implícito que a cultura influencia as mudanças linguísticas. A opção correta é, portanto, a E.

14) Gabarito: D. Comentário: O tom sarcástico do autor para tratar do uso de certas expressões que considera incongruentes fica patente em trechos como "Oba! Finalmente vou descobrir onde fica a decolagem. Deve ser um lugar, porque, segundo a moça, estamos próximos dela".

15) Gabarito: D. Comentário: A metonímia ocorre na opção D, em que "bisturi" representa o trabalho do médico com essa ferramenta. Nas demais opções, temos: A) metáfora; B) catacrese; C) antonomásia; E) sinestesia.

16) Gabarito: D. Comentário: A **anáfora** é uma figura de sintaxe caracterizada pela repetição de uma palavra no começo de diferentes orações ou frases. É preciso não confundir esta anáfora com a anáfora que nomeia o processo sintático em que um termo retoma outro anteriormente citado no texto. Os fenômenos apresentados nas demais opções podem ser definidos como: A) **catáfora**, referência ao que será citado mais adiante no texto; B) **dêitico**, elementos textuais que apontam para algo que já foi dito ou que ainda será dito; C) **elipse**, omissão de um termo facilmente subentendido no texto; E) **silepse**, discordância de gênero, de pessoa ou de número por se levar mais em conta o sentido do que a forma material da palavra.

17) Gabarito: B. Comentário: A frase da opção B apresenta redundância porque a ideia sugerida em "não havia alternativa" é repetida em "era pagar ou ir embora".

18) Gabarito: B. Comentário: O primeiro passo é encontrar o tópico frasal, isto é, a frase que inicia o texto e apresenta o assunto que será tratado. O segundo passo é procurar pelos elementos anafóricos que costuram os trechos seguintes. Note-se que estes elementos estão presentes em todos eles, exceto no 3, o que confirma que é este o nosso tópico frasal. Assim temos:
3 – Ao redor de 80% dos brasileiros não conseguem manter uma dieta balanceada em meio à correria do dia a dia, indica pesquisa da Pfizer. (Tópico frasal);
5 – De olho nisso, o laboratório decidiu aumentar seu portfólio, criando e lançando no mercado um multivitamínico em forma de pastilhas mastigáveis. (O termo "laboratório" refere-se a "Pfizer", do trecho 3);
2 – Disponível nos sabores menta e citrus, a novidade é indicada para ajudar jovens e adultos a atingirem as necessidades diárias de vitaminas e minerais. (O termo "novidade" refere-se a "multivitamínico em forma de pastilhas mastigáveis", do trecho 5);
1 – Os chamados micronutrientes são fundamentais, entre outras coisas, para garantir disposição e alavancar a imunidade. (O termo "micronutrientes" refere-se aos termos "vitaminas" e "minerais", do trecho 2);

4 – Só é preciso lembrar que o produto não dispensa os cuidados com a alimentação, essencial para obter as fibras e outros nutrientes importantes. (Conclusão do texto, que retoma o que foi dito nos segmentos anteriores).

19) Gabarito: C. Comentário: O verbo no imperativo ("Baixe o app!") pode levar o candidato menos atento a interpretar a informação como uma ordem; muitas vezes, no entanto, este modo verbal expressa uma recomendação, sobretudo em textos publicitários como o da questão que ora analisamos.

20) Gabarito: D. Comentário: Em questões deste tipo, é importante atentar para a posição dos adjuntos adverbiais, dos pronomes relativos e dos gerúndios, pois, em geral, é o que cria ambiguidade. No enunciado da opção D, não há ambiguidade.
Na opção A, o bandido fugiu da prisão no mês passado ou no mês passado foi assassinado? Na B, o ministro foi nomeado ou o ministro nomeou alguém? Na D, o repórter passeava pelo mercado de Qatar ou era o craque que passeava no mercado de Qatar? Na E, já terão direito ao passaporte aqueles que se vacinarem ou terão direito ao passaporte aqueles que se vacinarem já?

21) Gabarito: D. Comentário: A antonomásia consiste em substituir um nome próprio por um comum ou vice-versa, com intuito explicativo, elogioso, irônico, etc. No trecho em questão, "Príncipe das Trevas" equivale a "demônio".

22) Gabarito: D. Comentário: A **perífrase** é uma locução, sintagma ou frase que expressa aquilo que poderia ser expresso por um número menor de palavras. A única opção em que o termo sublinhado é retomado por meio de uma perífrase é a D: "Mona Lisa" – "o mais belo quadro do pintor italiano". Nas demais opções, a retomada ocorre mediante um só termo: A) "ônibus" – "veículo"; B) "ganhou bastante dinheiro" – "suficiente"; C) "caminho" – "trajeto"; E) "alegria" – "contentamento".

23) Gabarito: D. Comentário: As figuras de linguagem presentes no trecho destacado são as seguintes: **antítese**: "passado" e "futuro", "superior" e "inferior", "visível" e "invisível"; **metáfora**: "O tempo [...] tem dois hemisférios", "os horizontes do tempo"; e **comparação**: "como o Mundo. As figuras de linguagem citadas nas demais opções, e que não ocorrem no trecho destacado, são: **metonímia** (translação de significado pela proximidade de ideias), **prosopopeia** (atribuição de características humanas a coisas inanimadas), **catacrese** (extensão do significado de uma palavra, por analogia com o seu sentido primitivo) e **hipérbole** (expressão que envolve exagero).

24) Gabarito: A. Comentário: O objetivo da questão é avaliar a capacidade do candidato de estruturar o pensamento com clareza, lógica, coerência:
Primeiro: "o coração para de bater"
4- Depois que o coração para de bater, um médico atesta a morte legal do paciente e o processo de criogenia começa. Um líquido anticoagulante é injetado no corpo e uma máquina continua bombeando sangue e oxigênio artificialmente para evitar a morte dos tecidos. O ideal é que tudo isso aconteça em, no máximo, 15 minutos.
Segundo: "transporte até a clínica"
2- No transporte até a clínica, o corpo é colocado em uma manta térmica especial e imerso em um tanque de gelo até chegar à instituição. A ideia é manter o corpo na temperatura mais baixa possível, para minimizar a atividade cerebral restante e manter os tecidos preservados por mais tempo.

Terceiro: "na clínica"
3- Na clínica, o sangue do paciente é retirado e, em seu lugar, é inserido um líquido à base de glicerina, evitando que cristais de gelo se formem no interior das células e rompam as membranas. Esse processo é chamado de vitrificação e permite que o corpo fique em animação suspensa por longos períodos.
Quarto: "o corpo é mergulhado em um grande cilindro de nitrogênio líquido"
1- Em seguida, o corpo, envolto em um saco plástico protetor, é mergulhado em um grande cilindro de nitrogênio líquido circulante a 196 °C negativos. A cabeça, presa ao corpo ou avulsa (sim, é possível congelar só a cabeça), fica no fundo do cilindro, para que, em caso de vazamento, demore mais a descongelar.

25) Gabarito: C. Comentário: Somente a opção C traz um termo abstrato em destaque: "bondade", que pode equivaler a "presentes". Nas demais opções, a metonímia se constrói pelo emprego de substantivos concretos: A) "Camões" por "texto escrito por Camões"; B) "parati" por "bebida produzida na cidade de Parati"; D) "teto" por "casa"; E) pratos por "porção de feijoada".

26) Gabarito: E. Comentário: A diácope consiste na repetição de uma mesma palavra intercalada com outra ou outras (por exemplo: "Tu só tu me cativas", "Ser ou não ser", "feliz dia, feliz noite"). No enunciado da opção E, "Homem é lobo do homem", temos uma metáfora. Nas demais alternativas, está correta a classificação das frases destacadas: símile (comparação), prosopopeia (personificação), perífrase e oximoro (paradoxo).

27) Gabarito: D. Comentário: O candidato deve escolher a opção que traz a análise **incorreta**. Opção A) Correta. "Desleal", vocábulo derivado, formado pela adjunção do prefixo "des" à forma "leal". Opção B) Correta. "Espaçosa", vocábulo derivado, formado pela adjunção do sufixo "osa" à forma "espaço". Opção C) Correta. "Enrubescer", vocábulo derivado, formado pela adjunção simultânea de um prefixo ("en") e de um sufixo ("ecer"): en- + rub(ro) + -escer. Opção D) Incorreta. "Combate" é uma formação regressiva (também chamada deverbal), criada pela subtração do sufixo de um verbo (no caso, "combater"). Opção E) Correta. "Embora" é vocábulo composto pela fusão de diferentes radicais ("em boa hora"). Portanto, o gabarito é a D.

28) Gabarito: D. Comentário: A questão menciona três tipos de estratégias argumentativas:
I – Argumento de autoridade: baseia-se em citações diretas ou indiretas colhidas em fontes confiáveis, como textos de especialistas e técnicos de renome em determinada área, para sustentar um ponto de vista. É o caso do trecho (R) da questão que ora analisamos, citação indireta de um escrito do historiador e economista político David Landes: "há 250 anos a diferença de renda entre um habitante do país mais rico e outro do mais pobre era, talvez, de cinco para um";
II – Argumento por evidência: baseia-se em fatos verificáveis, como dados estatísticos e estudos publicados. É o caso do trecho (Q): "Os beneficiados que estão entre os 20% mais ricos da população mundial respondiam por 86% do consumo total, enquanto restava aos 20% mais pobres mirrado 1,3%";
III – Argumento por constatação: baseia-se em fatos observáveis, aceitos pelo senso comum. É o caso do trecho (P): "Os números que comprovam essa realidade são dramáticos e poderiam ter origem numa organização não governamental contrária à globalização". A associação correta é apresentada, portanto, na opção D: I – R; II – Q; III – P.

29) Gabarito: B. Comentário: A opção B é o gabarito, uma vez que "fosso" não está empregado aqui em seu sentido literal ('cavidade no solo'), mas como imagem que remete à desigualdade entre países ricos e pobres. Nas demais opções, há equívoco na análise dos trechos destacados.

30) Gabarito: E. Comentário: Somente a opção E analisa corretamente o efeito causado pelo emprego da adversativa "mas" no primeiro parágrafo do texto e a intenção discursiva do autor.

31) Gabarito: B. Comentário: Para resolver esta questão, o candidato deve buscar nos períodos apresentados os instrumentos de coesão anafórica que retomam termos ou expressões mencionados anteriormente. Dos cinco períodos, quatro contêm elementos anafóricos, exceto o 2.º, o que indica que é aí que o texto começa. Assim temos:
(3) Eles estão nas conversas do filósofo grego Sócrates, quando falava na administração como uma habilidade pessoal separada do conhecimento técnico. (O pronome "eles" retoma o substantivo "registros" do período 2.)
(1) É sabido que Taylor é o pai da administração científica. (Primeiro período do texto, não apresenta elementos de coesão com os demais.)
(5) Desde tempos remotos, o grande desafio da administração pública consistia em buscar a chamada governabilidade, que nada mais é que a habilidade de governar. (Período que conclui o texto. A expressão "desde tempos remotos" remete aos três períodos anteriores.)
(2) Mas a administração é algo que remonta a antes da era cristã e, ao buscarmos com paciência e persistência, veremos registros sobre a habilidade de administrar. (A conjunção adversativa "mas" enlaça este período ao 1.º, apontando uma oposição entre a administração da era cristã e a administração científica de Taylor.)
(4) Seu precursor, Platão, preocupou-se ainda com os problemas políticos e sociais inerentes ao desenvolvimento social e cultural do povo grego ao expor seu ponto de vista sobre a forma democrática de administração dos negócios públicos. (A expressão "seu precursor" retoma "o filósofo grego Sócrates" do período 3.)

32) Gabarito: D. Comentário: Diante da opção D, nosso ímpeto é descartá-la, entendendo que o inseto se assemelha ao morcego pelo formato e/ ou pela aparência assustadora. Ainda que "feiura" seja um critério um tanto subjetivo, ao analisarmos as demais opções, chegamos à conclusão de que esta é a que mais atende ao que é pedido no enunciado. Na opção A, "colorido" está por "brilho"; na B, "massagem" está por "maciez"; na C, "tamanho" está por "aspereza"; na E, "a tranquilidade" está por "o entusiasmo".

33) Gabarito: B. Comentário: A argumentação apresentada na questão evoca qualidades do réu ("engenheiro famoso", "ótimo funcionário", "pai de família exemplar") que nada tem que ver com sua inocência diante da acusação de assassinato. Trata-se, portanto, de fuga do assunto. As demais opções estão incorretas porque: A) no círculo vicioso, uma ideia conduz a consequências ou conclusões que acabam por levar à situação inicial; C) no argumento autoritário, recorre-se ao poder e à superioridade para convencer o interlocutor (por exemplo, "sou advogado, por isso falo a verdade"); D) na generalização excessiva, estende-se a observação dos fatos do caso isolado a um conjunto de casos possíveis; E) na simplificação exagerada, reduz-se uma questão complexa à solução fácil ("para acabar com a fome no mundo, basta dividir a renda mundial igualmente entre todos").

34) Gabarito: E. Comentário: O candidato pode tender a marcar a opção A, mas a correta é a E: "dissenso" está empregado no texto com o sentido de 'conflito', isto é, 'desacordo de opiniões, ideias, posições'.

35) Gabarito: E. Comentário: Analisando cada uma das opções, temos: A) incorreta - ainda que o texto "mostre detalhes bastante pitorescos dos objetos descritos", como a coberta de pele de leopardo e o boné de feltro delicado, são detalhes que não contribuem para a criação de uma história realista e verdadeira, como requer o enunciado; B) incorreta - o narrador chama a atenção justamente para o que há de excepcional nos detalhes que indica; C) incorreta - a banalidade da situação é traço que não dispensa uma descrição detalhada por parte do narrador; D) incorreta - pelo contexto, depreende-se que o narrador não tem familiaridade com o ambiente nem com os as duas pessoas que lá estão; E) correta - podemos identificar esse tipo de descrição, em que se destaca a banalidade dos dois personagens, nas seguintes passagens: "uma [pessoa], dobrada, dormia profundamente", "o boné pareceu ser de feltro branco, bastante delicado", "o outro viajante, uma aparência simpática, parecia ter passado dos trinta anos e mostrava-se como figura insignificante". Deste modo, nosso gabarito é a opção E.

36) Gabarito: C. Comentário: Vale destacar a diferença entre coerência e veracidade. A questão pede que o candidato identifique a frase coerente, isto é, aquela em que há consonância com certos princípios do pensar, não mencionando se a informação nela contida deve ser verdadeira ou não. Por esse motivo, a opção C é o gabarito. As demais alternativas são incoerentes porque: A) sendo o parque um local a céu aberto, tanto faz estar a porta aberta ou fechada; B) só quem tem um cachorro pode levá-lo para passear; D) como o telespectador assiste ao jogo pela TV, seu chapéu não pode cair na quadra; E) depois da morte, não há como processar um hospital.

37) Gabarito: A. Comentário: Para que uma afirmativa seja considerada correta, tudo o que declara deve ser verdadeiro. Se somente parte dela estiver certa, a opção é considerada incorreta. Opção A) correta - o poeta é retratado como uma figura heroica e mal interpretada que persiste em sua missão de criar arte ("Reatas a obra a imortal da caravana santa/ Dos teus mortos irmãos, vencendo o mesmo estorvo/ Tragando o mesmo fel, haurindo o mesmo sorvo/ Do veneno letal, que aos cobardes quebranta!"; "Ornas a Terra"; "A sustentar, cantando, intérmina peleja"; "[...] o mundo em tua luz imerso"; "Doirando as almas como o sol doira o Universo!"), apesar do cenário de hostilidades ("a Terra, ingrata, te apedreja"/ "É um louco! - brada o mundo [...]"); opção B) incorreta - o poeta é retratado não como "ser efêmero" mas como ser que se eterniza por meio de sua arte ("Porque o Infinito tens na mente e os pões no verso"); opção C) incorreta - não há menção à derrota do poeta; pelo contrário, o poeta continua criando, apesar de tudo ("Mas segue o raio astral, que pelo Azul dardeja/ Doirando as almas como o sol doira o Universo!"); opção D) incorreta - o emprego de termos como "Deus" e "almas" ocorre em contexto metafórico, que nada tem que ver com religiosidade tradicional; opção E) incorreta - o poema não faz menção ao alheamento do poeta nem à tentativa de expressão de suas emoções.

38) Gabarito: E. Comentário: A figura de linguagem empregada no trecho "a Terra, ingrata, te apedreja" é a personificação (ou prosopopeia), uma vez que a Terra está representada como detentora de propriedades humanas: o sentimento da ingratidão e a capacidade de atirar pedras. A única passagem, dentre aquelas apresentadas, em que ocorre também a personificação é "Mas segue o raio astral, que pelo Azul dardeja".

Aqui, o raio astral dardeja, arremessa dardos, como fazem os seres humanos. Nosso gabarito é, portanto, a opção E. As passagens das demais opções não apresentam quaisquer formas de personificação.

39) Gabarito: C. Comentário: A questão avalia a capacidade do candidato de empregar corretamente os sinônimos do verbo "cair" nos diferentes contextos. Vale lembrar que a identidade dos sinônimos é muito relativa e deve ser examinada caso a caso; isso porque eles assumem sentidos "ocasionais" que no contexto um não pode ser empregado pelo outro sem que se quebre o matiz da expressão. O candidato deve atentar, então, para a natureza do sujeito (e por vezes do complemento) em cada opção e a adequação do verbo a ele relacionado. Em "A pedra despencou", o verbo "despencar" tem o sentido de 'cair de muito alto', que geralmente ocorre com sujeito substantivo concreto que designa objetos móveis, como "pedra". Seu emprego está, portanto, correto do ponto de vista semântico. Já nas demais alternativas, há inadequação porque: A) no sentido de 'chegar ao fim', com sujeito "tarde", não é possível a substituição de "cair" por "tombar"; B) "desmoronar" tem o sentido de "ruir" e se refere a sujeito do tipo "construção vertical", como "edifício", "muro", "parede", "fortificação", etc., não sendo o caso de "palanque"; D) "demolir" é verbo transitivo direto que exige complemento ("demolir algo"), não sendo possíveis construções intransitivas como "o muro demoliu"; E) "precipitar" tem o sentido de 'cair de ponto muito elevado' e não se aplica ao contexto da frase em questão ("Tropecei na cadeira da sala e precipitei-me no sofá").

40) Gabarito: A. Comentário: Na opção A, "em nosso bairro" figura como um elemento dêitico, cujo referente só se pode depreender da situação em que o enunciado é produzido. Sem contexto, não é possível determinar a quem "nosso" se refere e de que bairro se trata. Caso o bairro estivesse identificado na oração, o segmento deixaria de ser dêitico: "Amanhã começam as obras em nosso bairro, Botafogo". Na opção C, ainda que "Rio de Janeiro" não esteja especificado textualmente, depreende-se, pela informação da frase e pela inicial maiúscula da palavra "Rio", que se trata da cidade do Rio de Janeiro. Já nas demais opções, os termos em destaque estão devidamente especificados: B) "hoje" refere-se ao dia 15 de novembro; D) "eles" refere-se ao autor e ao leitor; E) "o quadro" refere-se a "O Dormitório", de Van Gogh.

41) Gabarito: B. Comentário: Chamam-se cognatas as palavras que pertencem a uma família de raiz e significação comuns. Na opção B, "paz" e "pacífico" pertencem à mesma família (provêm do latim *pax*), sendo o vocábulo intruso "paciente" (do latim *pati*, 'sofrer'). As demais opções apresentam séries de palavras cognatas.

42) Gabarito: C. Comentário: Oswald de Andrade brinca com as diferenças de pronúncia que separam o falar popular regional do falar do estrato culto, representado pelo próprio eu-lírico do poema. Nosso gabarito é, portanto, a opção C. Já as demais opções encerram afirmativas incorretas.

43) Gabarito: A. Comentário: Está correta a opção A, uma vez que o pronome possessivo "seus" refere-se a "os gatos" ("os seus donos" equivale a "os donos dos gatos"). Nas demais opções, o correto seria: B) o pronome "os" refere-se a "donos"; C) o verbo "despertam" tem como sujeito "os gatos"; D) não há referência a cachorros no período apresentado; E) o advérbio "antes" refere-se a "antes do momento em que os seus donos vão acordar".

44) Gabarito: D. Comentário: No período que ora analisamos, a oração "para poderem curtir a praia mais tarde" exprime não a consequência, mas o objetivo, a finalidade, da declaração expressa na oração principal ("Os eleitores votaram pela manhã"). Trata-se, portanto, de uma oração subordinada adverbial final. As demais opções estão corretas: A) o agente ("os eleitores") é o ser que realiza o processo descrito na oração; B) o processo é designado pelo verbo da oração ("votaram"); C) a localização temporal determina em que momento ocorre o processo ("pela manhã"); E) o beneficiário é aquele favorecido pelo processo indicado pelo verbo ("aos votantes").

45) Gabarito: D. Comentário: A) Incorreta. "Através" e "por meio de" são intercambiáveis neste contexto. B) Incorreta. A substituição por "compreender" não levaria à ocorrência de crase, uma vez que é verbo transitivo direto e não exige preposição. C) Incorreta. Neste caso, "também" indica inclusão, não comparação. D) Correta. O verbo "levar" está no presente do indicativo, que, em geral, encerra um fato real ou tido como tal (em oposição ao futuro do pretérito do indicativo ou a certas construções com o subjuntivo, por exemplo). E) Incorreta. A sequência "rapidamente, de forma relevante e personalizada" refere-se ao verbo "levar".

46) Gabarito: A. Comentário: Na última frase do texto, "Prefere delegar", ocorre a elipse do substantivo "procedimentos", complemento do verbo "delegar". Elipse é a omissão de um termo facilmente subentendido, ou por ter sido anteriormente enunciado ou sugerido, ou ainda por ser depreendido pela situação ou contexto. Sem a elipse, a frase se apresentaria desta forma: "Prefere delegar procedimentos." As figuras de linguagem indicadas nas demais opções não ocorrem na frase: B) aliteração (repetição de sons em palavras simetricamente dispostas); C) metáfora (translação de significado motivada pelo emprego em solidariedades); D) antítese (oposição de palavras ou ideias); E) paradoxo (expressão de pensamentos antitéticos aparentemente absurdos).

47) Gabarito: E. Comentário: A opção E é a única em que a troca dos termos alterou radicalmente o sentido da frase original. Dos quatro termos substituídos, apenas "inteligente" teve seu valor semântico mantido pelo sinônimo "perspicaz". Já "confiança" foi inadequadamente substituído por "arrepsia" ('estado de dúvida, incerteza, hesitação'); "perceptivo", por "inteligível" ('de fácil compreensão'); e "decisivo", por "perceptivo" ('capaz de perceber algo com facilidade').

48) Gabarito: B. Comentário: A asserção I é verdadeira. Já a asserção II é falsa, uma vez que, além das conjunções, há muitos outros elementos de coesão, como os pronomes, os advérbios, os sinônimos, os antônimos, as perífrases, as elipses, etc. Deste modo, nosso gabarito é a opção B.

49) Gabarito: C. Comentário: O enunciado pede indiretamente que o candidato identifique o período em que ocorre verbo no modo subjuntivo, em geral usado para expressar um desejo, um conselho ou uma ordem. É o caso da opção C, que traz o verbo "conhecer" na terceira pessoa do pretérito imperfeito do subjuntivo, expressando o desejo de quem fala (que os agricultores tivessem conhecimento de sua própria sorte).

50) Gabarito: E. Comentário: A objetividade e a neutralidade são marcas da narração em terceira pessoa, que descreve as ações da personagem sem jamais adentrar seu mundo psíquico. Deste modo, está correta a opção E. As demais opções estão incorretas, porque: A) o narrador, que não é um personagem da história, emprega a terceira pessoa; B) não há menção a outro personagem na cena narrada; C) só há um ponto de vista, o do narrador; D) trata-se não de um narrador onisciente, mas de um narrador observador.

PARTE III - ESCREVER BEM

A) Concordância, regência e colocação

Em português a *concordância* consiste em se adaptar a palavra determinante ao gênero, número e pessoa da palavra determinada, neste último caso quando verbo. A concordância pode ser nominal ou verbal.

Diz-se ***concordância nominal*** a que se verifica em gênero e número entre o adjetivo e o pronome (adjetivo), o artigo, o numeral ou o particípio (palavras determinantes) e o substantivo ou pronome (palavras determinadas) a que se referem.

Diz-se ***concordância verbal*** a que se verifica em número e pessoa entre o sujeito (e, às vezes, o *predicativo*) e o verbo da oração.

A concordância pode ser estabelecida de *palavra* para *palavra* ou de *palavra* para *sentido*. A concordância de *palavra* para *palavra* será *total* ou *parcial* (também chamada *atrativa*), conforme se leve em conta a totalidade ou a mais próxima das palavras determinadas numa série de coordenação.

CONCORDÂNCIA NOMINAL

A — Concordância de palavra para palavra

1. Há uma só palavra determinada

A palavra determinante irá para o gênero e número da palavra determinada:

Eu estou *quite*. / Nós estamos *quites*.

2. Há mais de uma palavra determinada

a) Se as palavras determinadas forem do mesmo gênero, a palavra determinante irá para o plural e para o gênero comum, ou poderá concordar, principalmente se vier anteposta, em gênero e número com a mais próxima:

A língua e (a) literatura *portuguesas* ou A língua e (a) literatura *portuguesa*.

b) Se as palavras determinadas forem de gêneros diferentes, a palavra determinante irá para o plural masculino, ou concordará em gênero e número com a mais próxima:

"Vinha todo coberto de negro: *negros* o elmo, a couraça e o saio." [Alexandre Herculano]

"*Calada* a natureza, a terra e os homens." [Gonçalves Dias]

3. Há uma só palavra determinada e mais de uma determinante

A palavra determinada irá para o plural ou ficará no singular, sendo, neste último caso, facultativa a repetição do artigo:

As séries quarta e quinta.

A quarta e quinta *série* (ou *séries*).

B — Concordância de palavra para sentido (referência)

A palavra determinante pode deixar de concordar em gênero e número com a *forma* da palavra determinada para levar em consideração, apenas, a referência a que esta alude: *o* (vinho) *champanha*, *o* (rio) *Amazonas*.

Entre os diversos casos de concordância pelo sentido, aparecem os seguintes:

1. As expressões de tratamento do tipo de *V.Ex.ª*, *V.S.ª*, etc.

V. Ex.ª é { *atencioso* (referindo-se a homem) / *atenciosa* (referindo-se a mulher) }

2. A expressão *a gente* aplicada a uma ou mais pessoas com inclusão da que fala.

"Pergunta *a gente* a si *próprio* (refere-se a pessoa do sexo masculino) quanto levaria o solicitador ao seu cliente por ter sonhado com o seu negócio." [Pinheiro Chagas *apud* Mário Barreto].

Obs.: Está correto neste caso também o emprego da concordância com a forma gramatical da palavra determinada: "Com estes leitores assim previstos, o mais acertado e modesto é a gente ser sincera." [Camilo Castelo Branco *apud* Mário Barreto]

3. O termo determinado é um coletivo seguido de determinante em gênero ou número (ou ambos) diferentes:

Acocorada em torno, *alegres*, a meninada *entusiasmada* brincava.

4. A palavra determinada aparece no singular e mais adiante o determinante no plural em virtude de se subentender aquela no plural:

"Não compres *livro* somente pelo título: ainda que pareçam *bons*, são muitas vezes *péssimos*." [João Ribeiro]

C — Outros casos de concordância nominal

1. Um e outro, nem um nem outro, um e/ou outro

a) Um e outro

Determinado e verbo no singular ou no plural:

> "Alceu Amoroso Lima (...) teve a boa ideia de caracterizar e diferençar o ensaio e a crônica, dizendo que um e outro *gênero* se *afirmam* pelo estilo."

Modificado pelo adjetivo, este vai para o plural:

> "(...) e [Rubião] desceu outra vez, e o cão atrás, sem entender nem fugir, um e outro *alagados*, *confusos*." [Machado de Assis]

b) Nem um nem outro / Um e/ou outro

Verbo e substantivo no singular:

> Nem um nem outro *livro merece* ser lido.
> "Um e outro *soldado*, indisciplinadamente, *revidava*, disparando à toa, a arma para os ares." [Euclides da Cunha]

Havendo adjetivo, este vai para o plural:

> Nem um nem outro aluno *aplicados*.
> Um e/ou outro aluno *aplicados*.

2. Mesmo, próprio, só

Concordam com a palavra determinada em gênero e número:

> Ele *mesmo* disse a verdade.
> Elas *próprias* foram ao local.
> Nós não estamos *sós*.

3. Menos e somenos

Ficam invariáveis:

> Mais amores e *menos* confiança. (e não *menas*)
> "Há neles coisas boas e coisas más ou *somenos*." [Manuel Bandeira]

4. Leso

É adjetivo, por isso concorda com seu determinado em gênero e número:

> "Como se a substância não fosse já um crime de *leso-gosto* e *lesa-seriedade*, ainda por cima as pernas saíam sobre as botas." [Camilo Castelo Branco]

5. Anexo, apenso e incluso

Como adjetivos, concordam com a palavra determinada em gênero e número:

> Correm *anexos* (*inclusos*, *apensos*) aos processos vários documentos.
> Vai *anexa* (*inclusa*, *apensa*) a declaração solicitada.

Obs.: Usa-se invariável *em anexo, em apenso*: Vai *em anexo* (*em apenso*) a declaração./ Vão *em anexo* (*em apenso*) as declarações.

6. Dado e visto

Usados adjetivamente, concordam em gênero e número com o substantivo determinado:

> *Dadas* (*Vistas*) as circunstâncias, foram-se embora.

7. Meio

Com o valor de 'metade', usado adjetivamente, concorda em gênero e número com o termo determinado, claro ou oculto:

> Era *meio-dia e meia*. (Isto é: e *meia hora*.)

8. Pseudo e todo

Usados em palavras compostas ficam invariáveis:

> A *pseudo-harmonia* do universo o intrigava.
> A fé *todo-poderosa* que nos guia é nossa salvação.

9. Tal e qual

Tal, como todo determinante, concorda em gênero e número com o determinado:

> *Tais* razões não me movem.

Tal qual, combinados, também procedem à mesma concordância:

> Ele não era *tal quais* seus primos.
> Os filhos são *tais qual* o pai.

Obs.:

→ Em lugar de *tal qual*, podem aparecer: *tal e qual, tal ou qual*.

→ Não confundir *tal qual* flexionáveis com *tal qual, tal qual como* invariáveis, que valem por 'como': "Descerra uns sorrisos discretos, sem mostrar os dentes, *tal qual como* as inglesas de primeiro sangue." [Camilo Castelo Branco]

10. Possível

Com *o mais possível, o menos possível, o melhor possível, o pior possível, quanto possível*, o adjetivo *possível* fica invariável, ainda que se afaste da palavra *mais*:

> Paisagens o mais *possível* belas.

Com o plural *os mais, os menos, os piores, os melhores*, o adjetivo *possível* vai ao plural:

> Paisagens as mais belas *possíveis*.

Fora destes casos, a concordância de *possível* se processa normalmente:

> Sob todos os pontos de vista *possíveis*.

11. A olhos vistos

É tradicional o emprego da expressão *a olhos vistos* no sentido de 'claramente', 'visivelmente', em referência a nomes femininos ou masculinos:

> "(...) padecia calada e definhava *a olhos vistos*." [Machado de Assis]

12. É necessário paciência

Com as expressões do tipo é *necessário, é bom, é preciso*, significando 'é necessário ter', o adjetivo pode ficar invariável, qualquer que seja o gênero e o número do termo determinado, quando se deseja fazer uma referência de modo vago ou geral. Pode-se também fazer normalmente a concordância:

É *necessário* paciência.
É *necessária* muita paciência.
"Eram *precisos* outros três homens." [Aníbal Machado]

13. Adjetivo composto

Nos adjetivos compostos de dois ou mais elementos referidos a nacionalidades, a concordância em gênero e número com o determinado só ocorrerá no último adjetivo do composto:

Lideranças *luso-brasileiras*.

14. Alguma coisa boa *ou* alguma coisa de bom

Em *alguma coisa boa*, e semelhantes, o adjetivo (*boa*) concorda com o termo determinado (*coisa*).

Em *alguma coisa de bom*, e semelhantes, o adjetivo (*bom*) não concorda com *coisa*, sendo empregado no masculino.

Obs.: Por atração, pode-se fazer a concordância do adjetivo com o termo determinado que funciona como sujeito da oração: A vida nada tem de *trágica*.

15. Alternância entre adjetivo e advérbio

Há casos em que a língua permite usar ora o advérbio (invariável) ora o adjetivo ou pronome (variáveis):

"Vamos a falar *sérios*." [Camilo Castelo Branco]
Vamos a falar *sério*.
"Os momentos custam *caros*." [Rebelo da Silva]
Os momentos custam *caro*.
"A vida custa tão *cara* aos velhos quanto é *barata* para os moços." [Marquês de Maricá]
"Era esta a herança dos miseráveis, que ele sabia não escassearem na quase solitária e *meia* arruinada Carteia." [Alexandre Herculano]
"A voz sumiu-se-lhe, *toda* trêmula." [Eça de Queirós]

Observe-se que a possibilidade de flexões é antiga na língua e, assim, não há razão para ser considerada errônea, como fazem alguns autores. A distinção entre adjetivos (e pronomes) e advérbios só se dá claramente quando a palavra determinada está no feminino ou no plural, caso em que a flexão nos leva a melhor interpretar o termo como adjetivo. Na língua-padrão atual, a tendência é para, nestes casos, proceder dentro da estrita regra da gramática e usar tais termos sem flexão, adverbialmente. Entram nesta possibilidade de flexão as construções de *tanto mais*, *quanto menos*, *pouco mais*, *muito mais*, em que o primeiro elemento pode concordar ou não com o substantivo:

Com *quanto* mais *razão*, *muito* mais honra.
Com *quanta* mais *razão*, *muita* mais honra.
"*Poucas* mais *palavras* trocamos." [Camilo Castelo Branco]

Notemos que *alerta* é originariamente um advérbio e, assim, não aparece flexionado:

Estamos todos *alerta*.

Há uma tendência moderna para se usar desta palavra como adjetivo, podendo guardar a natureza da palavra invariável ou sofrer a flexão própria dos adjetivos. Junto de substantivo, *alerta* adquire significado e função de adjetivo:

"Ali, dia e noite, havia sempre duas espias *alerta*." [Bernardo Guimarães]
"A moça aguardava com inteligência curta, os sentidos *alertas*." [Carlos de Laet]

O adjetivo *quite* (= livre de dívida, de obrigação) deve concordar com o termo a que se refere:

Estou *quite*./ Estamos *quites*.

16. Particípios que passaram a preposição e advérbio

Alguns particípios passaram a ter emprego equivalente a preposição e advérbio (por exemplo: *exceto*, *salvo*, *mediante*, *não obstante*, *tirante*, etc.) e, como tais, normalmente devem aparecer invariáveis. Entretanto, não se perdeu de todo a consciência de seu antigo valor, e muitos escritores procedem à concordância necessária:

"Os tribunais, *salvas* exceções honrosas, reproduziam... todos os defeitos do sistema." [Rebelo da Silva]
"A razão desta diferença é que a mulher (*salva* a hipótese do cap. CI e outras) entrega-se por amor..." [Machado de Assis]

Como bem pondera Epifânio Dias, flexionar tais termos "é expressar-se na verdade com correção gramatical, mas de modo desusado". Deste modo, a língua moderna dá preferência a dizer "*salvo* exceções", "*salvo* a hipótese".

17. A concordância com numerais

Quando se empregam os cardinais pelos ordinais, não ocorre a flexão:

Página *um* (ou *primeira* página). Figura *vinte e um* (ou *vigésima primeira* figura).

Obs.: *Milhar* e *milhão* são masculinos e, portanto, não admitem seus adjuntos postos no feminino a concordar com o núcleo substantivo feminino:

Os milhares de pessoas (e não: *As milhares* de pessoas).
Os milhões de crianças (e não: *As milhões* de crianças).

18. A concordância com os adjetivos designativos de nomes de cores

Surgem as incertezas quando o nome de cor é constituído de dois adjetivos. Neste caso, a prática tem sido deixar o primeiro invariável na forma do masculino e fazer a concordância do segundo com o substantivo determinado:

bolsa amarelo-clara, *calças verde-escuras*, *olhos verde-claros*, *onda azul-esverdeada*

Exceções:

azul-marinho e *azul-celeste*, como adjetivo, ficam invariáveis: *jaquetas azul-marinho*, *olhos azul-celeste*.

Ambos os elementos ficam invariáveis nos adjetivos compostos que designam cores quando o segundo elemento é um substantivo:

> *olhos verde-água, lençol azul-turquesa, uniformes verde-oliva, paredes verde-abacate, bolsa amarelo-limão*

CONCORDÂNCIA VERBAL

A — Concordância de palavra para palavra

1. Há sujeito simples

a) Se o sujeito for simples e singular, o verbo irá para o singular, ainda que seja um coletivo:

> "Já no trem, o plano *estava* praticamente traçado." [João Ubaldo Ribeiro, *Diário do Farol*]
> "*Diz* o povo em Itaparica (...)." [João Ubaldo Ribeiro, *O conselheiro come*]

b) Se o sujeito for simples e plural, o verbo irá para o plural:

> "As mãos de alguém *taparam* os olhos de Bia." [Ana Maria Machado, *A audácia dessa mulher*]

2. Há sujeito composto

Se o sujeito for composto, o verbo irá, normalmente, para o plural, qualquer que seja a sua posição em relação ao verbo:

> "Na estação de Vassouras, *entraram* no trem Sofia e o marido, Cristiano de Almeida e Palha." [Machado de Assis, *Quincas Borba*]

Obs.:

→ Pode dar-se a concordância com o núcleo mais próximo, *se o sujeito vem depois do verbo*: "Foi neste ponto que *rompeu* o alarido, os choros e os chamados que ouvimos (...)." [Simões Lopes Neto, *Contos gauchescos e lendas do Sul*]

→ Quando o núcleo é singular e seguido de dois ou mais adjuntos, pode ocorrer o verbo no plural, como se se tratasse na realidade de sujeito composto: "(...) ainda quando a *autoridade paterna e materna fossem delegadas*..." [Almeida Garrett]

A concordância do verbo no singular é a mais corrente na língua-padrão moderna.

→ Pode ocorrer o verbo no singular ainda nos casos seguintes:

a) se a sucessão dos substantivos indicar gradação de um mesmo fato:

"A censura, a autoridade, o poder público, inexorável, frio, grave, calculado, lá *estava*." [Alexandre Herculano]

b) se se tratar de substantivos sinônimos ou assim considerados:

"O ódio e a guerra que declaramos aos outros nos *gasta e consome* a nós mesmos." [Marquês de Maricá]

"A infeliz, a desgraçada, a empesteada da moléstia *se recusara* a lhe dizer uma palavra de consolo (...)." [João Ubaldo Ribeiro, *Miséria e grandeza do amor de Benedita*]

c) se o segundo substantivo exprimir o resultado ou a consequência do primeiro:

"A doença e a morte de Filipe II (...) *foi* como a imagem (...)" [Rebelo da Silva]

d) se os substantivos formam juntos uma noção única:

O fluxo e refluxo das ondas nos *encanta*.

B — Concordância de palavra para sentido

Quando o sujeito simples é constituído de nome ou pronome no singular que se aplica a uma coleção ou grupo, o verbo irá ao singular:

O povo *trabalha*.
A gente *vai*.

C — Outros casos de concordância verbal

1. Sujeito constituído por pronomes pessoais

Se o sujeito composto é constituído por diferentes pronomes pessoais em que entra eu ou nós, o verbo irá para a 1.ª pessoa do plural:

"*Vínhamos* da missa ela, o pai e eu." [Machado de Assis, *Memórias póstumas de Brás Cubas*]

Se na série entra *tu* ou *vós* e nenhum pronome de 1.ª pessoa, o verbo irá normalmente para a 2.ª pessoa do plural:

"E, assim, te repito, Carlota, que Francisco Salter voltará, será teu marido, e *tereis* [isto é, *tu* e *ele*] larga remuneração dos sofrimentos que *oferecerdes* a seus..." [Camilo Castelo Branco, *Carlota Ângela*]

Obs.: Ou porque avulta como ideia principal o último sujeito, ou porque, na língua contemporânea, principalmente entre brasileiros, vai desaparecendo o tratamento *vós*, nestes casos, a norma consagrou o verbo na 3.ª pessoa do plural: *Tu e os teus* são dignos da nossa maior consideração.

2. Sujeito ligado por série aditiva enfática

Se o sujeito composto tem os seus núcleos ligados por série aditiva enfática (*não só... mas, tanto... quanto, não só... como*, etc.), o verbo concorda com o mais próximo ou vai ao plural (o que é mais comum quando o verbo vem depois do sujeito):

"Tanto o lidador como o abade *haviam* seguido para o sítio que ele parecia buscar com toda a precaução." [Alexandre Herculano]

3. Sujeito ligado por *com*

Se o sujeito no singular é seguido imediatamente de outro termo no singular ou no plural mediante a preposição *com*, ou locução equivalente, pode o verbo ficar no singular ou ir ao plural *para realçar a participação simultânea na ação*:

> O presidente, com toda sua comitiva, *estava* presente / *estavam* presentes.

4. Sujeito ligado por *nem... nem*

O sujeito composto ligado pela série aditiva negativa *nem... nem* leva o verbo normalmente ao plural e, às vezes, ao singular:

> "Mas *nem* a tia *nem* a irmã *haviam almoçado*, à espera dele (...)"; "O silêncio era pior que a resposta; e *nem* o caso *nem* as pessoas *permitiam* tão grande pausa." [Machado de Assis, *Helena*]

Constituído o sujeito pela série *nem um nem outro*, fica o verbo no singular:

> *Nem* Pedro *nem* Luísa *ganhou* o prêmio de melhor atleta do colégio.
> "Alguns instantes decorreram em que *nem* um *nem* outro *falou*; ambos pareciam (...)." [Machado de Assis, *A mão e a luva*]

5. Sujeito ligado por *ou*

O verbo concordará com o sujeito mais próximo se a conjunção indicar:

a) *exclusão*:

> "(...) a quem a doença *ou* a idade *impossibilitou* de ganharem o sustento..." [Alexandre Herculano]

b) *retificação de número gramatical*:

> Um *ou* dois livros *foram retirados* da estante.

c) *identidade* ou *equivalência*:

> O professor *ou* o nosso segundo pai *merece* o respeito da pátria.

Se a ideia expressa pelo predicado puder referir-se a toda a série do sujeito composto, o verbo irá para o plural; mais frequentemente, porém, pode ocorrer o singular.

> "A ignorância *ou* errada compreensão da lei não *eximem* de pena (...)." [Código Civil]
> "Mas aí, como se o destino *ou* o acaso, *ou* o que quer que fosse, se *lembrasse* de dar algum pasto aos meus arroubos possessórios (...)." [Machado de Assis, *Memórias póstumas de Brás Cubas*]

6. Sujeito representado por expressão como *a maioria dos homens*

Se o sujeito é representado por expressões do tipo de *a maioria de*, *a maior parte de*, *grande parte* (*número*) *de*, *parte de* e um nome no plural ou nome de grupo no plural, o verbo irá para o singular, ou plural, como se a determinação no plural fosse o sujeito:

> "(...) a maior parte deles *recusou* segui-lo com temor do poder da regente..." [Alexandre Herculano]
> "...e a maior parte dos esquadrões *seguiram*-nos..." [Alexandre Herculano]
> "Que quantidade de casas não *ruiu* [ou *ruíram*] com o temporal!" [José Gualda Dantas]

Entram neste caso expressões como *número*, *preço*, *custo* e outros seguidos de *de* + plural:

Número cada vez maior *de impostos prejudicam* a economia do homem comum.

Diferente destes é o caso em que o núcleo do sujeito não se refere à ideia de número. Nestas circunstâncias deve prevalecer a concordância do verbo no singular:

O nível das inadimplências *eleva* (e não: *elevam*) os cuidados dos comerciantes.

Obs.: Se se tratar de coletivo geral (e não partitivo como nos exemplos até aqui), o verbo ficará no singular: Uma *equipe* de médicos *entrou* em greve. / A *totalidade* dos feriados *caiu* na quinta-feira.

7. Sujeito representado por *cada um de* + plural

Neste caso, o verbo fica sempre no singular:

Cada um dos concorrentes deve preencher a ficha de inscrição (e não *devem preencher*!).

8. Concordância do verbo *ser*

O normal é que sujeito e verbo *ser* concordem em número:

José era um aluno aplicado.
Os dias de inverno são menores que os de verão.

Todavia, em alguns casos, o verbo *ser* se acomoda à flexão do predicativo:

a) quando um dos pronomes *isto*, *isso*, *aquilo*, *tudo*, *ninguém*, *nenhum* ou expressão de valor coletivo do tipo de *o resto*, *o mais* é sujeito do verbo ser:

"*Tudo eram* alegrias e cânticos." [Rebelo da Silva]

b) quando o sujeito é constituído pelos pronomes interrogativos *quem*, *que*, *o que*:

Quem eram os convidados?

c) quando o verbo *ser* está empregado na acepção de 'ser constituído por':

A provisão *eram alguns quilos* de arroz.

d) quando o verbo *ser* é empregado impessoalmente, isto é, sem sujeito, nas designações de horas, datas, distâncias, imediatamente após o verbo:

São dez horas? Ainda não *o são*.

Obs.: Precedido o predicativo plural de expressão avaliativa do tipo *perto de*, *cerca de* é ainda possível vir o verbo ser no singular: "*Era perto de* duas horas quando saiu da janela." [Machado de Assis]

e) quando o verbo *ser* aparece nas expressões *é muito, é pouco, é bom, é demais, é mais de, é tanto* e o sujeito é representado por termo no plural que denota preço, medida ou quantidade:

Dez reais *é pouco*.

Obs.: Se o sujeito está representado por pronome pessoal, o verbo *ser* concorda com o sujeito, qualquer que seja o número do termo que funciona como predicativo:

Ela era as preocupações do pai.

Se o sujeito está representado por nome próprio de pessoa ou lugar, o verbo *ser*, na maioria dos exemplos, concorda com o predicativo:

"Santinha *eram* dois olhos míopes, quatro incisivos claros à flor da boca." [Manuel Bandeira]

Na expressão que introduz narrações, do tipo de *era uma princesa*, o verbo *ser* é intransitivo, com o significado de 'existir', funcionando como sujeito o substantivo seguinte, com o qual concorda:

> "*Eram quatro irmãs tatibitates* e a mãe delas tinha muito desgosto com esse defeito." [Câmara Cascudo]

Com a expressão *era uma vez uma princesa*, continua o verbo *ser* como intransitivo e o substantivo seguinte como sujeito; todavia, como diz A.G. Kury, "a atração fortíssima que exerce *uma* da locução *uma vez*" leva a que o verbo fique no singular ainda quando o sujeito seja um plural:

> "*Era uma vez* três moças muito bonitas e trabalhadeiras." [Câmara Cascudo]

A moderna expressão *é que*, de valor reforçativo de qualquer termo oracional, aparece em geral com o verbo *ser* invariável em número:

> Nós **é que** somos brasileiros.

Afastado do *que* e junto do termo no plural, aparece às vezes o verbo *ser* no plural:

> *São* de homens assim *que* depende o futuro da pátria. / De homens assim *é que* depende o futuro da pátria.

Nas expressões que denotam operação aritmética do tipo *um e um*, *um mais um*, *um com um*, que funcionam como sujeito do verbo *ser* (*fazer*, *somar*, etc.), o verbo vai ao plural concordando normalmente com o sujeito:

> *Sete e sete são* catorze.

9. A concordância com *mais de um*

O verbo é em geral empregado no singular, sendo raro o aparecimento de verbo no plural:

> "(...) *mais de um* poeta *tem* derramado..." [Alexandre Herculano]

Se se tratar de ação recíproca, ou se a expressão vier repetida ou, ainda, se o sujeito for coletivo acompanhado de complemento no plural, o verbo irá para o plural:

> Mais de um *se xingaram*.

10. A concordância com *quais de vós*

Se o sujeito for constituído de um pronome plural de sentido partitivo (*quais*, *quantos*, *algumas*, *nenhuns*, *muitos*, *poucos*, etc.), o verbo concorda com a expressão partitiva introduzida por *de* ou *dentre*:

> "*Quais de vós sois*, como eu, desterrados no meio do gênero humano?" [Alexandre Herculano]

11. A concordância com os pronomes relativos

a) Se o sujeito da oração é o pronome relativo *que*, o verbo concorda com o antecedente, desde que este não funcione como predicativo de outra oração:

> "Ó tu, *que tens* de humano o gesto e o peito." [Luís de Camões]

b) Se o antecedente do sujeito *que* for um pronome demonstrativo, o verbo da oração adjetiva vai para a 3.ª pessoa:

> *Aquele que trabalha acredita* num futuro melhor.

c) Se o antecedente do pronome relativo funciona como predicativo, o verbo da oração adjetiva pode concordar com o sujeito de sua principal ou ir para a 3.ª pessoa:

> "Sou eu o primeiro que não *sei* classificar este livro." [Alexandre Herculano]
> Fui o primeiro que *conseguiu* sair.
> "Éramos dois sócios, que *entravam* no comércio da vida com diferente capital." [Machado de Assis]

d) É de rigor a concordância do verbo com o sujeito de *ser* nas expressões do tipo *sou eu que*, *és tu que*, *foste tu que*, etc.:

> "*Foste tu que* me buscaste." [Alexandre Herculano]

e) Se ocorrer o pronome *quem*, o verbo da oração subordinada vai para a 3.ª pessoa do singular, qualquer que seja o antecedente do relativo ou indefinido, ou concorda com o antecedente:

> *És tu quem me dá* alegria de viver. / *És tu quem me dás* alegria de viver.

f) Em linguagem do tipo *um dos... que*, o verbo da oração adjetiva pode ficar no singular (concordando com o seletivo *um*) ou no plural (concordando com o termo sujeito no plural):

> "*Um dos* nossos escritores modernos *que* mais *abusou* do talento, e que mais portentos auferiu do sistema..." [Alexandre Herculano]
> "Demais, *um dos que* hoje *deviam* estar tristes, eras tu." [Carlos de Laet]

O singular é de regra quando o verbo da oração só se aplica ao seletivo *um*. Assim nos dizeres "foi *um* dos teus filhos que *jantou* ontem comigo", "é *uma* das tragédias de Racine que se *representará* hoje no teatro", será incorreto o emprego do número plural; o singular impõe-se imperiosamente pelo sentido do discurso. [Ernesto Carneiro Ribeiro]

12. A concordância com os verbos impessoais

Nas orações sem sujeito, o verbo assume a forma de 3.ª pessoa do singular:

> *Há* vários nomes aqui.
> *Deve haver* cinco premiados.
> Irei já, *haja* os empecilhos que *houver*.
> Não o vejo *há* três meses.
> Não o vejo *faz* três meses.
> Já *passa* das dez horas.
> *Basta* de tantas travessuras!
> *Trata-se* de casos absurdos.

Note que, havendo locução verbal, o auxiliar também fica no singular:

Deve haver vários premiados.
Deve-se tratar de casos absurdos.

13. A concordância com *dar* (e sinônimos) aplicado a horas

Se aparece o sujeito *relógio*, com ele concorda o verbo da oração:

O relógio deu duas horas.

Não havendo o sujeito *relógio*, o verbo concorda com o sujeito representado pela expressão numérica:

Deram três horas.

14. A concordância com o verbo na reflexiva de sentido passivo

A língua-padrão pede que o verbo concorde com o termo que a gramática aponta como sujeito:

Alugam-se casas.
Vendem-se apartamentos.
Fazem-se chaves.

15. A concordância na locução verbal

Chama-se *locução verbal* a combinação das diversas formas de um verbo auxiliar com o infinitivo, gerúndio ou particípio de outro verbo que se chama *principal*. Na locução verbal, é somente o auxiliar que recebe as flexões de pessoa, número, tempo e modo: *haveremos de fazer, estavam por sair, iam trabalhando, tinham visto.*

Portanto, havendo locução verbal, cabe ao verbo auxiliar a flexão, concordando com a indicação do sujeito:

"Bem sei que me *podem vir* (sujeito indeterminado) com duas objeções que (sujeito explícito) geralmente se *costumam fazer*." [Antônio Feliciano de Castilho]

Com *poder* e *dever* seguidos de infinitivo, a prática mais generalizada é considerar a presença de uma locução verbal, isto é, fazendo-se que *poder* e *dever* concordem com o sujeito plural:

Podem-se dizer essas coisas. / *Devem-se* fazer esses serviços.

Todavia aparece o singular, corretamente:

"Não é com a embriaguez que se *deve celebrar os sucessos* felizes (...)" [Marquês de Maricá]

São ambas construções corretas e correntes que se distinguem por apresentar diferentemente a ênfase sobre o sujeito da oração. Quando, porém, o sentido determinar exatamente o sujeito verdadeiro, a concordância não pode ser arbitrária.

16. A concordância com a expressão *não* (*nunca*)... *senão* e sinônimas

O verbo que se interpõe na expressão exceptiva *não... senão* (ou *não... mais que*) concorda com o sujeito:

> "Ao aparecer o dia, por quanto os olhos podiam alcançar, *não se viam senão* cadáveres" [Alexandre Herculano].

O mesmo ocorre com *não* (*nunca*)... *mais que* (*mais do que*):

> *Não se viam mais do que* cadáveres. / *Não me couberam mais que* alegrias na vida.

17. A concordância com títulos no plural

Em geral se usa o verbo no plural, principalmente com artigo no plural:

> "Por isso, *as Cartas Persas anunciam* o Espírito das Leis." [Mário Barreto]

Com o verbo *ser* e predicativo no singular pode ocorrer o singular:

> "(...) *as Cartas Persas é* um livro genial..." [Mário Barreto]

Obs.: Em referência a topônimos como os Estados Unidos, os Andes, as Antilhas, as Bahamas, etc., em que a presença do artigo é comum, é frequente verbos e determinantes no plural:

"— Mas se *os Estados Unidos achassem* que não convinha ceder?" [Ana Maria Machado, *Tropical sol da liberdade*]

Com o verbo *ser* há possibilidade normal da concordância com o predicativo:

Os Estados Unidos é (ou: *são*) *um país* de história muito nova.
Os Andes é uma cordilheira.

18. A concordância no aposto

Quando a um sujeito composto se seguem, como apostos, expressões de valor distributivo como *cada um*, *cada qual*, o verbo, posposto a tais expressões, concorda com elas:

> "Pai e filho *cada um seguia* por seu caminho." [Epifânio Dias]

Se o verbo vem anteposto a essas expressões, dá-se normalmente a concordância no plural com o sujeito composto ou no plural:

> "(...) não era possível que os aventureiros *tivessem cada um* o seu cubículo" [José de Alencar].
> Eles *saíram cada um* com sua bicicleta.

Se o sujeito aparece ampliado por um aposto, permanece a obrigatoriedade da concordância do verbo com o sujeito:

> Muitos aspectos, *a maioria* talvez, *são* bem diversos.

19. A concordância com *haja vista*

A construção mais natural e frequente da expressão *haja vista*, com o valor de *veja*, é ter invariável o verbo, qualquer que seja o número do substantivo seguinte:

> "*Haja vista* os exemplos disso em Castilho." [Rui Barbosa]

Pode, entretanto, ocorrer o plural, considerando-se o substantivo no plural como sujeito:

> "*Hajam vista* os seguintes exemplos." [Cândido de Figueiredo]

Ocorre, ainda, a construção com o verbo no singular e substantivo precedido das preposições *a* ou *de*:

> "*Haja vista* às tangas." [Camilo Castelo Branco]

Não é correta a expressão *haja visto* (por exemplo: *Haja visto* o ocorrido).

20. A concordância do verbo com sujeito oracional

Fica no singular o verbo que tem por sujeito uma oração, que, tomada materialmente, vale por um substantivo do número singular e do gênero masculino:

> *Parece* que tudo vai bem.
> *É* bom que compreendas estas razões.
> Ainda *falta* entregar a prova aos alunos retardatários (e não *faltam*!).
> *Basta* ver os últimos resultados da pesquisa.
> *Falta* apurar os votos de duas urnas.
> Eis os fatos que me *compete* explicar a vocês.
> Não são poucos os casos que me *falta* elucidar.
> Esses crimes *cabe* à polícia averiguá-los.

Permanece no singular o verbo que tem como sujeito duas ou mais orações coordenadas entre si:

> "Que Sócrates nada escreveu e que Platão expôs as doutrinas de Sócrates *é sabido*." [João Ribeiro]
> Fumar e utilizar celulares não *será permitido* até a parada total da aeronave.

Por isso deve-se evitar o plural em casos como este retirado de jornal:

> "Tirar a roupa e pichar o traseiro não *parecem* atos libertários" (e sim: não *parece* atos libertários).

21. A concordância nas expressões de porcentagem

A tendência é fazer concordar o verbo com o termo preposicionado que especifica a referência numérica:

> Trinta por cento *do Brasil assistiu* à transmissão dos jogos da Copa.
> Trinta por cento *dos brasileiros assistiram* aos jogos da Copa.

Se for *um* o numeral que entra na expressão de porcentagem, o verbo irá para o singular:

> *Um por cento* dos erros *foi* devido a distrações.

Se o termo preposicionado não estiver explícito na frase, a concordância se faz com o número existente:

> Cinquenta por cento *aprovaram* a mudança. (Diferentemente de: Cinquenta por cento do público *aprovou* a mudança.)

Se a porcentagem for particularizada por artigo ou pronome, o verbo concordará com ela:

> *Os tais 10%* do empréstimo *estarão* (e não *estará*) embutidos no valor total.
> *Esses 20%* da turma *deverão* (e não: *deverá*) submeter-se à nova prova.

Se o verbo vier antes da expressão de porcentagem, ou se o termo preposicionado estiver deslocado, a concordância se fará com o número existente:

> *Ficou excluído 1%* dos candidatos.
> *Foram admitidos* este mês *10%* da lista.
> Da turma, *10% faltaram* às aulas.

22. A concordância em *Vivam os campeões!*

Unidades como *viva!*, *morra!* e similares podem guardar seu significado lexical e aparecer como verbos, ou, esvaziado esse valor, ser tratadas como formas interjetivas.

No primeiro caso, se fará normalmente a concordância com seu sujeito:

> "*Vivam* os meus dois jovens, disse o conselheiro, *vivam* os meus dois jovens, que não esqueceram o amigo velho." [Machado de Assis]

Todavia, a língua moderna revela acentuada tendência para usar, nestes casos, tais unidades no singular, dada a força interjetiva da expressão: *Viva* os campeões! A língua-padrão prefere que seja observada a regra geral de concordância com o sujeito.

Salve!, como pura interjeição de aplauso, não se flexiona; portanto:

> *Salve* os campeões!

Como flexão do verbo *salvar* (= livrar de dificuldade, de perigo), a concordância é feita normalmente:

> *Salvem* os animais silvestres! Eles correm perigo de extinção.

23. A concordância com *ou seja, como seja*

A norma exemplar recomenda atender à concordância do verbo com o seu sujeito:

> "Para que uma mina fosse boa, era preciso que desse pelo menos duas oitavas de ouro de 'cada bateada' — *ou sejam* 35.000 em moeda de hoje." [Carlos Góis]

Mas facilmente as expressões *ou seja*, *como seja* podem ser gramaticalizadas como unidade de significação explicativa e, assim, tornarem-se invariáveis:

> Todos os três irmãos já chegaram, *como seja*, Everaldo, João e Janete.

24. A concordância com *a não ser*

Faz-se a concordância normal com o sujeito do verbo:

> "Nesta Lisboa onde viveu e morreu, *a não serem* os raros apreciadores do seu talento, poucos o conheciam..." [José Joaquim Nunes]

25. A concordância nas expressões *perto de*, *cerca de* e equivalentes

O verbo concorda com seu sujeito:

Já *votaram cerca de* mil eleitores.
Em torno de dez dias se *passaram* sem que houvesse distúrbios.
Perto de dois terços de sua vida *foram perdidos* no jogo.

Se o sujeito está no singular, o verbo vai para o singular:

Apodreceu cerca de uma tonelada de carne.

Obs.: Vale mencionar que o verbo *ser* impessoal, nas designações de horas, datas, distâncias, precedido o predicativo plural de expressão avaliativa do tipo *perto de*, *cerca de*, pode vir no singular ou no plural:

"*Era perto de duas horas* quando saiu da janela." [Machado de Assis] / "*Eram perto de oito horas*." [Idem]

26. A concordância com a expressão *que é de*

Ocorrendo a expressão *que é de*, com o valor de 'que é feito de', o verbo aparecerá sempre no singular:

Que é dos papéis que estavam aqui?

27. A concordância com a expressão *que dirá*

Com a expressão *que dirá*, em construções comparativas opositivas com valor aproximado de 'quanto mais / menos', fica invariável o verbo em número e pessoa:

Se você errou, *que dirá* eu.
Se você não é feliz, *que dirá* eles.

REGÊNCIA

É o processo sintático em que uma palavra determinante subordina uma palavra determinada. A marca de subordinação é expressa, nas construções analíticas, pela preposição.

1. A preposição comum a termos coordenados

A preposição que serve a dois termos coordenados pode vir repetida ou calada junto ao segundo (e aos demais termos), conforme haja ou não desejo de enfatizar o valor semântico da preposição:

As alegrias *de* infância e *de* juventude. / As alegrias *de* infância e juventude.

A omissão da preposição parece ser mais natural quando não se combina com artigo.

2. Está na hora da onça beber água

A possibilidade de se pôr o sujeito de infinitivo antes ou depois desta forma verbal nos permite dizer:

Está na hora de beber a onça água. (posição rara)
Está na hora de a onça beber água. (posição mais frequente)

Este último meio de expressão aproxima dois vocábulos (a preposição *de* e o artigo *a*) que a tradição do idioma contrai em *da*, surgindo assim um terceiro modo de dizer: *Está na hora da onça beber água*, construção normal que não tem repugnado os ouvidos dos que melhor falam e escrevem a língua portuguesa.

Outros exemplos: "Sabe como eu sempre apreciei essa espécie de escritos, e o que pensei deste livro antes *dele sair* do prelo." [Machado de Assis]; "A febre, já começada antes *dela sair*, tomara conta enfim da pobre moça." [Idem]; É tempo *da gente rir*; Está na hora *dela chegar*, etc.

3. Eu gosto de tudo, exceto isso ou exceto disso

Pode-se tanto dizer corretamente *Eu gosto de tudo, exceto isso* ou *Eu gosto de tudo, exceto disso.*

4. Migrações de preposição

Com muita frequência vê-se a preposição que deveria aparecer com o relativo migrar para junto do antecedente deste pronome:

Lisboa e Porto, das quais cidades venho agora por *Lisboa e Porto, cidades das quais venho agora.* [José Leite de Vasconcelos]

5. Repetição de prefixo e preposição

Sem atentar para a tradição do idioma e de suas raízes latinas, alguns autores condenam a concorrência de prefixo com preposição em usos como: *con*correr **com**, *de*duzir *de*, *de*pender *de*, *in*cluir *em*, *a*derir *a*, *con*cordar *com*, *co*incidir *com*, etc. Daí repudiarem, por exemplo, a construção *consentâneo com*, recomendando que se diga *duas coisas consentâneas* em vez de *uma coisa consentânea com outra*. Também substituem *uma coisa coincide com outra* por *uma coisa incide na outra*. Consideramos excessiva esta prática, visto que a repetição tem a consagração do uso dos melhores escritores da língua.

6. Complementos de termos de regências diferentes

O rigor gramatical exige que não se dê complemento comum a termos de regência de natureza diferente. Assim não podemos dizer, de acordo com este preceito:

Entrei e saí de casa, em vez de *Entrei em casa e dela saí* (ou equivalente), porque *entrar* pede a preposição *em* e sair a preposição *de.*

Salvo as situações de ênfase e de encarecimento semântico de cada preposição, a língua dá preferência às construções abreviadas que a gramática insiste em condenar, sem, contudo, obter grandes vitórias.

7. Termos preposicionados e pronomes átonos

Tanto se pode dizer *não fujas de mim* como *não me fujas.*

8. Pronomes relativos preposicionados ou não

O pronome relativo exerce função sintática na oração a que pertence:

a) *Sujeito*: O livro *que* está em cima da mesa é meu.

b) *Objeto direto*: O livro *que* eu li encerra uma bonita história.

c) *Predicativo*: Dividimos o pão como bons amigos *que* éramos.

d) *Complemento relativo*: O livro *de que* precisamos esgotou-se.

e) *Objeto indireto*: Este é o aluno *a que* dei o livro.

f) *Adjunto adverbial*: O livro *por que* aprendeste a ler é antigo. / A casa *em que* moro é espaçosa.

g) *Agente da passiva*: Este é o autor *por que* a novela foi escrita.

As três primeiras funções sintáticas dispensam preposição, enquanto as quatro últimas a exigem.

9. Verbos a cuja regência se há de atender na língua-padrão

1) ***Abraçar***: pede objeto direto: Eu *o* abracei pelo seu aniversário.

2) ***Acudir***: pede complemento preposicionado ou *lhe* quando significa 'socorrer', 'ajudar', 'lembrar', 'responder': O irmão sempre acudia *ao filho*. / O médico *lhe* acudiu na hora certa.

Nestes dois primeiros empregos, também é possível a construção com objeto direto: O irmão sempre acudia *o filho* (acudia-*o*) e O médico *o* acudiu na hora certa.

Não *lhe* acudia no momento o endereço da loja. / A aluna acudirá *ao professor* quando ele a arguir.

3) ***Adorar***: pede objeto direto: Ela *o* adorava.

4) ***Agradar***: pede objeto direto quando significa 'acariciar', 'fazer carinhos': O pai *a* agradava.

No sentido de 'ser agradável', exige objeto indireto com a preposição *a*: A resposta não agradou *ao juiz*. / A resposta não *lhe* agradou.

5) ***Ajudar***: pede objeto direto ou indireto: Ajudava *os* / *aos* necessitados.

6) ***Aspirar***: pede objeto direto quando significa 'sorver', 'chupar', 'atrair o ar aos pulmões': Aspiramos *o perfume* das flores.

No sentido de 'pretender com ardor', 'desejar', pede complemento preposicionado: Sempre aspirava *a uma boa colocação*.

7) ***Assistir***: pede complemento preposicionado iniciado pela preposição *a* quando significa 'estar presente a', 'presenciar'; 'ver e/ou ouvir': Assistir *ao* acidente. / Assistir *ao* concerto.

No sentido de 'ajudar', 'prestar socorro ou assistência', 'servir', 'acompanhar', pede *indiferentemente* objeto direto ou complemento preposicionado: Assistir *o* / *ao* doente.

No sentido de 'morar', 'residir' — emprego que é clássico e popular — constrói-se com a preposição *em*: "Entre os que assistiam *em* Madri..." [Augusto Rebelo da Silva]

No sentido de 'ser da competência ou atribuição de alguém' (assistir o direito), pede complemento preposicionado de pessoa: Não *lhe* assiste o direito de reclamar.

8) ***Atender***: pede objeto direto ou complemento preposicionado: *atender os* / *aos* pedidos; atender *as* / *às* vítimas; atender *o* / *ao* telefone; atender *os* / *aos* ministros, etc.

9) ***Atingir***: não se constrói com a preposição *a*: A quantia *atingiu cinco mil reais.* (E não: *a cinco mil reais.*)

10) ***Chamar***: no sentido de 'solicitar a presença de alguém', pede objeto direto: Eu chamei *José.* / Eu *o* chamei.

No sentido de 'dar nome', 'apelidar' pede objeto direto ou complemento preposicionado e predicativo do objeto, com ou sem preposição: Chamam-*lhe herói.* / Chamam-*lhe de herói.* / Nós *o* chamamos *herói.* / Nós *o* chamamos *de herói.*

No sentido de 'invocar pedindo auxílio ou proteção', rege objeto direto com a preposição *por* como posvérbio: Chamava *por todos os santos.*

11) ***Chegar***: pede a preposição *a* junto à expressão locativa: Cheguei *ao* colégio com pequeno atraso.

Obs.: Em *cheguei na hora exata*, a preposição *em* está usada corretamente porque indica tempo, e não lugar.

12) ***Conhecer***: pede objeto direto: Ele *a* conheceu na festa.

13) ***Convidar***: pede objeto direto: Não *o* convidaram à festa.

14) ***Custar***: no sentido de 'ser difícil', 'ser custoso', tem por sujeito aquilo que é difícil: Custam-me *estas respostas.*

15) ***Ensinar***: constrói-se com objeto indireto de pessoa e direto da coisa ensinada: Quero ensinar-*lhe esse caminho.*

16) ***Esperar***: pede objeto direto puro ou precedido da preposição *por*, como posvérbio (marcando interesse): Todos esperavam (*por*) *Antônio.*

17) ***Esquecer***: pede objeto direto da coisa esquecida: *Esqueci os livros* na escola.

Esquecer-se, pronominal, pede complemento preposicionado encabeçado pela preposição *de*: *Esqueci-me dos livros.*

18) ***Impedir***: constrói-se com objeto direto de pessoa e é regida da preposição *de* a coisa impedida: Impediu-*o de sair cedo.* Inversamente, pode construir-se com objeto indireto de pessoa e direto da coisa impedida: Impedi *ao José* (impedi-*lhe*) *sair cedo.*

19) ***Implicar***: no sentido de 'produzir como consequência', 'acarretar', pede objeto direto: Tal atitude não implica *desprezo.*

Obs.: Deve-se evitar, na língua-padrão, o emprego da preposição *em* neste sentido (*implica em* desprezo), apesar de uso divulgado.

20) *Informar*: pede tanto objeto direto da pessoa informada e preposicionado de coisa (com *de* ou *sobre*) quanto, inversamente, objeto indireto de pessoa e direto da coisa informada: Informei-*o do* (ou: *sobre o*) *andamento do processo*. Ou: Informei *ao peticionário* (informei-*lhe*) *o andamento do processo*.

21) *Ir*: pede a preposição *a* ou *para* junto à expressão de lugar: Fui *à* cidade. / Foram *para* Paris.

A construção *Fui na cidade* é registro coloquial, informal, popular.

22) *Lembrar*: pede objeto direto na acepção de 'recordar': As vozes lembram *o pai*.

No sentido de 'trazer algo à lembrança de alguém', constrói-se com objeto direto da coisa lembrada e indireto da pessoa: Lembrei-*lhe o aniversário da prima*.

Na acepção de 'algo que vem à memória', tem como sujeito a coisa que vem à memória e objeto indireto de pessoa, mas neste sentido é mais comum o emprego do verbo como pronominal: O filho pouco *se lembra das feições* do pai.

23) *Morar*: pede a preposição *em* junto à expressão de lugar. É ainda esta preposição que se emprega com *residir*, *situar* e derivados.

24) *Obedecer*: pede complemento preposicionado: obedecer *às* normas de trânsito; obedecer *ao* guarda.

25) *Obstar* (= criar obstáculo a; opor-se): pede complemento preposicionado: "É certo que outros entendiam serem úteis os castigos materiais para obstar *ao progresso* das heresias..." [Alexandre Herculano]

26) *Pagar*: pede objeto direto do que se paga e indireto de pessoa a quem se paga: Paguei-*lhe a consulta*.

27) *Perdoar*: pede objeto direto de coisa perdoada e indireto de pessoa a quem se perdoa: Eu *lhe* perdoei *os erros*. / Não *lhe* perdoamos.

No português atual vem sendo empregado objeto direto de pessoa: Não *o* perdoo.

28) *Pesar*: na expressão *em que pese a* no sentido de 'ainda que (algo) seja pesaroso, custoso ou incômodo (para alguém)', usa-se o verbo no singular seguido de preposição: *Em que pese aos* meus pais, desta vez não poderei fazer o que me pedem.

O mesmo ocorre com o sentido de 'apesar de; não obstante': *Em que pese aos* seus erros, vou perdoar-lhe.

Diferente desta construção é o emprego da locução conjuntiva concessiva *em que* (= ainda que), seguida do verbo *pesar* no seu sentido próprio. Neste caso não temos a locução *em que pese a*, e o verbo *pesar* concorda com seu sujeito: *Em que pesem os novos argumentos*, mantive a decisão.

29) *Preferir*: pede a preposição *a* junto ao seu objeto indireto: Prefiro a praia *ao campo* (e não: *do que o campo*). / Preferia estudar *a não fazer nada* (e não: *do que não fazer nada*).

Os gramáticos pedem ainda que não se construa este verbo com os advérbios *mais* e *antes* (prefiro *mais*, *antes* prefiro).

30) ***Presidir***: pede complemento sem preposição ou indireto com a preposição *a*: presidir *a sessão* ou presidir *à sessão*.

31) ***Proceder***: no sentido de 'iniciar', 'executar alguma coisa', pede complemento preposicionado com a preposição *a*: O juiz vai proceder *ao* julgamento.

32) ***Querer***: no sentido de 'desejar', pede objeto direto: A criança queria *uma bicicleta nova*.

Significando 'querer bem', 'gostar', pede objeto indireto de pessoa: Despede-se do amigo que muito *lhe* quer.

33) ***Requerer***: nos seus diversos sentidos pede objeto direto da coisa requerida e objeto indireto de pessoa a quem se requer: Requeri *minhas férias ao diretor*. / Requeri-*lhe minhas férias*. (Em lugar da preposição *a* pode aparecer a preposição *de*, neste caso é sinônimo de 'reclamar', 'exigir': Requeri *de todos* a devida atenção.)

34) ***Responder***: pede, na língua-padrão, objeto indireto de pessoa ou coisa a que se responde e direto do que se responde: Ela respondeu *aos seguidores*. / "O marido respondia *a tudo* com as necessidades políticas." [Machado de Assis]. / "— Viu-a, e não se lembrou de nada, observou Palha, sem responder *à pergunta*." [*Idem*] / "Agora mesmo, custava-me responder *alguma coisa*, mas enfim contei-lhe o motivo da minha ausência..." [*Idem*].

Obs.: A construção *responder a pergunta, o* e-mail (com objeto direto) é corrente no português do Brasil, apesar de condenada por alguns gramáticos.

Admite ser construído na voz passiva: "... um violento panfleto contra o Brasil que foi vitoriosamente *respondido por De Angelis*." [Eduardo Prado]

35) ***Satisfazer***: pede objeto direto ou complemento preposicionado: Satisfaço *o seu pedido*. / Satisfaço *ao seu pedido*.

36) ***Servir***: no sentido de 'estar ao serviço de alguém', 'pôr sobre a mesa uma refeição', pede objeto direto: Este criado há muito que *o* serve. / Ela acaba de servir *o almoço*.

No sentido de 'prestar serviço', pede complemento com a preposição *a*: Sempre servia *aos* amigos. / Ele agora serve *ao* Exército.

No sentido de 'oferecer alguma coisa a alguém', se constrói com objeto direto de coisa oferecida e indireto de pessoa: Ela *nos* (obj. ind.: *a nós*) serviu *gostosos bolinhos* (obj. direto).

No sentido de 'ser de utilidade', pede objeto indireto iniciado por *a* ou *para* ou representado por pronome (átono ou tônico): Isto não *lhe* serve; só serve *para ela*.

37) ***Socorrer***: no sentido de 'prestar socorro', pede objeto direto de pessoa: Todos correram para *socorrê-lo*.

Pronominalmente, com o sentido de 'valer-se de', pede complemento iniciado pelas preposições *a* ou *de*: Socorreu-se *ao empréstimo*. / Socorremo-nos *dos amigos* nas dificuldades.

38) ***Suceder***: no sentido de 'substituir', 'ser o sucessor de', pede complemento preposicionado da pessoa substituída: D. Pedro I sucedeu *a D. João VI*.

Também ocorre, com menos frequência, acompanhado de objeto direto de pessoa: O filho sucedeu *o pai.*

No sentido de 'acontecer algo a alguém ou com alguém', teremos sujeito como a coisa acontecida e complemento de pessoa precedido de *a* ou *com*: Sucederam *horrores a mim* (ou *comigo*).

39) ***Ver***: pede objeto direto: Nós *o* vimos na cidade (e não: *lhe* vimos!).

40) ***Visar***: no sentido de 'mirar', 'dar o visto em alguma coisa', pede objeto direto: Visavam *o chefe da rebelião.* / O diretor visou *o diploma.*

No sentido de 'pretender', 'aspirar', 'propor-se', pede de preferência complemento preposicionado iniciado pela preposição *a*: Estas lições visam *ao estudo da linguagem.* / Estas lições visam *a estudar a linguagem.*

41) ***Visitar***: pede objeto direto: Visitamos *a exposição de arte.*

COLOCAÇÃO

Sintaxe de colocação ou de ordem

É aquela que trata da maneira de dispor os termos dentro da oração e as orações dentro do período.

A *colocação*, dentro de um idioma, obedece a tendências variadas, quer de ordem estritamente gramatical, quer de ordem rítmica, psicológica e estilística, que se coordenam e completam. O maior responsável pela ordem favorita numa língua ou grupo de línguas parece ser a entonação oracional.

A ordem considerada *direta, usual* ou *habitual* consiste em enunciar, no rosto da oração, o sujeito, depois o verbo e em seguida os seus complementos.

A ordem que saia do esquema *svc* (*sujeito — verbo — complemento*) se diz *inversa* ou *ocasional.*

Chama-se *anástrofe* a ordem inversa da colocação do termo subordinado preposicionado antes do termo subordinante: *De teus olhos a cor vejo eu agora.* (por: *A cor de teus olhos.*)

Quando a colocação chega a prejudicar a clareza da mensagem, pela disposição violenta dos termos, diz-se que há um *hipérbato*: "*a grita se levanta ao céu da gente* por *a grita da gente se levanta ao céu.*" [Mattoso Câmara Jr.]

Quando a deslocação cria ambiguidade ou mais de uma interpretação do texto, alguns autores dão à forma o nome *sínquise.* É prática a ser evitada.

Quase sempre essa deslocação violenta dos termos oracionais exige, para o perfeito entendimento da mensagem, nosso conhecimento sobre as coisas e saber de ordem cultural: *Abel matou Caim.*

Pronomes pessoais átonos e o demonstrativo *o*

A colocação dos pronomes pessoais átonos e do demonstrativo *o* é questão de fonética sintática.

O pronome átono pode assumir três posições em relação ao vocábulo tônico, do grupo de força a que pertence: *ênclise*, *próclise* e *mesóclise* (ou *tmese*).

Ênclise é a posposição do pronome átono (vocábulo átono) ao vocábulo tônico a que se liga: Deu-*me* a notícia.

Próclise é a anteposição ao vocábulo tônico: Não *me* deu a notícia.

Mesóclise ou *tmese* é a interposição ao vocábulo tônico: Dar-*me*-á a notícia.

Critérios para a colocação dos pronomes pessoais átonos e do demonstrativo *o* a serem seguidos na língua-padrão

1. Em relação a um só verbo

1.º) Não se inicia *período* por pronome átono: "Deu-*me* as costas e voltou ao camarote." [Machado de Assis]

2.º) Não se pospõe, em geral, pronome átono a verbo flexionado em oração subordinada: "Confesso que tudo aquilo *me* pareceu obscuro." [Machado de Assis]

3.º) Não se pospõe pronome átono a verbo modificado diretamente por advérbio (isto é, sem pausa entre os dois, indicada ou não por vírgula) ou precedido de palavra de sentido negativo, bem como de pronome ou quantitativo indefinidos, enunciados sem pausa (*alguém*, *outrem*, *qualquer*, *muito*, *pouco*, *todo*, *tudo*, *quanto*, etc.): Sempre *me* recebiam bem./ Ninguém *lhe* disse a verdade./ Alguém *me* ama./ Todos *o* querem como amigo.

Se houver pausa, o pronome pode vir antes ou depois do verbo: "O poeta muitas vezes se delicia em criar poesia, não tirando-*a* de si (...)" [Marquês de Maricá]

4.º) Não se pospõe pronome átono a verbo no futuro do presente e futuro do pretérito. Se não forem contrariados os princípios anteriores, ou se coloca o pronome átono pro clítico ou mesoclítico ao verbo: "A leitora, que ainda *se lembrará* das palavras, dado que me tenha lido com atenção (...)" [Machado de Assis, Dom Casmurro] / "Teodomiro *recordar-se-á* ainda de qual foi o desfecho do amor de Eurico..." [Alexandre Herculano]

5.º) Não se pospõe ou intercala pronome átono a verbo flexionado em oração iniciada por palavra interrogativa ou exclamativa: "Quantos *lhe* dá?" [Machado de Assis] / Como *te* perseguem!

6.º) Não se antepõe pronome átono a verbo no gerúndio inicial de oração reduzida: Encontrei-o na condução, *cumprimentando-o* cordialmente.

2. Em relação a uma locução verbal

Temos de considerar dois casos:

a) Auxiliar + infinitivo: quero falar

OU

Auxiliar + gerúndio: estou falando

Se os princípios já expostos não forem contrariados, o pronome átono poderá aparecer:

1) Proclítico ao auxiliar: Eu *lhe quero* falar. / Eu *lhe estou* dizendo.

2) Enclítico ao auxiliar (ligado ou não por hífen): Eu *quero-lhe* falar. / Eu *estou-lhe* dizendo. Ou: Eu quero *lhe* falar. / Eu estou *lhe* dizendo.

A segunda maneira de dizer, isto é, deixar o pronome não hifenizado, é a mais comum entre brasileiros, porque está de acordo com nosso ritmo frasal.

Obs.: Não se usa a ênclise ao auxiliar da construção *haver de* + infinitivo. Neste caso se dirá *Havemos de ajudá-lo* ou *Havemos de o ajudar.*

3) Enclítico ao verbo principal (ligado por hífen): Eu quero *falar-lhe.* / Eu estou *dizendo-lhe.*

b) Auxiliar + particípio: tenho falado

Não contrariando os princípios iniciais, o pronome átono pode vir:

1) Proclítico ao auxiliar: Eu *lhe tenho* falado.

2) Enclítico ao auxiliar (ligado ou não por hífen): Eu *tenho-lhe* falado. / Eu *tenho lhe* falado.

Jamais se pospõe pronome átono a particípio: Eu tenho *falado-lhe.*

Entre brasileiros é mais frequente a próclise ao verbo principal em todos os exemplos dados: Eu tenho *lhe falado.*

Depois do particípio usamos a forma tônica do pronome oblíquo, precedida de preposição: Eu tenho *falado a ele.*

Posições fixas

A tradição fixou a próclise ainda nos seguintes casos:

1) Com o gerúndio precedido da preposição *em*: *Em me vendo*, gritou zangado.

2) Nas orações exclamativas e optativas, com o verbo no subjuntivo e sujeito anteposto ao verbo: Deus *te* ajude!

B) Ortografia, novo Acordo Ortográfico e pontuação

Semivogais e encontros vocálicos (ditongos, tritongos e hiatos)

Chamam-se *semivogais* os fonemas vocálicos /y/ e /w/ (orais ou nasais) que acompanham a vogal numa mesma sílaba. Os encontros de vogais e semivogais dão origem aos *ditongos* e *tritongos*, ao passo que o encontro de vogais dá origem aos *hiatos*.

Graficamente, a semivogal /y/ é representada pelas letras *i* (*cai*, *lei*, *fui*, *Uruguai*, etc.) nos ditongos e tritongos orais, e pela letra *e* (*mãe*, *pães*, etc.) nos ditongos nasais; a semivogal /w/ é representada pela letra *u* (*pau*, *céu*, *viu*, *guaucá*) nos ditongos e tritongos orais, e pela letra *o* (*pão*, *mão*, *saguão*, etc.) nos ditongos e tritongos nasais.

Ditongo é o encontro de uma vogal e de uma semivogal, ou vice-versa, na mesma sílaba: *p*ai, *m*ãe, *á*gua, *cár*ie, *mág*oa, *r*ei.

Os ditongos podem ser:

a) *crescentes* (glór*ia*, q*ua*ndo) ou decrescentes (b*ai*xo, b*em*).

Diz-se crescente quando começa pela semivogal: *ua* (ág*ua*), *ia* (glór*ia*). Diz-se decrescente quando começa pela vogal: *ai* (b*ai*xo), bem (= b*ẽi*).

b) *orais* (eq*ue*stre) ou *nasais* (m*ui*to). Os ditongos nasais são sempre fechados, enquanto os orais podem ser *abertos* (p*ai*, c*éu*, r*ói*, id*ei*a) ou *fechados* (m*eu*, d*oi*do, v*ei*a).

Nos ditongos nasais, são nasais a vogal e a semivogal, mas só se coloca o til sobre a vogal: m*ãe*.

Os principais **ditongos crescentes** são:

Orais:

1) /ya/: *glória, pátria, diabo, área, nívea*

2) /ye/: (= yi): *cárie, calvície*

3) /yɛ/: *dieta*

4) /yo/: *vário, médio, áureo, níveo*

5) /yɔ/: *mandioca*

6) /yo/: *piolho*

7) /yu/: *miudeza*

8) /wa/: *água, quase, dual, mágoa, nódoa*

9) /wi/: *linguiça, tênue*

10) /wɔ/: *quiproquó*

11) /wo/: *aquoso, oblíquo*

12) /we/: *coelho*

13) /wɛ/: *equestre, goela*

Obs.: A divisão silábica obedecerá às normas ortográficas, isto é, serão sempre *di-a-bo, man-di-o-ca, pi-o-lho, mi-ú-do, du-al, má-goa, sé-rie, gló-ria*. Este descompasso entre a realidade fonética e a ortografia só não será observado na divisão de sílabas métricas dos versos.

Nasais:

1) /ỹã/: *criança*

2) /ỹẽ/: *paciência*

3) /ỹõ/: *biombo*

4) /ỹũ/: *médium*

5) /w̃ã/: *quando*

6) /w̃ẽ/: *frequente, quinquênio, depoente*

7) /w̃ĩ/: *arguindo, quinquênio, moinho*

Os principais **ditongos decrescentes** são:

Orais:

1) /ay/: *pai, baixo*

2) /aw/: *pau, cacaus, ao*

3) /ɛy/: *réis, coronéis*

4) /ey/: *lei, jeito, fiquei*

5) /ɛw/: *céu, chapéu*

6) /ew/: *leu, cometeu*

7) /iw/: *viu, partiu*

8) /ɔy/: *herói, anzóis*

9) /oy/: *boi, foice*

10) /ow/: *vou, roubo, estouro*

11) /uy/: *fui, azuis*

Nasais:

1) /ãỹ/: *alemães, cãibra*

2) /ãw̃/: *pão, amaram* (= amárão)

3) /ẽỹ/: *bem* (= bẽi), *ontem* (= ontẽi)

4) /õỹ/: *põe, senões*

5) /ũỹ/: *mui* (= mũi), *muito* (= mũito)

Obs.: Nos ditongos nasais decrescentes /ẽỹ/, /ãỹ/ e /ãw̃/, a semivogal pode não vir representada na escrita. Escrevemos a interjeição *hem!* ou *hein!*, sendo que, a rigor, a primeira grafia é mais recomendável.

Tritongo é o encontro de uma vogal entre duas semivogais numa mesma sílaba. Os tritongos podem ser orais e nasais.

Orais:

1) /way/: *quais, paraguaio*

2) /wey/: *enxaguei, averigueis*

3) /wiw/: *delinquiu*

4) /wow/: *apaziguou*

Nasais:

1) /w̃ãw̃/:: *mínguam, saguão, quão*

2) /w̃ẽỹ/: *delinquem, enxáguem*

3) /w̃õỹ/: *saguões*

Obs.: Nos tritongos nasais /w̃ãw̃/ e /w̃ẽỹ/ a última semivogal pode não vir representada graficamente: *mínguam, enxáguem*.

Hiato é o encontro de duas vogais em sílabas diferentes por guardarem sua individualidade fonética: s*aí*da, c*aa*tinga, m*oi*nho.

Nos encontros vocálicos costumam ocorrer dois fenômenos: a *diérese* e a *sinérese*.

Chama-se ***diérese*** a passagem de semivogal a vogal, transformando, assim, o ditongo num hiato: *trai-ção = tra-i-ção*; *vai-da-de = va-i-da-de*.

Chama-se ***sinérese*** a passagem de duas vogais de um hiato a um ditongo crescente: *su-a-ve = sua-ve*; *pi-e-do-so = pie-do-so*; *lu-ar = luar*.

De acordo com a Nomenclatura Gramatical Brasileira (NGB) classificam-se as consoantes segundo quatro critérios:

a) Quanto ao *modo de articulação*: as consoantes podem ser *oclusivas, constritivas* e *nasais*. As constritivas se subdividem em *fricativas, laterais* e *vibrantes*.

b) Quanto à *zona de articulação*: as consoantes podem ser *bilabiais*; *labiodentais*; *linguodentais*; *alveolares*; *palatais*; *velares*.

c) Quanto ao papel das *cordas vocais*: as consoantes podem ser *surdas* e *sonoras*.

d) Quanto ao papel das *cavidades bucal e nasal*: as consoantes podem ser *orais* e *nasais*.

Encontro consonantal e dígrafo

Chamamos de **encontro consonantal** o seguimento imediato de duas ou mais consoantes de um mesmo vocábulo. Há encontros consonânticos pertencentes à mesma sílaba ou a sílabas diferentes.

O encontro consonantal /*cs*/ é representado graficamente pela letra x: *anexo, fixo.*

Não se deve confundir *dígrafo* ou *digrama* com encontro consonantal.

Dígrafo é o emprego de duas letras para a representação gráfica de um só fonema, já que uma delas é letra diacrítica (aquela que se junta a outra para lhe dar valor fonético especial e constituir um dígrafo. Em português, as letras diacríticas são *h, r, s, c, ç, u* para os dígrafos consonantais e *m* e *n* para os dígrafos vocálicos).

Há dígrafos para representar consoantes e vogais nasais. Os dígrafos para consoantes são os seguintes, todos inseparáveis, com exceção de *rr* e *ss, sc, sç, xc, xs*:

ch: chá	*xs*: exsudar /essu/ ('transpirar')
lh: malha	*rr*: carro
nh: banha	*ss*: passo
sc: nascer	*qu*: quero
sç: nasça	*gu*: guerra
xc: exceto	

Para as vogais nasais:

am ou *an*: campo, canto

em ou *en*: tempo, vento

im ou *in*: limbo, lindo

om ou *on*: ombro, onda

um ou *un*: tumba, tunda

Ortoepia

Ortoepia ou *ortoépia* é a parte da gramática que trata da correta pronúncia dos fonemas.

Preocupa-se não apenas com o conhecimento exato dos valores fonéticos dos fonemas, mas ainda com o ritmo, a entoação e expressão convenientes à boa elocução. A leitura em voz alta é excelente exercício para desenvolver tais competências.

Certos hábitos de grafia tendentes a preservar letras gregas e latinas que não constituem fonemas em português acabaram levando a que tais letras passassem a ser incorretamente proferidas. É o caso do dígrafo *sc* de *nascer*, *piscina*, etc.

Outras más soluções do sistema gráfico favorecem pronúncias, como ocorre com *sublinhar* (b-li), *ab-rogar* (ab-r), *ab-rupto* (ab-r), que já se ouvem como se aí estivesse grupo consonantal: *su-bli-nhar*, *a-brup-to*.

Prosódia

Prosódia é a parte da fonética que trata do correto conhecimento da sílaba predominante, chamada *sílaba tônica*.

Sílaba é um fonema ou grupo de fonemas emitido num só impulso expiratório.

Em português, o elemento essencial da sílaba é a *vogal*.

Quanto ao número de sílabas, dividem-se os vocábulos em:

a) *monossílabos* (se têm uma sílaba): *é*, *há*, *mar*, *de*, *dê*;

b) *dissílabos* (se têm duas sílabas): *casa*, *amor*, *darás*, *você*;

c) *trissílabos* (se têm três sílabas): *cadeira*, *átomo*, *rápido*, *cômodo*;

d) *polissílabos* (se têm mais de três sílabas): *fonética*, *satisfeito*, *camaradagem*, *inconvenientemente*.

Numa palavra nem todas as sílabas são proferidas com a mesma intensidade e clareza.

Há uma sílaba que se sobressai às demais por ser proferida com mais esforço muscular e mais nitidez e, por isso, se chama *tônica*. As outras sílabas se dizem *átonas* e podem estar antes (*pretônicas*) ou depois (*postônicas*) da tônica. Nas sílabas fortes repousa o acento tônico do vocábulo (*acento da palavra ou acento vocabular*).

Em português, quanto à posição do acento tônico, os vocábulos de duas ou mais sílabas podem ser:

a) *oxítonos*: o acento tônico recai na última sílaba: *materi**al***, *princi**pal***, *ca**fé***;

b) *paroxítonos*: o acento tônico recai na penúltima sílaba: ***bar**ro*, *pode**ro**so*, ***Pe**dro*;

c) *proparoxítonos*: o acento tônico recai na antepenúltima sílaba: ***só**lida*, *feli**cís**simo*.

Incluem-se entre os oxítonos os monossílabos tônicos, como já faziam os gregos.

ORTOGRAFIA E NOVO ACORDO ORTOGRÁFICO

Acentuação gráfica

A — Monossílabos ditos tônicos

Levam acento agudo ou circunflexo os monossílabos terminados em:

a) -a, -as: *já, lá, vás*;

b) -e, -es: *fé, lê, pés*;

c) -o, -os: *pó, dó, pós, sós*.

B — Vocábulos de mais de uma sílaba

1) Oxítonos (ou agudos)

Levam acento agudo ou circunflexo os oxítonos terminados em:

a) -a, -as: *cajás, vatapá, ananás, carajás*;

b) -e, -es: *você, café, pontapés*;

c) -o, -os: *cipó, jiló, avô, carijós*;

d) -em, -ens: *também, ninguém, vinténs, armazéns*.

Daí sem acento: *aqui, caqui, poti, caju, urubus*.

2) Paroxítonos (ou graves)

Levam acento agudo ou circunflexo os paroxítonos terminados em:

a) -i, -is: *júri, cáqui, beribéri, lápis, tênis*;

b) -us: *vênus, vírus, bônus*;

c) -r: *caráter, revólver, éter*;

d) -l: *útil, amável, nível, têxtil* (não *téxtil*);

e) -x: *tórax, fênix, ônix*;

f) -n: *éden, hífen* (mas: *edens, hifens*, sem acento);

g) -um, -uns: *álbum, álbuns, médium*;

h) -ão, -ãos: *órgão, órfão, órgãos, órfãos*;

i) -ã, -ãs: *órfã, ímã, órfãs, ímãs*;

j) -ps: *bíceps, fórceps*;

k) -on(s): *rádon, rádons*.

Obs.: Devem ser acentuados os nomes técnicos terminados em *-om*: *iândom, rádom* (variante de *rádon*).

3) Proparoxítonos (ou esdrúxulos)

Levam acento agudo ou circunflexo todos os proparoxítonos: *cálido, tépido, cátedra, sólido, límpido, cômodo.*

C — Casos especiais

a) São sempre acentuadas as palavras oxítonas com os ditongos abertos grafados -éis, -éu(*s*) ou -ói(*s*): *anéis, batéis, fiéis, papéis; céu*(*s*), *chapéu*(*s*), *ilhéu*(*s*), *véu*(*s*); *corrói*(*s*) (flexão de *corroer*), *herói*(*s*), *remói*(*s*) (flexão de *remoer*), *sói*(*s*) (flexão de *soer*), *sóis* (plural de *sol*).

b) Não são acentuadas as palavras paroxítonas com os ditongos abertos *-ei* e *-oi*, uma vez que existe, no espaço lusófono, oscilação em muitos casos entre a pronúncia aberta e fechada: *assembleia, boleia, ideia*, tal como *aldeia, baleia, cadeia, cheia, meia; coreico, epopeico, onomatopeico, proteico; alcaloide, apoio* (do verbo *apoiar*), tal como *apoio* (substantivo), *Azoia, boia, boina, comboio* (substantivo), tal como *comboio, comboias*, etc. (do verbo *comboiar*), *dezoito, estroina, heroico, introito, jiboia, moina, paranoico, zoina.*

Obs.: Receberá acento gráfico a palavra que, mesmo incluída neste caso, se enquadrar em regra geral de acentuação, como ocorre com *blêizer, contêiner, destróier, gêiser, Méier*, etc., porque são paroxítonas terminadas em *-r*.

c) Não se acentuam os encontros vocálicos fechados: *pessoa, patroa, coroa, boa, canoa; teu, judeu, camafeu; voo, enjoo, perdoo, coroo.*

Obs.: Será acentuada a palavra que, mesmo incluída neste caso, se enquadrar em regra geral de acentuação gráfica, como ocorre com *herôon* (Br.) / *heróon* (Port.), paroxítona terminada em *-n*.

d) Não levam acento gráfico as palavras paroxítonas que, tendo respectivamente vogal tônica aberta ou fechada, são homógrafas de artigos, contrações, preposições e conjunções átonas. Assim, não se distinguem pelo acento gráfico: *para* (á) [flexão de *parar*] e *para* [preposição]; *pela*(*s*) (é) [substantivo e flexão de *pelar*] e *pela*(*s*) [combinação de *per* e *la*(*s*)]; *pelo* (é) [flexão de *pelar*] e *pelo*(*s*) (ê) [substantivo e combinação de *per* e *lo*(*s*)]; *pera* (ê) [substantivo] e *pera* (é) [preposição antiga]; *polo*(*s*) (ó) [substantivo] e *polo*(*s*) [combinação antiga e popular de *por* e *lo*(*s*)], etc.

Obs.: Seguindo esta regra, também perde o acento gráfico a forma *para* (do verbo *parar*) quando entra num composto separado por hífen: *para-balas, para-brisa*(*s*), *para-choque*(*s*), *para-lama*(*s*), etc.

e) Levam acento agudo o *i* e *u* quando representam a segunda vogal tônica de um hiato, desde que não formem sílaba com *r, l, m, n, z* ou não estejam seguidos de *nh*: *saúde, viúva, saída, caído, faísca, aí, Grajaú; juiz* (mas *juízes*), *raiz* (mas *raízes*), *paul, ruim, ruins, rainha, moinho.*

f) Não leva acento a vogal tônica dos ditongos *iu* e *ui*: *caiu, retribuiu, tafuis, pauis.*

g) Não são acentuadas as vogais tônicas *i* e *u* das palavras paroxítonas quando estas vogais estiverem precedidas de ditongo decrescente: *baiuca, bocaiuva, boiuno, cauila* (var. *cauira*), *cheiinho* (de *cheio*), *feiinho* (de *feio*), *feiura, feiudo, maoismo, maoista, saiinha* (de *saia*), *taoismo, tauismo.*

Obs.:

→ Na palavra ***eoípo*** (= denominação dos primeiros ancestrais dos cavalos), a pronúncia normal assinala hiato (e-o), razão por que tem acento gráfico.

→ A palavra paroxítona *guaíba* não perde o acento agudo porque a vogal tônica *i* está precedida de ditongo crescente.

h) Serão acentuadas as vogais tônicas *i* e *u* das palavras oxítonas quando mesmo precedidas de ditongo decrescente estão em posição final, sozinhas na sílaba, ou seguidas de *s*: *Piauí, teiú, teiús, tuiuiú, tuiuiús.*

Obs.: Se, neste caso, a consoante final for diferente de *s*, tais vogais não serão acentuadas: *cauim, cauins.*

i) Grafa-se a 3.ª pessoa de alguns verbos da seguinte maneira:

1. quando termina em *-em* (monossílabos):

3.ª pess. sing.	3.ª pess. pl.
-em	-êm
ele tem	*eles têm*
ele vem	*eles vêm*

2. quando termina em *-ém*:

3.ª pess. sing.	3.ª pess. pl.
-ém	-êm
ele contém	*eles contêm*
ele convém	*eles convêm*

3. quando termina em *-ê* (*crê, dê, lê, vê* e derivados):

3.ª pess. sing.	3.ª pess. pl.
-ê	-eem
ele crê	*eles creem*
ele revê	*eles reveem*

j) Levam acento agudo ou circunflexo os vocábulos paroxítonos terminados por ditongo oral átono, quer decrescente, quer crescente: ágeis, *devêreis, jóquei, túneis, área, espontâneo, ignorância, imundície, lírio, mágoa, régua, tênue.*

k) Leva acento agudo ou circunflexo a forma verbal terminada em *a, e, o* tônicos, seguida de *lo, la, los, las*: *fá-lo, fá-los, movê-lo-ia, sabê-lo-emos, trá-lo-ás.*

Obs.: Pelo último exemplo, vemos que se o verbo estiver no futuro poderá haver dois acentos: *amá-lo-íeis, pô-lo-ás, fá-lo-íamos.*

l) Também leva acento agudo a vogal tônica *i* das formas verbais *oxítonas* terminadas em *-air* e *-uir*, quando seguidas de *-lo(s)*, *-la(s)*, caso em que perdem o *r* final, como em: *atraí-lo(s)* [de *atrair-lo(s)*]; *atraí-lo(s)-ia* [de *atrair-lo(s)-ia*]; *possuí-la(s)* [de *possuir-la(s)*]; *possuí-la(s)-ia* [de *possuir-la(s)-ia*].

Obs.: Tradicionalmente na imprensa, as formas paroxítonas e oxítonas com duplicação da vogal *i* são grafadas sem acento gráfico: *xiita*, *tapiira*, *tapii*.

m) Não levam acento os prefixos paroxítonos hifenados terminados em *-r* e *-i*: *inter-helênico*, *super-homem*, *semi-histórico*.

Obs.:

→ Os verbos *arguir* e *redarguir* não levam acento agudo na vogal tônica *u* nas formas rizotônicas (aquelas cuja sílaba tônica está no radical): *arguo*, *arguis*, *argui*, *arguem*; *argua*, *arguas*, etc.

→ Os verbos do tipo de *aguar*, *apaniguar*, *apaziguar*, *apropinquar*, *averiguar*, *desaguar*, *enxaguar*, *obliquar*, *delinquir* e afins podem ser conjugados de duas formas: ou têm as formas rizotônicas (cuja sílaba tônica recai no radical) com o *u* do radical tônico, mas sem acento agudo; ou têm as formas rizotônicas com *a* ou *i* do radical com acento agudo: *averiguo* (ou *averíguo*), *averiguas* (ou *averíguas*), *averigua* (ou *averígua*), etc.; *averigue* (ou *averígue*), *averigues* (ou *averígues*), etc.; *delinquo* (ou *delínquo*), *delinques* (ou *delínques*), etc.; *delinqua* (ou *delínqua*), *delinquas* (ou *delínquas*), etc.

→ O verbo *delinquir*, tradicionalmente dado como defectivo (ou seja, verbo que não é conjugado em todas as pessoas), é tratado como verbo que tem todas as suas formas. O Acordo também aceita duas possibilidades de pronúncia, quando a tradição padrão brasileira na gramática para este verbo só aceitava sua conjugação nas formas arrizotônicas. Assim, com a tonicidade na vogal *i*, mais comum no Brasil — presente do indicativo: *delínquo*, *delínques*, *delínque*, *delinquimos*, *delinquis*, *delínquem*; presente do subjuntivo: *delínqua*, *delínquas*, *delínqua*, *delinquamos*, *delinquais*, *delínquam*. Ou com a tonicidade na vogal *u*, mais comum em Portugal — presente do indicativo: *delinquo* (/ú/), *delinques* (/ú/), *delinque* (/ú/), *delinquimos*, *delinquis*, *delinquem* (/ú/); presente do subjuntivo: *delinqua* (/ú/), *delinquas* (/ú/), *delinqua* (/ú/), *delinquamos*, *delinquais*, *delinquam* (/ú/).

→ Em conexão com os casos citados acima, é importante mencionar que os verbos em *-ingir* (*atingir*, *cingir*, *constringir*, *infringir*, *tingir*, etc.) e os verbos em *-inguir* sem a pronúncia do *u* (*distinguir*, *extinguir*, etc.) têm grafias absolutamente regulares (*atinjo*, *atinja*, *atinge*, *atingimos*, etc.; *distingo*, *distinga*, *distingue*, *distinguimos*, etc.).

n) Não leva trema o *u* dos grupos *gue*, *gui*, *que*, *qui*, mesmo quando for pronunciado e átono: *aguentar*, *arguição*, *eloquência*, *frequência*, *tranquilo*.

o) Leva acento circunflexo diferencial a sílaba tônica da 3.ª pessoa do singular do pretérito perfeito *pôde*, para distinguir-se de *pode*, forma da mesma pessoa do presente do indicativo.

p) Não se usa acento gráfico para distinguir as palavras oxítonas homógrafas (que possuem a mesma grafia), mas heterofônicas (pronunciadas de formas diferentes), do tipo de *cor* (ô) (substantivo) e *cor* (ó) (elemento da locução *de cor*); *colher* (ê) (verbo) e *colher* (é) (substantivo).

Obs.: A forma verbal *pôr* continuará a ser grafada com acento circunflexo para se distinguir da preposição átona *por*.

q) Não é acentuada nem recebe apóstrofo a forma monossilábica *pra*, redução de para. Ou seja, são **incorretas** as grafias *prá* e *p'ra*.

r) Pode ser ou não acentuada a palavra *fôrma* (substantivo), distinta de *forma* (substantivo; 3.ª pessoa do singular do presente do indicativo ou 2.ª pessoa do singular do imperativo do verbo formar). A grafia *fôrma* (com acento gráfico) deve ser usada apenas nos casos em que houver ambiguidade, como nos versos do poema "Os sapos": "Reduzi sem danos / A fôrmas a forma." [Manuel Bandeira]

O emprego do acento grave

Emprega-se o acento grave nos casos de crase e como acento diferencial:

a) na contração da preposição *a* com as formas femininas do artigo *o* ou do pronome demonstrativo *o*: à (de *a* + *a*), às (de *a* + *as*). *Entregou o livro à criança.* (preposição *a* + artigo definido *a*) / *Não me refiro a sua carta, mas à de Mariana.* (preposição *a* + pronome demonstrativo *a*)

b) na contração da preposição *a* com o *a* inicial dos demonstrativos *aquele*, *aquela*, *aqueles*, *aquelas* e *aquilo* ou ainda da mesma preposição com os compostos *aqueloutro* e suas flexões: àquele(*s*), àquela(*s*), àquilo; àqueloutro(*s*), àqueloutra(*s*).

c) na contração da preposição *a* com os pronomes relativos *a qual*, *as quais*: à qual, às quais.

O trema

O trema não é usado em palavras portuguesas ou aportuguesadas.

Obs.:
→ O trema ocorre em palavras derivadas de nomes estrangeiros que o possuem: *hübneriano*, de *Hübner*; *mülleriano*, de *Müller*, etc.

→ O trema poderá ser usado para indicar, quando for necessário, a pronúncia do *u* em vocabulários ortográficos e dicionários: *lingueta* (gü), *líquido* (qü ou qu), *linguiça* (gü), *equidistante* (qü ou qu).

→ Com o fim do trema em palavras portuguesas ou aportuguesadas, não houve modificação na pronúncia dessas palavras.

O hífen

A — Nos compostos

1) Emprega-se o hífen nos compostos sem elemento de ligação quando o 1.º termo, por extenso ou reduzido, está representado por forma substantiva, adjetiva, numeral ou verbal: *ano-luz*, *arco-íris*.

Obs.:
→ As formas empregadas adjetivamente do tipo *afro-*, *anglo-*, *euro-*, *franco-*, *indo-*, *luso-*, *sino-* e assemelhadas continuarão a ser grafadas sem hífen em empregos em que só há uma etnia: *afrodescendente*, *anglofalante*, *anglomania*, *eurocêntrico*, *eurodeputado*, *lusofonia*, *sinologia*, etc. Porém escreve-se com hífen quando houver mais de uma etnia: *afro-brasileiro*, *anglo-saxão*, *euro-asiático*, etc.

→ Com o passar do tempo, alguns compostos perderam a noção de composição e passaram a se escrever aglutinadamente, como é o caso de: *girassol*, *madressilva*, *pontapé*, etc. Já se escrevem aglutinados: *paraquedas*, *paraquedistas* (e afins, *paraquedismo*, *paraquedístico*) e *mandachuva*.

→ Os outros compostos com a forma verbal *para-* seguirão sendo separados por hífen conforme a tradição lexicográfica: *para-brisa(s)*, *para-choque*, *para-lama(s)*, etc.

→ Os outros compostos com a forma verbal *manda-* seguirão sendo separados por hífen conforme a tradição lexicográfica: *manda-lua*, *manda-tudo*.

→ A tradição ortográfica também usa o hífen em outras combinações vocabulares: *abaixo-assinado*, *assim-assim*, *ave-maria*, *salve-rainha*.

→ Os compostos formados com elementos repetidos, com ou sem alternância vocálica ou consonântica, por serem compostos representados por formas substantivas sem elemento de ligação, ficarão: *blá-blá-blá*, *lenga-lenga*, *reco-reco*, *tico-tico*, *zum-zum-zum*, *pingue-pongue*, *tique-taque*, *trouxe-mouxe*, *xique-xique* (= chocalho; cf. *xiquexique* = planta), *zás-trás*, *zigue-zague*, etc. Os derivados, entretanto, não serão hifenizados: *lengalengar*, *ronronar*, *zunzunar*, etc.

→ Não se separam por hífen as palavras com sílaba reduplicativa oriundas da linguagem infantil: *babá*, *titio*, *vovó*, *xixi*, etc.

2) Emprega-se o hífen nos compostos sem elemento de ligação quando o 1.º elemento está representado pelas formas *além*, *aquém*, *recém*, *bem* e *sem*: *além-Atlântico*, *aquém-Pireneus*, *recém-casado*, *bem-vindo*, *sem-cerimônia*.

Obs.: Em muitos compostos o advérbio *bem* aparece aglutinado ao segundo elemento, quer este tenha ou não vida à parte quando o significado dos termos é alterado: *bendito* (= abençoado), *benfazejo*, *benfeito* [subst.] (= benefício); cf. *bem-feito* [adj.] = feito com capricho, harmonioso, e *bem feito!* [interj.], *benfeitor*, *benquerença* e afins: *benfazer*, *benfeitoria*, *benquerer*, *benquisto*, *benquistar*.

3) Emprega-se o hífen nos compostos sem elemento de ligação quando o 1.º elemento está representado pela forma *mal* e o 2.º elemento começa por vogal, *h* ou *l*: *mal-afortunado*, *mal-entendido*, *mal-estar*, *mal-humorado*, *mal-informado*, *mal-limpo*. Porém: *malcriado*, *malvisto*, etc.

Obs.: *Mal* com o significado de 'doença' grafa-se com hífen: *mal-caduco* (= epilepsia), *mal-francês* (= sífilis), desde que não haja elemento de ligação. Se houver, não se usará hífen: *mal de Alzheimer*.

4) Emprega-se o hífen nos nomes geográficos compostos pelas formas *grã*, *grão*, ou por forma verbal ou, ainda, naqueles ligados por artigo: *Grã-Bretanha*, *Abre-Campo*, *Baía de Todos-os-Santos*.

Obs.:
→ Serão hifenizados os adjetivos gentílicos (ou seja, adjetivos que se referem ao lugar onde se nasce) derivados de nomes geográficos compostos que contenham ou não elementos de ligação: *belo-horizontino, mato-grossense-do-sul, juiz-forano, cruzeirense-do-sul, alto-rio-docense.*

→ Escreve-se com hífen *indo-chinês*, quando se referir à Índia e à China, ou aos indianos e chineses, diferentemente de *indochinês* (sem hífen), que se refere à Indochina.

5) Emprega-se o hífen nos compostos que designam espécies botânicas (planta e fruto) e zoológicas, estejam ou não ligadas por preposição ou qualquer outro elemento: *abóbora-menina, andorinha-do-mar, andorinha-grande, bem-me-quer* (mas *malmequer*).

Obs.: Os compostos que designam espécies botânicas e zoológicas grafados com hífen pela norma acima não serão hifenizados quando tiverem aplicação diferente dessas espécies. Por exemplo: *não-me-toques* (com hífen), quando se refere a certas espécies de plantas, e *não me toques* (sem hífen) com o significado de 'melindres'.

B — Nas locuções

Não se emprega o hífen nas locuções, sejam elas substantivas, adjetivas, pronominais, adverbiais, prepositivas ou conjuncionais, salvo algumas exceções já consagradas pelo uso (como é o caso de *água-de-colônia, arco-da-velha, cor-de-rosa, mais-que-perfeito, pé-de-meia, ao deus-dará, à queima-roupa*). Vale lembrar que, se na locução há algum elemento que já tenha hífen, será conservado este sinal: *à trouxe-mouxe, cara de mamão-macho, bem-te-vi de igreja.*

Obs.:
→ Expressões com valor de substantivo, do tipo *deus nos acuda, salve-se quem puder, um faz de contas, um disse me disse, um maria vai com as outras, bumba meu boi, tomara que caia, aqui del rei* ('pedido de ajuda'), devem ser grafadas sem hífen. Da mesma forma serão usadas sem hífen locuções como: *à toa* (adjetivo e advérbio), *dia a dia* (substantivo e advérbio), *arco e flecha, calcanhar de aquiles, comum de dois, general de divisão, tão somente, ponto e vírgula.*

→ Não se emprega o hífen nas locuções latinas usadas como tais, não substantivadas ou aportuguesadas: *ab initio, ab ovo, ad immortalitatem, ad hoc, data venia, de cujus, carpe diem, causa mortis, habeas corpus, in octavo, pari passu, ex libris.* Mas: o *ex-libris*, o *habeas-corpus*, o *in-oitavo*, etc.

C — Nas sequências de palavras

Emprega-se o hífen para ligar duas ou mais palavras que ocasionalmente se combinam, formando não propriamente vocábulos, mas encadeamentos vocabulares, como: a divisa *Liberdade-Igualdade-Fraternidade*, a ponte *Rio-Niterói*; e nas combinações históricas ou até mesmo ocasionais de topônimos, como: *Áustria-Hungria, Alsácia-Lorena, Angola-Brasil, Tóquio-Rio de Janeiro*, etc.

D — Nas formações com prefixos

1) Emprega-se o hífen quando o 1.º elemento termina por vogal igual à que inicia o 2.º elemento: *anti-infeccioso, anti-inflamatório, contra-almirante, eletro-ótica, micro-ondas.*

Obs.:

→ Incluem-se neste princípio geral todos os prefixos terminados por vogal: *agro-* (= terra), *albi-, alfa-, ante-, anti-, ântero-, arqui-, áudio-, auto-, bi-, beta-, bio-, contra-, eletro-, euro-, ínfero-, infra-, íntero-, iso-, macro-, mega-, multi-, poli-, póstero-, pseudo-, súpero-, neuro-, orto-, sócio-*, etc. Então, se o 1.º elemento terminar por vogal diferente daquela que inicia o 2.º elemento, escreve-se junto, sem hífen: *anteaurora, antiaéreo, aeroespacial, agroindustrial.*

→ Nas formações com os prefixos *co-, pro-, pre-* e *re-*, estes unem-se ao segundo elemento, mesmo quando iniciado por *o* ou *e*: *coautor, coedição; proativo* (ou *pró-ativo*), *procônsul, propor; preeleito* (ou *pré-eleito*), *preembrião* (ou *pré-embrião*), *preeminência, preenchido; reedição, reedificar, reeducação, reelaborar, reeleição.*

2) Emprega-se o hífen quando o 1.º elemento termina por consoante igual à que inicia o 2.º elemento: *ad-digital, inter-racial, sub-base, super-revista*, etc.

Obs.: Formas como *abbevilliano, addisoniano, addisonismo, addisonista* se prendem a nomes próprios estrangeiros: *Abbeville, Addison.*

3) Emprega-se o hífen quando o 1.º elemento termina acentuado graficamente, *pós-, pré-, pró-*: *pós-graduação, pós-tônico; pré-datado, pré-escolar; pró-africano, pró-europeu.*

Obs.: Pode haver, em certos usos, alternância entre *pre-* e *pré-, pos-* e *pós-*; neste último caso, deve-se usar o hífen: *preesclerótico/pré-esclerótico, preesclerose/ pré-esclerose, preeleito/pré-eleito, prerrequisito/pré-requisito; postônico/pós-tônico.*

4) Emprega-se o hífen quando o 1.º elemento termina por *m* ou *n* e o 2.º elemento começa por *vogal, h, m* ou *n*: *circum-escolar, circum-hospitalar, circum-murado, circum-navegação, pan-africano, pan-harmônico, pan-mágico, pan-negritude.*

5) Emprega-se o hífen quando o 1.º elemento é um dos prefixos *ex-* (anterioridade ou cessação), *sota-, soto-, vice-, vizo-*: *ex-almirante, sota-almirante, soto-almirante, vice-presidente, vizo-rei.*

Obs.: Em *sotavento* e *sotopor* os prefixos não têm o mesmo significado de *vice-, vizo-*, daí não se enquadrarem na regra anterior.

6) Emprega-se o hífen quando o 1.º elemento termina por *vogal, r* ou *b* e o 2.º elemento se inicia por *h*: *anti-herói, hiper-hidrose, sub-humano.*

Obs.:

→ Nos casos em que não houver perda do som da vogal final do 1.º elemento, e o elemento seguinte começar com *h*, serão usadas as duas formas gráficas: *carbo-hidrato* e *carboidrato*; *zoo-hematina* e *zooematina*. Já quando houver perda do som da vogal final do 1.º elemento, consideraremos que a grafia consagrada deve ser mantida: *cloridrato, cloridria, clorídrico, quinidrona, sulfidrila, xilarmônica, xilarmônico*. Devem ficar como estão as palavras que, fugindo a este princípio, já são de uso consagrado, como *reidratar, reumanizar, reabituar, reabitar, reabilitar* e *reaver*.

→ Não se emprega o hífen com prefixos *des-* e *in-* quando o 2.º elemento perde o *h* inicial: *desumano, inábil, inumano*, etc.

→ Embora não tratado no Acordo, pode-se incluir neste caso o prefixo *an-* (por exemplo: *anistórico, anepático, anidrido*). Na sua forma reduzida *a-*, quando seguido de *h*, a tradição manda hifenizar e conservar o *h* (por exemplo: *a-histórico, a-historicidade*).

→ Não se emprega o hífen com as palavras *não* e *quase* com função prefixal: *não agressão, não fumante*; *quase delito, quase equilíbrio*, etc.

7) Emprega-se o hífen quando o 1.º elemento termina por *b* (ab-, ob-, sob-, sub-) ou *d* (ad-) e o 2.º elemento começa por *r*: *ab-rupto, ob-rogar, sob-roda, sub-rogar*.

Obs.: *Adrenalina, adrenalite* e afins já são exceções consagradas pelo uso.

8) Quando o 1.º elemento termina por vogal e o 2.º elemento começa por *r* ou *s*, não se usa hífen, e estas consoantes devem duplicar-se: *antessala, antirreligioso, autorregulamentação, biorritmo*.

Obs.: Excepcionalmente, para garantir a integridade do nome próprio usado como tal, recomenda-se a grafia com hífen em casos como *anti-Stalin, anti-Iraque, anti-Estados Unidos*, usos frequentes na imprensa, mas não lembrados no texto do Acordo. As formas derivadas seguem a regra dos prefixos, como em: *antistalinismo/ antiestalinismo, desestalinização*.

E — Nas formações com sufixos

Emprega-se hífen apenas nas palavras terminadas por sufixos de origem tupi-guarani que representam formas adjetivas, como *-açu* (= grande), *-guaçu* (= grande), *-mirim* (= pequeno), quando o 1.º elemento termina por vogal acentuada graficamente ou quando a pronúncia exige a distinção gráfica dos dois elementos: *amoré-guaçu, anajá-mirim, andá-açu, capim-açu, Ceará-Mirim*. Por isso, sem hífen: *Mojiguaçu, Mojimirim*.

F — O hífen nos casos de ênclise, mesóclise e com o verbo *haver*

1) Emprega-se o hífen na ênclise e na mesóclise: *amá-lo, dá-se, deixa-o, partir-lhe*; *amá-lo-ei, enviar-lhe-emos*.

2) Não se emprega o hífen nas ligações da preposição *de* às formas monossilábicas do presente do indicativo do verbo *haver*: *hei de, hás de, hão de*, etc.

Obs.:
→ Embora estejam consagradas pelo uso as formas verbais *quer* e *requer*, dos verbos *querer* e *requerer*, ao lado de *quere* e *requere*, estas últimas formas conservam-se, no entanto, nos casos de ênclise: *quere-o(s), requere-o(s)*.

→ Usa-se também o hífen nas ligações de formas pronominais enclíticas ao advérbio *eis* (*eis-me, ei-lo*) e ainda nas combinações de formas pronominais do tipo *no-lo* (nos + [l]o), *no-las* (nos + [l]as), quando em próclise ao verbo (por exemplo: Esperamos que *no-lo* comprem).

O apóstrofo

São os seguintes os casos de emprego do apóstrofo:

a) para cindir graficamente uma contração ou aglutinação vocabular quando um elemento ou fração respectiva pertence propriamente a um conjunto vocabular distinto: *d'Os Lusíadas*; *d'Os Sertões*; *n'Os Lusíadas*.

b) para fazer uma contração ou aglutinação vocabular quando um elemento ou fração respectiva é forma pronominal e se lhe quer dar realce com o uso da maiúscula: *d'Ele*; *n'Ele*.

c) nas ligações das formas *santo* e *santa* a nomes do hagiológio quando importa representar a elisão das vogais finais *o* e *a*: *Sant'Ana*.

d) para assinalar, no interior de certas formações, a elisão do *e* da preposição *de*, em combinação com substantivos: *borda-d'água*; *cobra-d'água*; *copo-d'água*.

e) para indicar a supressão de uma letra ou letras no verso, por exigência da metrificação: *c'roa*; *esp'rança*.

f) para reproduzir certas pronúncias populares: *'tá*; *'teve*, etc.

Obs.:
→ Evite-se a repetição do artigo: por *O Globo* (em vez de pelo *O Globo*), em *A Ordem*, em vez de *na A Ordem*, etc.

→ Deve-se evitar a prática: *dos Lusíadas, na Ordem* porque altera o título da obra ou da publicação.

→ Os tratados de ortografia, bem como alguns gramáticos modernos, têm condenado o emprego da combinação de preposição, especialmente *de*, com artigo, pronome e vocábulo iniciado por vogal pertencente a sujeito, em construções do tipo sintático *Está na hora da onça beber água*; *É tempo do inverno chegar*.

Mas essas construções pertencem à tradição literária de todos os tempos, além de serem eufonicamente mais naturais. Por isso devem ser válidas as construções com ou sem a combinação referida.

Apêndice: Palavras e expressões que merecem atenção

1. Abaixo / A baixo

a) Abaixo:

1) interjeição; grito de indignação ou reprovação: *Abaixo o orador!*

2) advérbio = embaixo; em categoria inferior; depois: *Abaixo de Deus, os pais. / Pegue lá abaixo.*

b) A baixo = contrário a "de alto": *Rasgou as roupas de alto a baixo.*

2. Acerca de / Cerca de / A cerca de / Há cerca de

a) Acerca de = a respeito de: *Falamos acerca de futebol.*

b) Cerca de = durante; aproximadamente: *Falamos cerca de duas horas.*

c) A cerca de = ideia de distância: *Fiquei a cerca de três metros de distância.*

d) Há cerca de = existe aproximadamente; aproximadamente no passado: *Há cerca de mil alunos lá fora. / Falamos há cerca de uma hora.*

3. Acima / A cima

a) Acima:

1) em lugar precedente ou na parte superior: *Veja o exemplo citado acima./ A criança pulou para alcançar a gaveta acima.*

2) em categoria, posição, situação, etc. superior a; com idade superior a: *Sua inteligência está acima da média. / Quem está acima de ti na empresa? / Muito acima dos bens materiais, a paz de espírito. / A entrada era permitida para pessoas acima de 21 anos.*

3) expressão de estímulo; avante (interjeição): *Acima, companheiros! Ainda podemos vencer o jogo!*

b) A cima — contrário a "de baixo": *Costurou a roupa de baixo a cima.*

4. Afim / A fim de

a) Afim = semelhança; parentesco; afinidade: *São duas pessoas afins.*

b) A fim de = com o propósito de; com o objetivo de; com a finalidade de: *Estudou a fim de passar no vestibular.* (Ou: *Estudou a fim de que passasse no vestibular.*)

5. Afora / A fora

a) Afora = fora; à exceção de; exceto: *Todos irão, afora você.*

b) A fora = para fora. Também se usa apenas *fora*: *Pela vida a fora.* (Ou: *Pela vida fora.*)

6. Aparte / À parte

a) Aparte

1) verbo = separar: *Não aparte os animais.*

2) substantivo = interrupção: *O orador recebeu um aparte.*

b) À parte — locução adverbial = em separado; separadamente; particularmente: *Isso será marcado à parte.*

7. À toa

a) locução adjetiva = ordinário; desprezível; sem valor: *Ele é um homem à toa.*

b) locução adverbial = ao acaso; sem rumo; sem razão: *Andava à toa na rua. / Ele é um homem que reclama à toa.*

8. À vontade

a) locução substantiva = informalidade; sem-cerimônia: *Não me agrada esse à vontade com que você fala.*

b) locução adverbial = sem preocupação; livremente: *Fique à vontade. / Sirva-se à vontade.*

9. Apedido / A pedido

a) Apedido — substantivo = publicação especial em jornal: *Li, no jornal, violento apedido do candidato.*

b) A pedido — locução adverbial = conforme pedido, solicitação: *Aceite o cargo a pedido do diretor.*

10. Bem-feito / Benfeito / Bem feito!

a) Bem-feito — adjetivo = feito com capricho; elegante: *Foi um trabalho bem-feito. / A modelo tinha um corpo bem-feito.*

b) Benfeito — substantivo = benfeitoria: *Fizeram benfeitos no apartamento.*

c) Bem feito! — interjeição = expressa contentamento diante de algo negativo acontecido a alguém: *O gato a arranhou? Bem feito! Não devia tê-lo maltratado.*

11. Bem-posto / Bem posto

a) Bem-posto = elegante: *O noivo apresentou-se muito bem-posto.*

b) Bem posto = posto corretamente: *O botão está bem posto.*

12. Boa-vida / Boa vida

a) Boa-vida = pessoa que não tem o hábito de trabalhar e busca viver bem sem se esforçar, ou que tem uma vida tranquila, sem precisar se preocupar com nada: *Acorda sempre ao meio-dia? Você é um boa-vida!*

b) Boa vida = vida tranquila; vida boa: *Aposentado, o empresário passou a ter boa vida.*

13. Abaixo-assinado / Abaixo assinado

a) Abaixo-assinado = documento coletivo: *Os alunos entregaram o abaixo-assinado ao diretor.*

b) Abaixo assinado = que apôs, embaixo, a sua assinatura; que assinou um documento coletivo: *Os moradores abaixo assinados solicitam um efetivo da polícia.*

14. Conquanto / Com quanto

a) Conquanto = embora; se bem que; ainda que: *Li tudo, conquanto não me interessasse o assunto.*

b) Com quanto = indicação de quantidade: *Com quanto dinheiro você veio? / Não sabe com quanto amigo conta.*

15. Contanto / Com tanto

a) Contanto = dado que; sob condição de que; uma vez que: *Contanto que você chegue cedo, fico feliz.*

b) Com tanto = indicação de quantidade: *Já não posso com tanto barulho.*

16. Contudo / Com tudo

a) Contudo = não obstante; porém; todavia: *Poderia falar, contudo preferi ficar calado.*

b) Com tudo — preposição + pronome = total: *Fui embora, e ele ficou com tudo.*

17. Dantes / De antes

a) Dantes — advérbio = antigamente: *Dantes se vivia melhor.*

b) De antes — preposição + advérbio = em tempo anterior: *Os problemas já vêm de antes da guerra.*

18. Debaixo / De baixo

a) Debaixo

1) em situação inferior: *Será bom que caia quando ninguém estiver debaixo.*

2) na dependência; em decadência: *Ficamos debaixo e tivemos que nos entregar.*

3) sob: *Jaz agora debaixo da terra.*

4) no tempo de; por ocasião de: *Caíram estes sucessos debaixo de outro governo.*

5) em situação inferior a: *Escondem-se debaixo da cama.*

b) De baixo

1) a parte inferior: *Comprei roupa de baixo.*

2) contrário a "a cima": *Olhou-o de baixo a cima.*

19. Demais / De mais

a) Demais

1) pronome indefinido = outros: *Chame os demais alunos.*

2) advérbio de intensidade = excessivamente: *Ele fala demais.*

3) palavra continuativa = além disso: *Demais, quem trabalhou fui eu.*

b) De mais — locução adjetiva = muito. (Opõe-se a "de menos".): *Comi pão de mais. / Não tem nada de mais sair cedo.*

20. Detrás / De trás

a) Detrás = na parte posterior; em seguida, depois: *Ali fica a casa; detrás, a piscina. / Chegaram um detrás do outro.* (Por detrás — pela retaguarda: *Dizer mal de alguém por detrás.*)

b) De trás = atrás: *Boa educação vem de trás. / O brincalhão cutucou o colega da frente e o de trás.*

21. Devagar / De vagar

a) Devagar = lentamente; sem pressa: *Devagar se vai ao longe.*

b) De vagar = de descanso: *Pinto nos momentos de vagar.*

22. Dia a dia (sem hífen)

a) locução substantiva = a vida cotidiana: *O dia a dia é que preocupa.*

b) locução adverbial = dia após dia: *Fazemos tarefas dia a dia. / A planta crescia dia a dia.*

23. Em vez de / Ao invés de

a) Em vez de = em lugar de: *Em vez de comprar um sítio, comprou três.*

b) Ao invés de = ao contrário de: *O elevador, ao invés de subir, desceu.*

24. Enfim / Em fim

a) Enfim = afinal; finalmente: *Enfim você chegou.*

b) Em fim = no fim: *Ele está em fim de carreira.*

25. Enquanto / Em quanto

a) Enquanto — conjunção = ao passo que: *Tu dormes, enquanto ele trabalha.*

b) Em quanto — preposição + pronome = qual; por quanto: *Em quanto tempo você vai? / Em quanto pode ficar o conserto?*

26. Malcriado / Mal criado

a) Malcriado = sem educação: *Repreendeu a criança malcriada.*

b) Mal criado = tratado mal: *É um cafezal mal criado.*

27. Malgrado / Mau grado

a) Malgrado = apesar de (se não estiver seguido de preposição): *Malgrado o edital, passei.*

b) Mau grado

1) contra a vontade: *Ele trabalha de mau grado.*

2) apesar de (se estiver seguido de preposição): *Mau grado ao tempo, sairei.*

28. Nenhum / Nem um

a) Nenhum — pronome indefinido usado para reforçar a negativa *não*, podendo ser substituído pelo indefinido *algum* posposto: *Não tínhamos nenhuma dívida até aquele momento.* (= Não tínhamos dívida *alguma* até aquele momento). Sem ênfase, nenhum vem geralmente anteposto ao substantivo: *Você não tem nenhum parente na polícia?*

b) Nem um = um só que fosse: *Não fabricamos, ainda, nem um carro.*

29. Porquanto / Por quanto

a) Porquanto — conjunção = visto que: *Apresso-me, porquanto o tempo voa.*

b) Por quanto = que total de; a quantidade de; por que preço: *Não sei por quanto tempo posso contar com sua ajuda. / Por quanto venderam a casa?*

30. Porquê / Porque / Por quê / Por que

a) Porquê — substantivo = equivalente a "o motivo"; "a causa": *Sei o porquê do choro.*

b) Porque — conjunção = a oração equivale a "por esta razão": *Faltei porque estava doente.*

c) Por quê — no fim de período ou seguido de pausa: *Você faltou por quê? / Se não entendeste por quê, a obrigação era perguntar.*

d) Por que

1) nas interrogativas diretas: *Por que faltaste à aula ontem?*

2) nas interrogativas indiretas: *Perguntaram por que faltaste à aula ontem.*

3) quando igual a 'motivo pelo qual'; 'por qual razão': *Bem sabes por que não compareci. / A avaliação é negativa e não há por que esperar qualquer reversão. / Por que praticar esportes.*

4) quando igual a 'por qual': *Bem sabes por que motivo não compareci.*

5) quando ocorre preposição mais conjunção integrante: *Anseio por que venhas logo.*

31. Portanto / Por tanto

a) Portanto = por conseguinte: *Nada fazes, portanto nada podes esperar.*

b) Por tanto = por este preço; designa quantidade: *Compro, mas por tanto. / Fique com o livro por tanto tempo quanto necessário.*

32. Porventura / Por ventura

a) Porventura = por acaso: *Avise-me se porventura sair.*

b) Por ventura = por sorte: *Não estudei; passei por ventura feliz!*

33. Sem-cerimônia / Sem cerimônia

a) Sem-cerimônia = descortesia: *A sua sem-cerimônia foi excessiva.*

b) Sem cerimônia = à vontade: *Sirva-se sem cerimônia.*

34. Sem-fim / Sem fim

a) Sem-fim = número ou quantidade indeterminada: *Foi um sem-fim de bebidas e doces.*

b) Sem fim = sem término: *É uma estrada sem fim.*

35. Sem-número / Sem número

a) Sem-número = inumerável; sem conta: *Tenho um sem-número de novidades.*

b) Sem número = ausência de numeração: *Esta folha está sem número.*

36. Se não / Senão

a) Se não

1) conjunção + advérbio = caso não: *Se não pagas, não entras. / Lia diariamente dois jornais, se não [lia] três.*

2) pronome + advérbio: se não = não se: *O que se não deve dizer.*

b) Senão

1) substantivo = defeito: *Ela não tem um senão de que possa falar.*

2) conjunção = mas também: *Era a melhor da turma, senão de toda a escola.*

3) preposição (palavra de exclusão) = exceto: *A quem, senão a meu pai, devo recorrer?*

4) depois de palavra negativa ou como segundo elemento dos pares aditivos *não... senão, não só... senão* (também): *Nada me dói, senão procuraria médico. / Ninguém te viu, senão todos já saberiam. / Não me amoles senão eu grito. / Não só me ajudou, senão também me hospedou.*

5) conjunção = caso contrário: *Estude, senão não passará no concurso.*

37. Sobretudo / Sobre tudo

a) Sobretudo

1) especialmente; principalmente: *Estudei muito, sobretudo porque estou querendo passar no colégio.*

2) casacão, capa: *O frio nos obrigou a usar sobretudo.*

b) Sobre tudo = a respeito de tudo: *Eles conversam sobre tudo.*

38. Tampouco / Tão pouco

a) Tampouco = também não; nem: *Ele não estuda tampouco trabalha.*

b) Tão pouco = muito pouco: *Ele estudou tão pouco que não passou.*

39. Ao nível de / Em nível de

a) Ao nível de = à altura de; no mesmo plano de: *O barco estava ao nível do mar.*

b) Em nível de (ou no nível de) — indica uma esfera de ação ou pensamento e pode ser substituída pelas expressões "em termos de", "no que diz respeito a", "em relação a": *Isso foi resolvido em nível de governo estadual. / "Algo para se lidar no nível da intuição apenas, da aceitação sem perguntas."* [Ana Maria Machado]

Obs.: Nestes usos, a expressão "a nível de" não atende à norma-padrão da língua.

40. Ao encontro de / De encontro a

a) Ao encontro de — indica aproximação: *As minhas ideias vão ao encontro das suas.*

b) De encontro a — indica posição contrária: *As minhas ideias, infelizmente, vão de encontro às suas.*

41. Em princípio / A princípio

a) Em princípio = de maneira geral, sem entrar em particularidades: *Em princípio, concordo com tudo isso.*

b) A princípio = no início: *A princípio, eu lecionava inglês; agora, leciono francês.*

42. Através de (= por dentro de, por entre; de um lado a outro; no decorrer de)

Só use através de, e não através a: *A luz do sol passou através da vidraça. / Através dos séculos, dos anos.*

PONTUAÇÃO

O enunciado não se constrói com um amontoado de palavras e orações. Estas se organizam segundo princípios gerais de dependência e independência sintática e semântica, recobertos por unidades melódicas e rítmicas que sedimentam estes princípios. Proferidas as palavras e orações sem tais aspectos melódicos e rítmicos, o enunciado estaria prejudicado na sua função comunicativa. Os sinais de pontuação, que já vêm sendo empregados desde muito tempo, procuram garantir no texto escrito esta solidariedade sintática e semântica. Por isso, uma pontuação errônea produz efeitos tão desastrosos à comunicação quanto o desconhecimento dessa solidariedade a que nos referimos. Imaginem os prejuízos de comunicação causados por má interpretação de frases como estas, por exemplo: *Não pode passar* e *Não, pode passar.*

Ponto

O ponto simples final, que é dos sinais o que denota maior pausa, serve para encerrar períodos que terminem por qualquer tipo de oração que não seja a interrogativa direta, a exclamativa e pelas reticências.

É empregado ainda, sem ter relação com a pausa oracional, para acompanhar muitas palavras abreviadas: *p.*, *2.ª*, etc.

Quando o período, oração ou frase termina por abreviatura, não se coloca o ponto final adiante do ponto abreviativo, pois este, quando coincide com aquele, tem dupla serventia. Exemplo: "O ponto abreviativo põe-se depois das palavras indicadas abreviadamente por suas iniciais ou por algumas das letras com que se representam, v.g.: *V.S.ª*; *Il.^{mo}*; *Ex.ª*, etc." [Ernesto Carneiro Ribeiro]

Com frequência, aproxima-se das funções do ponto e vírgula e do travessão, que às vezes aparecem em seu lugar.

Ponto parágrafo

Um grupo de períodos cujas orações se prendem pelo mesmo centro de interesse é separado por ponto. Quando se passa de um para outro centro de interesse, impõe-se-nos o emprego do ponto parágrafo, iniciando-se a escrever, na outra linha, com a mesma distância da margem com que começamos o escrito.

Na linguagem oficial dos artigos de lei, o parágrafo é indicado por um sinal especial (§).

Ponto de interrogação

Põe-se no fim da oração enunciada com entonação interrogativa ou de incerteza, real ou fingida, também chamada retórica. Enquanto a interrogação conclusa de final de enunciado requer maiúscula inicial da palavra seguinte, a interrogação interna, quase sempre fictícia, não exige essa inicial maiúscula da palavra seguinte:

> "Pensas que eu e meus avós ganhamos o dinheiro em casas de jogos ou a vadiar pelas ruas? Pelintra!" [Machado de Assis]
>
> "— Nhonhô, diga a estes senhores como é que se chama seu padrinho.
> — Meu padrinho? é o Excelentíssimo Senhor coronel Paulo Vaz Lobo Cesar de Andrade e Sousa Rodrigues de Matos." [Machado de Assis]

O ponto de interrogação, à semelhança dos outros sinais, não pede que a oração termine por ponto final, exceto, naturalmente, se for interna.

> "— Esqueceu alguma cousa? perguntou Marcela de pé, no patamar." [Machado de Assis]

A interrogação indireta, não sendo enunciada em entonação especial, dispensa ponto de interrogação (por exemplo: *Gostaria de saber se você esqueceu alguma coisa*). No nosso sistema gráfico, o ponto de interrogação da pergunta cuja resposta seria "sim" ou "não" é o mesmo usado na pergunta de resposta completa.

No diálogo pode aparecer sozinho ou acompanhado do de exclamação para indicar o estado de dúvida do personagem diante do fato:

> "— Esteve cá o homem da casa e disse que do próximo mês em diante são mais cinquenta...
> — ?!..." [Monteiro Lobato]

Ponto de exclamação

Põe-se no fim da oração enunciada com entonação exclamativa:

> "Mas, na morte, que diferença! Que liberdade!" [Machado de Assis]

Põe-se o ponto de exclamação depois de uma interjeição:

> "Olé! exclamei." [Machado de Assis]
> "Ah! brejeiro!" [*Idem*]

Aplicam-se ao ponto de exclamação as mesmas observações feitas ao ponto de interrogação, no que se refere ao emprego do ponto final e ao uso da maiúscula ou minúscula inicial da palavra seguinte.

Há escritores que denotam a gradação da surpresa através da narração com aumento progressivo do ponto de exclamação ou de interrogação:

> "E será assim até que um senhor Darwin surja e prove a verdadeira origem do *Homo sapiens*...
> — ?!
> — Sim. Eles nomear-se-ão *Homo sapiens* apesar do teu sorriso, Gabriel, e ter-se-ão como feitos por mim de um barro especial e à minha imagem e semelhança.
> — ?!!" [Monteiro Lobato]

Reticências

Denotam interrupção ou incompletude do pensamento (ou porque se quer deixar em suspenso, ou porque os fatos se dão com breve espaço de tempo intervalar, ou porque o nosso interlocutor nos toma a palavra), ou hesitação em enunciá-lo. Vejamos alguns exemplos retirados de obras de Machado de Assis:

> "Ao proferir estas palavras havia um tremor de alegria na voz de Marcela; e no rosto como que se lhe espraiou uma onda de ventura..."
> "Não imagina o que ela é lá em casa; fala na senhora a todos os instantes, e aqui parece uma pamonha. Ainda ontem... Digo, Maricota?"
> "— Moro na rua...
> — Não quero saber onde mora, atalhou Quincas Borba."

Postas no fim do enunciado, as reticências dispensam o ponto final, como se pode ver nos exemplos acima.

Se as reticências servem para indicar uma enumeração inconclusa, podem ser substituídas por *etc.*

Na transcrição de um diálogo, as reticências indicam a não resposta do interlocutor.

Numa citação, as reticências podem ser colocadas no início, no meio ou no fim, para indicar supressão no texto transcrito, em cada uma dessas partes. Quando há supressão de um trecho de certa extensão, costuma-se usar uma linha pontilhada. Depois de um ponto de interrogação ou exclamação podem aparecer as reticências.

Vírgula

Emprega-se a vírgula:

a) para separar termos coordenados, ainda quando ligados por conjunção (no caso de haver pausa).

> "Sim, eu era esse garção bonito, airoso, abastado." [Machado de Assis]
> "— Ah! brejeiro! Contanto que não te deixes ficar aí inútil, obscuro, e triste." [*Idem*]

Obs.:
→ Na série de sujeitos seguidos imediatamente de verbo, o último sujeito da série não é separado do verbo por vírgula: "Carlos Gomes, Vítor Meireles, Pedro Américo, José de Alencar tinham-nas começado." [Carlos de Laet]

→ Não se usa vírgula na enunciação de numerais por extenso: Trezentos e cinquenta e três mil quatrocentos e oitenta e cinco (353.485).

b) para separar orações coordenadas aditivas, ainda que sejam iniciadas pela conjunção *e*, proferidas com pausa:

> "Gostava muito das nossas antigas dobras de ouro, e eu levava-lhe quanta podia obter." [Carlos de Laet]
> "No fim da meia hora, ninguém diria que ele não era o mais afortunado dos homens; conversava, chasqueava, e ria, e riam todos." [*Idem*]

c) para separar orações coordenadas alternativas (*ou*, *quer*, etc.), quando proferidas com pausa:

Ele sairá daqui logo, *ou eu me desligarei do grupo*.

Obs.: Vigora esta norma quando *ou* exprimir retificação: "Teve duas fases a nossa paixão, *ou* ligação, *ou* qualquer outro nome, que eu de nomes não curo (...)." [Machado de Assis] Se denota equivalência, não se separa por vírgula o *ou* posto entre dois termos: Solteiro *ou* solitário se prende ao mesmo termo latino.

d) nas aposições, exceto no especificativo, principalmente quando o aposto está representado por uma expressão de certa extensão:

"(...) ora enfim de uma casa que ele meditava construir, para residência própria, *casa de feitio moderno*, porque a dele era das antigas, (...)" [Machado de Assis]
Pedro II, *imperador do Brasil*, teria gostado de ser professor.

Mas

Pedro *o Cru* passou para a história como um grande apaixonado.

e) para separar, em geral, os pleonasmos e as repetições (quando não têm efeito superlativante):

"*Nunca*, *nunca*, meu amor!" [Machado de Assis]

Mas

A casa é *linda linda*. (= lindíssima).

Obs.: É facultativo o emprego da vírgula para marcar o complemento verbal transposto (topicalizado) quando aparece repetido por pronome oblíquo:

O lobo, viu-o o caçador. (Ou: O lobo viu-o o caçador.)
Ao rico, não lhe devo. (Ou: Ao rico não lhe devo.)

f) para separar ou intercalar vocativos; nas cartas a pontuação é vária (em geral, vírgula) e na redação oficial usam-se dois-pontos.

João, onde comprou esse livro?

Obs.: Não se põe vírgula nas expressões interjetivas e enfáticas *sim senhor(a)*, *não senhor(a)*, que denotam espanto, perplexidade:

"A infelicidade deu um pulo medonho: notei que Madalena namorava os caboclos da lavoura. Os caboclos, *sim senhor*." [Graciliano Ramos].

Não confundir com as expressões "sim, senhor(a)" ou "não, senhor(a)", que são meras respostas afirmativas (de concordância) ou negativas (de discordância).

g) para separar as orações adjetivas de valor explicativo:

"(...) perguntava a mim mesmo por que não seria melhor deputado e melhor marquês do que o Lobo Neves — eu, *que valia mais*, muito mais do que ele — (...)" [Machado de Assis]

h) para separar, quase sempre, as orações adjetivas restritivas de certa extensão, principalmente quando os verbos de duas orações diferentes se juntam:

"No meio da confusão *que produzira por toda a parte este acontecimento inesperado e cujo motivo e circunstâncias inteiramente se ignoravam*, ninguém reparou nos dois cavaleiros..." [Alexandre Herculano]

Obs.: Esta pontuação pode ocorrer ainda que separe por vírgula o sujeito expandido pela oração adjetiva: "*Os que falam em matérias que não entendem*, parecem fazer gala da sua própria ignorância." [Marquês de Maricá]. Embora nas expressões de maior número de elementos possa haver uma pausa de enunciação, é preferível, em respeito à norma-padrão, estender mesmo nestes casos o **não** emprego da vírgula entre termos sintaticamente complementares (p.ex.: sujeito e predicado, verbo e complemento).

i) para separar o pronome relativo de oração adjetiva restritiva do termo mais próximo, já que seu antecedente é o termo mais distante:

"O juiz tem de ser pontual no exame dos dados da informação, *que* [isto é, os dados] *não lhe permitam erro ao aplicar a sentença*." [Mário de Alencar]

j) para separar as orações intercaladas:

"Não lhe posso dizer com certeza, *respondi eu*; mas se me dá licença, (...)." [Machado de Assis]

k) para separar, em geral, adjuntos adverbiais que precedem o verbo e as orações adverbiais que vêm antes ou no meio da sua principal:

"Eu mesmo, *até então*, tinha-vos em má conta (...)" [Machado de Assis]
"(...) mas, *como as pestanas eram rótulas*, o olhar continuava o seu ofício (...)" [*Idem*]

l) para separar, nas datas, o nome do lugar:

Rio de Janeiro, 8 de agosto de 1961.

m) para separar as partículas e expressões de explicação, correção, continuação, conclusão, concessão:

"(...) e, *não obstante*, havia certa lógica, certa dedução (...)" [Machado de Assis]
Sairá amanhã, *aliás*, depois de amanhã.

n) para separar as conjunções e advérbios adversativos (*porém*, *todavia*, *contudo*, *entretanto*), principalmente quando pospostos:

"A proposta, *porém*, desdizia tanto das minhas sensações últimas (...)" [Machado de Assis]

o) para indicar, às vezes, a elipse do verbo:

Ele sai agora; eu, logo mais. (eu *saio* logo mais)

p) para assinalar a interrupção de um seguimento natural das ideias e se intercalar um juízo de valor ou uma reflexão subsidiária:

"Estava tão agastado, *e eu não menos*, que entendi oferecer um meio de conciliação: dividir a prata." [Machado de Assis]

q) para desfazer possível má interpretação resultante da distribuição irregular dos termos da oração, separa-se por vírgula a expressão deslocada:

"De todas as revoluções, *para o homem*, a morte é a maior e a derradeira." [Marquês de Maricá]

Dois-pontos

Usam-se dois-pontos:

a) na enumeração, explicação, notícia subsidiária:

> Comprou dois presentes: um livro e uma caneta.
> "(Viegas) padecia de um reumatismo teimoso, de uma asma não menos teimosa e de uma lesão de coração: era um hospital concentrado." [Machado de Assis]
> "Queremos governos perfeitos com homens imperfeitos: disparate." [Marquês de Maricá]

Obs.: A imprensa moderna usa e abusa dos dois-pontos para resumir, às vezes numa síntese de pensamento difícil de ser acompanhada, certas notícias:

Verão: cidade desprotegida das chuvas.

b) nas expressões que se seguem aos verbos *dizer*, *retrucar*, *responder* (e semelhantes) e que encerram a declaração textual, ou que assim julgamos, de outra pessoa:

> "Não me quis dizer o que era; mas, como eu instasse muito:
> — Creio que o Damião desconfia alguma coisa." [Machado de Assis]

Às vezes, para caracterizar textualmente o discurso do interlocutor, vem acompanhada de aspas a transcrição, e raras vezes de travessão:

> "Ao cabo de alguns anos de peregrinação, atendi às súplicas de meu pai: — Vem, dizia ele na última carta; se não vieres depressa acharás tua mãe morta!" [Machado de Assis]

c) nas expressões que, enunciadas com entonação especial, sugerem, pelo contexto, causa, explicação ou consequência:

> "Explico-me: o diploma era uma carta de alforria." [Machado de Assis]

d) nas expressões que apresentam uma quebra da sequência das ideias:

> "Sacudiu o vestido, ainda molhado, e caminhou para a alcova.
> — Não! bradei eu; não hás de entrar... não quero... Ia a lançar-lhe as mãos: era tarde; ela entrara e fechara-se." [Machado de Assis]

Ponto e vírgula

Representa uma pausa mais forte que a vírgula e menos que o ponto, e é empregado:

a) num trecho longo, onde já existam vírgulas, para enunciar pausa mais forte:

> "Enfim, cheguei-me a Virgília, que estava sentada, e travei-lhe da mão; D. Plácida foi à janela." [Machado de Assis]

b) para separar as adversativas em que se quer ressaltar o contraste:

> "Não se disse mais nada; mas de noite Lobo Neves insistiu no projeto." [Machado de Assis]

c) na redação oficial, para separar os diversos itens de um considerando, lei ou outro documento.

Travessão

Não confundir o travessão com o traço de união ou hífen e com o traço de divisão empregado na partição de sílabas (*ab-so-lu-ta-men-te*) e de palavras no fim de linha.

O travessão pode substituir vírgulas, parênteses, colchetes, para assinalar uma expressão intercalada:

"(...) e eu falava-lhe de mil cousas diferentes — do último baile do Catete, da discussão das câmaras, de berlindas e cavalos —, de tudo, menos dos seus versos ou prosas." [Machado de Assis]

Usa-se simples se a intercalação termina o texto; em caso contrário, usa-se o travessão duplo:

"Duas, três vezes por semana, havia de lhe deixar na algibeira das calças — umas largas calças de enfiar —, ou na gaveta da mesa, ou ao pé do tinteiro, uma barata morta." [Machado de Assis]

Obs.: Como se vê pelo exemplo, pode haver vírgula depois de travessão.

Pode denotar uma pausa mais forte:

"(...) e se estabelece uma cousa que poderemos chamar — solidariedade do aborrecimento humano." [Machado de Assis]

Pode indicar ainda a mudança de interlocutor, na transcrição de um diálogo:

"— Ah! respirou Lobo Neves, sentando-se preguiçosamente no sofá.
— Cansado? perguntei eu.
— Muito; aturei duas maçadas de primeira ordem (...)" [Machado de Assis]

Neste caso, pode, ou não, combinar-se com as aspas.

Parênteses e colchetes

Os parênteses assinalam um isolamento sintático e semântico mais completo dentro do enunciado, além de estabelecer maior intimidade entre o autor e o seu leitor. Em geral, a inserção do parêntese é assinalada por uma entonação especial.

Quando uma pausa coincide com o fim da construção parentética, o respectivo sinal de pontuação deve ficar depois dos parênteses, mas, estando a proposição ou a frase inteira encerrada pelos parênteses, dentro deles se põe a competente notação:

"Não, filhos meus (deixai-me experimentar, uma vez que seja, convosco, este suavíssimo nome); não: o coração não é tão frívolo, tão exterior, tão carnal, quanto se cuida." [Rui Barbosa]

"A imprensa (quem o contesta?) é o mais poderoso meio que se tem inventado para a divulgação do pensamento." (Carta inserta nos Anais da Biblioteca Nacional, vol. I) [Carlos de Laet]

Intimamente ligados aos parênteses pela sua função discursiva, os colchetes são utilizados quando já se acham empregados os parênteses, para introduzirem uma nova inserção.

Também se usam para preencher lacunas de textos ou ainda para introduzir, principalmente em citações, adendos ou explicações que facilitam o entendimento do texto. Nos dicionários e gramáticas, explicitam informações como a ortoépia, a prosódia, etc., no que também podem ser usados os parênteses.

Aspas

De modo geral, usamos como aspas o sinal [" "]; mas pode haver, para empregos diferentes, as aspas simples [' ']. Nos trabalhos científicos sobre línguas, as aspas simples referem-se a significados ou sentidos: *amare* lat., 'amar' port. Às vezes, usa-se nesta aplicação o sublinhado (cada vez menos frequente no texto impresso) ou o itálico. As aspas também são empregadas para abrir e fechar citações, indicar ironia, citar título de poema ou conto, dar a certa expressão sentido particular (na linguagem falada é em geral proferida com entoação especial), ressaltar uma expressão dentro do contexto ou para apontar uma palavra como estrangeirismo ou gíria.

> **Obs.**: Escrevendo, ressaltamos a expressão também com o sublinhado, o que, nos textos impressos, corresponde ao emprego de tipo diferente:
>
> "— Sim, mas percebo-o agora, porque só agora nos surgiu a ocasião de enriquecer. Foi uma sorte grande que Deus nos mandou.
> — *Deus*...
> — Deus, sim, e você o ofendeu afastando-a com o pé." [Monteiro Lobato]
> "Você já reparou Miloca, na 'ganja' da Sinhazinha? Disse uma sirigaita de 'beleza' na testa." [Monteiro Lobato]

Quando uma pausa coincide com o final da expressão ou sentença que se acha entre aspas, coloca-se o competente sinal de pontuação depois delas, se encerram apenas uma parte da proposição; quando, porém, as aspas abrangem todo o período, sentença, frase ou expressão, a respectiva notação fica abrangida por elas:

"Aí temos a lei", dizia o Florentino. "Mas quem as há de segurar? Ninguém." [Rui Barbosa]

Alínea

Tem a mesma função do parágrafo, pois denota diversos centros de assuntos e, como este, exige mudança de linha. Geralmente vem *indicada por número* ou *letra seguida de um traço curvo*, semelhante ao que fecha parêntese, para assinalar subdivisão da matéria tratada:

Os substantivos podem ser:

a) próprios

b) comuns

Chave

A chave [{ }] tem aplicação maior em obras de caráter científico.

Asterisco

O asterisco (*) é colocado depois e em cima de uma palavra do trecho para se fazer uma citação ou comentário qualquer sobre o termo ou o que é tratado no trecho (neste caso o asterisco se põe no fim do período).

Emprega-se ainda um ou mais asteriscos depois de uma inicial para indicar uma pessoa cujo nome não se quer ou não se pode declinar: o Dr.*, B.**, L.***.

Em estudos de linguagem, o asterisco indica etimologia hipotética, ou, ainda, serve para assinalar palavra, expressão ou frase agramatical.

C) Seleção de questões

1) (Avança SP – 2025 – Câmara Municipal de Itupeva – SP – Técnico Legislativo – Assistente Geral)

Dentro das regras de regência e ortográficas, destaque a alternativa elaborada corretamente.

(A) Senti mau, pois aspirei o ar contaminado por partículas de poluição.
(B) Assisti a apresentação de *jazz*.
(C) A formatura custou os pais uma verdadeira fortuna.
(D) A professora queria muito aos seus alunos.
(E) Visou ao quadro torto na parede.

2) (Avança SP – 2025 – Câmara Municipal de Itupeva – SP – Técnico Legislativo – Administração Geral)

Não há erro de concordância em qual das alternativas abaixo?

(A) Há bastantes livros na estante que ainda não foram lidos.
(B) Tratavam-se de empregados terceirizados.
(C) É proibida entrada de menores desacompanhados.
(D) Meu filho só consegue dormir a partir das zero horas da manhã.
(E) Poderá ainda ocorrer desavenças entre pais e filhos.

3) (FGV – 2024 – Prefeitura de Macaé – RJ – Assistente Previdenciário – Arquivo)

Quanto ao critério gramatical, assinale a frase abaixo que se mostra integralmente correta.

(A) Quanto menos inteligente um homem é, menos misteriosa a existência lhe parece.
(B) Recompense a injúria com justiça, e a gentileza alheia com a tua gentileza.
(C) Sabedoria escondida e tesouro invisíveis, para que servem ambos?
(D) Um mal começo leva a um mal final.
(E) O espírito se dirige onde quer.

4) (FCC – 2025 – Tribunal Regional do Trabalho da 6ª Região – PE – Técnico Judiciário – Área Administrativa)

Obs.: O texto (BRITO, Alceste Romero de. "A violência é sempre a dos outros", a editar) de onde foi retirado o objeto desta questão não foi incluído aqui por não ser determinante para sua resolução.

As normas de concordância verbal estão plenamente observadas na frase:

(A) Não se tratam de rebater tais justificativas, mas compreender as razões que as sustentam.
(B) Atraem em nossas memórias da infância o caráter idílico que assumem.
(C) Não se imaginem que as diferentes épocas históricas deixem de justificar suas violências.
(D) Há quem creia que caibam avaliar as violências buscando justificá-las.
(E) Diferem as épocas quanto à justificativa da específica violência que as caracteriza.

5) (VUNESP – 2025 – Prefeitura de Presidente Prudente – SP – Nutricionista)

Obs.: O texto (SIMA, Richard. "Ser humilde é bom para o aprendizado". Adaptado. *The Washington Post*. Publicado pelo *Estado de São Paulo*, 29 set. 2024. Tradução de Renato Prelorentzou.) de onde foi retirado o objeto desta questão não foi incluído aqui por não ser determinante para sua resolução.

A frase que está em conformidade com a norma-padrão de concordância verbal se encontra na alternativa:

(A) Descreve-se, no texto selecionado, os traços de comportamento que definem os intelectualmente humildes.
(B) Para Elizabeth Mancuso, convém àqueles que pretendem ser humildes intelectualmente não sucumbir ao "efeito de modéstia".
(C) A aceitação de que somos imperfeitos nos conduzem ao primeiro passo para se chegar à humildade intelectual.
(D) Podem haver, a curto prazo, bons resultados quando compartilhamos emoções autotranscendentes.
(E) Nos depoimentos, nota-se que os estudiosos se referem apenas a probabilidades quando se tratam dos que têm humildade intelectual.

6) (IDECAN – 2024 – Secretaria da Saúde – PB – Assistente Administrativo)

Assinale a única alternativa em que o uso da forma verbal destacada no plural está adequado ao que preceituam as regras de concordância verbal.

(A) Entre aqueles que amamos <u>hão</u> muitas pessoas em posições ideológicas opostas.
(B) As propostas a que <u>se apegam</u> um candidato parecem ser análogas às do outro.
(C) Se lhes <u>convêm</u> preferir aqueles políticos e não estes, teremos que aceitar.

(D) A qualquer pessoa <u>podem ocorrer</u>, neste tempo de polarização, argumentos a favor de um lado ou de outro.
(E) Aos nossos parentes não <u>se costumam</u> associar, em geral, a maldade.

7) (VUNESP – 2024 – Tribunal de Justiça – SP – Escrevente Técnico Judiciário)

Obs.: O texto (Aliança Cultural Brasil-Japão. *Cultura Japonesa*: São Paulo, Rio de Janeiro, Curitiba. Adaptado) de onde foi retirado o objeto desta questão não foi incluído aqui por não ser determinante para sua resolução.

A concordância nominal atende à norma-padrão em:

(A) Um e outro países europeus estabeleceram relações comerciais com o Japão a partir do século XVI.
(B) Os portugueses tinham bastantes interesses comerciais com os japoneses, parceiros desde 1546.
(C) Apesar da frenesi renascentista bela e fértil, guerras religiosas e conquistas ainda aconteciam.
(D) Foi narrado por Marco Polo, que morou cerca de vinte anos na China, a existência desse lugar.
(E) Colombo e Cabral viram como necessário a busca de novas terras e chegaram ao Novo Mundo.

8) (VUNESP – 2025 – Prefeitura de Presidente Prudente – SP – Agente Comunitário de Saúde da Família)

Obs.: O texto (Notas e informações. "A tragédia das crianças sem saneamento". Adaptado. *Estadão*, Opinião, 13 out. 2024. Disponível em: http://estadao.com.br/opiniao/a-tragedia-das-criancas-sem-saneamento/) de onde foi retirado o objeto desta questão não foi incluído aqui por não ser determinante para sua resolução.

Um contingente expressivo de crianças de zero a seis anos, no Brasil, ______________ sem esgoto tratado e creches, devido ______________ falta de saneamento na região em que vivem, e estarão sujeitas ______________ uma herança nefasta. Em um período de 35 anos de atuação profissional, ______________ que mais de R$ 126 mil é a diferença de renda entre quem conta e quem não conta com saneamento básico.

Em conformidade com a norma-padrão, as lacunas devem ser preenchidas, respectivamente, com:

(A) segue ... a ... à ... são estimados;
(B) seguem ... à ... à ... são estimados;
(C) segue ... a ... à ... estimam-se;
(D) seguem ... a ... a ... é estimado;
(E) segue ... à ... a ... estima-se.

9) (IBAM – 2025 – Prefeitura de Bebedouro – SP – Médico Pneumologista Pediatra)

Obs.: O texto (SARMENTO, Antonio Carlos. "Terebentina". Adaptado. *Crônicas e agudas* [blog], 28 jul. 2024. Disponível em: https://cronicaseagudas.com/2024/07/28/terebentina/) de onde foi retirado o objeto desta questão não foi incluído aqui por não ser determinante para a sua resolução.

Assinale a alternativa que apresenta um erro de regência verbal.

(A) Lembrei de uma história contada por Rolando Boldrin sobre um homem que, ao seguir um conselho sem questionar, acabou causando a morte de seu cavalo.
(B) Vi recentemente uma frase que dizia: "As perguntas são mais importantes que as respostas".
(C) Percebi que muitas vezes temos respostas prontas para perguntas mal formuladas ou inexistentes.
(D) Outra situação ilustrativa foi um brasileiro em Portugal, que pediu um táxi para um restaurante no domingo, sem saber que o local estaria fechado.

10) (VUNESP – 2025 – Prefeitura de Osasco – SP – Cirurgião-Dentista – PNE)

Obs.: O texto (PIANA, Victor. "O viés da palavra câncer: combate ao estigma". Adaptado. *Estadão*, Opinião, 25 out. 2014. Disponível em: https://www.estadao.com.br/opiniao/espaco-aberto/o-vies-da-palavra-cancer-combate-ao-estigma/) de onde foi retirado o objeto desta questão não foi incluído aqui por não ser determinante para sua resolução.

Assinale a alternativa em que a regência atende à norma-padrão.

(A) Câncer é uma palavra que as pessoas não se agradam, porque carrega um estigma e um peso.
(B) Câncer é uma palavra que as pessoas não têm afinidade, porque carrega um estigma e um peso.
(C) Câncer é uma palavra que as pessoas não pronunciam, porque carrega um estigma e um peso.
(D) Câncer é uma palavra que as pessoas não dão ênfase, porque carrega um estigma e um peso.
(E) Câncer é uma palavra que as pessoas não mostram simpatia, porque carrega um estigma e um peso.

11) (CESGRANRIO – 2022 – Eletrobrás – Eletronuclear – Administrador)

De acordo com as exigências da norma-padrão da Língua Portuguesa, o verbo destacado está corretamente empregado em:

(A) A maior parte dos canais de *streaming* <u>identificam</u> as preferências dos internautas por filmes de romance, terror ou comédia.
(B) Para evitar as *fake news*, <u>atribuem-se</u> aos diferentes tipos de usuários a decisão de só acreditar nas notícias que têm fonte segura e identificável.

(C) De acordo com pesquisas de comportamento, menos de 1% da juventude apresentam baixos índices de rejeição às redes sociais.
(D) Para incrementar o comércio eletrônico, anuncia-se permanentemente produtos que interessam ao consumidor, com base na análise das preferências.
(E) Inúmeros dados pessoais para a elaboração de um mapeamento das características e dos gostos dos usuários tem sido solicitados por *sites* suspeitos.

12) (IBAM – 2024 – Prefeitura de Guarulhos – SP – Condutor de Veículos de Urgência)

No Art. 5.º do Código de Defesa do Consumidor e normas correlatas, de 2017, está determinado o seguinte sobre o direito do consumidor:
§ 2.º O exercício do direito de arrependimento implica a rescisão dos contratos acessórios, sem qualquer ônus para o consumidor.

O verbo implicar no contexto acima:

(A) Tem sentido de "ter implicância com algo ou alguém", "hostilizar", e, por isso, seu complemento deveria ser introduzido pela preposição "com".
(B) É flexível quando é empregado na acepção de "causar", "acarretar", e, por isso, a colocação da preposição "em" é opcional.
(C) Não exige preposição e, por isso, sua regência está correta ao ser seguido do artigo "a" e não ser seguido de preposição.
(D) Exige a preposição "em" em sua regência e, por isso, o texto acima está incorreto.
(E) Deveria ser pronominal, com o significado de "envolver-se", "enredar-se", e, por isso, seu complemento deveria ser introduzido pela preposição "em".

13) (IDIB – 2024 – Autarquia Municipal de Mobilidade de Petrolina – PE – Agente de Trânsito e Transporte)

Obs.: O texto (MEDEIROS, Martha. "Sons que confortam". *Felicidade crônica*. Porto Alegre: L&PM, 2014) de onde foi retirado o objeto desta questão não foi incluído aqui por não ser determinante para sua resolução.

Tendo por base a palavra destacada em "[...] a voz no alto-falante do aeroporto [...]" (linha 11), grafa-se corretamente com hífen o vocábulo destacado na alternativa

(A) A Barbie só usa **cor-de-rosa**;
(B) Ele é o **manda-chuva** da turma;
(C) A **mini-saia** foi criada nos anos 1960;
(D) Passei o **fim-de-semana** em Fortaleza;
(E) Minha tonalidade preferida é a **cor-de-vinho**.

14) (CESGRANRIO – 2024 – Concurso Público Nacional Unificado – Bloco 8 – Nível Intermediário)

Obs.: O texto (IPEA. Centro de Pesquisa em Ciência, Tecnologia e Sociedade. "A ciência e a tecnologia como estratégia de desenvolvimento". Adaptado. Central de

Conteúdo, 23 dez. 2020. Artigo. Disponível em: https://www.ipea.gov.br/cts/pt/central-de-conteudo/artigos/artigos/116-a-ciencia-e-a-tecnologia-como-estrategia-de-desenvolvimento.) de onde foi retirado o objeto desta questão não foi incluído aqui por não ser determinante para sua resolução.

No trecho do parágrafo 4 "Vários fenômenos sociais recentes, como o movimento **antivacinas**", a palavra destacada em negrito é formada pelo prefixo "anti" e o substantivo "vacina", sem emprego do hífen, segundo o Novo Acordo Ortográfico.
De acordo com as regras de emprego do hífen, esse sinal gráfico foi utilizado corretamente, em todas as palavras, de acordo com a norma-padrão da língua portuguesa, em:

(A) anti-concepcional, contra-ataque, pré-escolar;
(B) anti-inflamatório, auto-hipnose, micro-ondas;
(C) anti-social, semi-aberto, sem-terra;
(D) extra-oficial, auto-conhecimento, anti-caspa;
(E) pré-história, inter-racial, anti-depressivo.

15) (IBFC – 2024 – Prefeitura de Fortaleza – CE – Técnico em Enfermagem)

Obs.: O texto ("Medo: como superar esse empecilho para a vida". Adaptado. *Psicólogo.com.br*, 30 out. 2021 Disponível em: https://www.psicologo.com.br/blog/medo-como-superar/.) de onde foi retirado o objeto desta questão não foi incluído aqui por não ser determinante para sua resolução.

"Durante a vida, tive muitos medos, então, consultei um terapeuta caríssimo e descobri que, por caridade, ele ______ (I) um parente meu. Achei muito ______(II) e desisti das ______(III)."

Assinale a alternativa que preencha correta e respectivamente as lacunas.

(A) (I) assistia/ (II) antiético/ (III) sessões.
(B) (I) assistia a/ (II) antiético/ (III) seções.
(C) (I) assistia/ (II) anti-ético/ (III) cessões.
(D) (I) assistia a/ (II) antiético/ (III) seções.
(E) (I) assistia/ (II) anti-ético/ (III) cessões.

16) (VUNESP – 2023 – Prefeitura de Pindamonhangaba – SP – Assistente Social)

Assinale a alternativa em que a flexão do substantivo composto no plural é feita da mesma forma que ocorre com a palavra "flor-de-maio".

(A) beija-flor
(B) estrela-do-mar
(C) segunda-feira
(D) cirurgião-dentista
(E) bem-me-quer

17) (VUNESP – 2023 – Tribunal de Contas do Município – SP – Auditor de Controle Externo – Especialidade: Língua Portuguesa)

Considere os enunciados:

1) Segundo autoridades, desde o primeiro dia de 2023, ondas de drones russos _________ atingindo uma parte importante da______________ da capital ucraniana e áreas vizinhas.
(https://g1.globo.com/mundo. Adaptado.)

2) Em tese, o "novo conceito de desenvolvimento" de Xi Jinping não difere dos esforços ocidentais de adequar a economia de mercado ____________ novas demandas do Estado de Bem-Estar Social: enfrentar desigualdades, monopólios e a dívida, orientando a produção a indústrias verdes e de alta tecnologia para gerar inovações e se tornar tecnologicamente _______________. Na prática, as condições para esse crescimento sustentável estão sendo ________________ pelas obsessões político-ideológicas do Partido.
(Opinião. *Estadão*, 3 jan. 2023. Adaptado.)

3) Durante quase três anos, o líder chinês Xi Jinping apresentou-se como o comandante em chefe contra um __________vírus descoberto no fim de 2019 em seu país. Munido do arsenal, assombrou o mundo com sua resposta inicial ____________ pandemia da covid-19.
(Editorial. *Folha de S.Paulo*, 28 dez. 2022. Adaptado.)

De acordo com a norma-padrão, as lacunas do texto devem ser preenchidas, correta e respectivamente, com:

(A) veem ... infraestrutura ... à ... autossuficiente ... delapidadas ... incidioso ... a;
(B) vem ... infra-estrutura ... a ... auto-suficiente ... delapidadas ... insidioso ... à;
(C) vêm ... infra-estrutura ... a ... auto-suficiente ... dilapidadas ... incidioso ... à;
(D) vêem ... infra-estrutura ... as ... auto-suficiente ... dilapidadas ... incidioso ... a;
(E) vêm ... infraestrutura ... às ... autossuficiente ... dilapidadas ... insidioso ... à.

18) (FGV – 2025 – Tribunal de Contas do Município – RR – Auditor de Controle Externo – Controle Externo)

Assinale a frase em que a grafia do termo sublinhado está correta.

(A) Os anciãos morrem por que já não são amados.
(B) Todo homem tem o seu anjo bom e o seu anjo mal.
(C) Aprendi muito com meus mestres, mas com meus companheiros.
(D) Desejo que as armas deem lugar a paz.
(E) Uma sessão de cinema vale uma terapia.

19) (FGV – 2025 – Tribunal de Contas do Estado – RR – Técnico Administrativo)

Assinale a frase em que houve troca **indevida** entre mal/ mau.

(A) O mal nunca desapareceu da face da Terra.
(B) O mau-agradecido nunca reaparece.
(C) Um mau sujeito não serve como companhia.

(D) Trabalhar mal é problema do mau operário.
(E) O juiz foi acusado de escrever mal.

20) (IBFC – 2024 – Tribunal Regional Federal da 5.ª Região – Técnico Judiciário – Área Administrativa)

Assinale a alternativa correta em relação ao emprego de "mais" e "mas".

(A) Todos trabalharam à noite, mais também descansaram.
(B) Reclamaram bem mas do que se esperava do grupo.
(C) Não reconheceram a falha, mais houve um óbvio engano.
(D) Há uma oposição, mas o cenário é favorável.

21) (FGV – 2024 – Prefeitura de São Lourenço da Mata – PE – Professor de Língua Portuguesa)

Assinale a alternativa em que todas as palavras e expressões foram empregadas de modo adequado.

(A) O motorista foi multado por haver infligido as normas de trânsito.
(B) O diretor ratificou que não haveria mudanças na empresa.
(C) Discutiram juntos todos os problemas que imergiram da reunião.
(D) O médico auferiu a pressão do paciente, antes de medicá-lo.
(E) Preferiu investir seu dinheiro em detrimento de gastá-lo despreocupadamente.

22) (IDECAN – 2024 – Secretaria da Administração Penitenciária e Ressocialização – CE – Policial Penal)

Obs.: O texto (RO, Christine. "A inteligência artificial vai acabar com os testes em animais? *Folha de S.Paulo*. 10 jun. 2024. Disponível em: https://www1.folha.uol.com.br/ciencia/2024/06/a-inteligencia-artificial-vai-acabar-com-os-testes-em-animais.shtml) de onde foi retirado o objeto desta questão não foi incluído aqui por não ser determinante para sua resolução.

"Isso é útil **porque** pode ser difícil para os cientistas examinarem décadas de dados para encontrar e analisar exatamente o que procuram, diz Joseph Manuppello, analista de investigação sênior do Comitê de Medicina Responsável, uma organização sem fins lucrativos dos EUA."

No período acima, empregou-se corretamente uma das formas do porquê. Assinale a alternativa em que isso igualmente tenha ocorrido.

(A) Era chegada a hora de conhecer os caminhos porque passamos.
(B) Era necessário saber por quê, naquele dia, tínhamos ficado tão apreensivos.
(C) Porque ele decidiu não ir ao cinema ninguém mais poderia ir?
(D) Sem saber por que, ele sempre age daquela forma.
(E) Entendemos porque nos buscavam com tanta pressa.

23) (VUNESP – 2024 – Prefeitura de Santo André – SP – Técnico de Informática)

Obs.: O texto (MENDONÇA, Antonio Penteado. "50 anos atrás o homem chegou na lua". Adaptado. *Crônicas da Cidade*, 16 jul. 2019. Disponível em: https://cronicasdacidade.com.br/cronicas/2019/07/16/50-anos-atras-o-homem-chegou-na-lua/) de onde foi retirado o objeto desta questão não foi incluído aqui por não ser determinante para sua resolução.

No trecho "No dia seguinte, o administrador da fazenda perguntou para meu tio Paulo **por que** os americanos não tinham ido na lua cheia" (último parágrafo), a expressão destacada foi corretamente empregada assim como em:

(A) Os americanos tiveram sucesso na missão **por que** investiram uma quantia considerável no programa espacial.
(B) Os Estados Unidos propagandearam o feito que haviam conquistado **por que** estavam competindo com os soviéticos.
(C) É difícil para muitos entender **por que** era tão importante para os Estados Unidos levar um ser humano à Lua.
(D) Animais eram enviados para o espaço **por que** os cientistas deveriam fazer os devidos testes antes de enviar humanos.
(E) **Por que** havia uma necessidade de mostrar poder, a corrida espacial foi uma disputa acirrada e dura até os dias de hoje.

24) (VUNESP – 2025 – Universidade Federal de São Paulo – SP – Médico – Área: Clínica Médica)

Obs.: O texto (Notas e informações. "O verão da gastroenterite". *Estadão*. Opinião, 9 jan. 2025. Disponível em: https://www.estadao.com.br/opiniao/o-verao-da-gastroenterite/) de onde foi retirado o objeto desta questão não foi incluído aqui por não ser determinante para sua resolução.

A colocação pronominal está em conformidade com a norma-padrão em:

(A) Certamente, se tornou inesquecível o verão de 2025 a quem decidiu viajar ao litoral paulista, e não pela combinação de praia, sol e diversão.
(B) Um elevado volume de casos de gastroenterite superlotou os hospitais da região, tendo tornado-se o símbolo desta alta temporada.
(C) Agora também investiga-se a morte de uma mulher do interior paulista que apresentou sintomas de virose após visitar o litoral.
(D) Durante o verão, milhares de turistas deslocam-se para o litoral paulista e as cidades já deveriam estar preparadas para lidar com isso.
(E) Esperaria-se que as cidades do litoral paulista estivessem preparadas para garantir a diversão dos cidadãos neste verão de 2025.

25) (FGV – 2025 – Secretaria de Estado da Educação, do Esporte e do Lazer – RN – Professor de Arte)

Entre as frases abaixo há uma em que não foi respeitada a norma-padrão em relação à colocação de pronomes oblíquos; assinale essa frase.

(A) A derrota não é amarga se você não a engolir.
(B) Afligir-se antes do tempo é afligir-se duas vezes.
(C) A estupidez de gente brilhante nunca deixa de assombrar-me.
(D) Todo mundo me odeia porque sou popular.
(E) Me indigno, logo existo.

26) (IDECAN – 2024 – Secretaria da Saúde – PB – Técnico de Imobilização Ortopédica)

Obs.: O texto (TOMAZELA, José Maria. "Mancha de poluição no Tietê atinge 207 km". *O Estado de São Paulo*, 21 set. 2024) de onde foi retirado o objeto desta questão não foi incluído aqui por não ser determinante para sua resolução.

Assinale a única alternativa em que a colocação pronominal atende à norma culta da língua portuguesa.

(A) Quando o entregarem os recursos para a ampliação do saneamento básico no entorno do Rio Tietê, os utilize imediatamente.
(B) Quando lhe entregarem os recursos para a ampliação do saneamento básico no entorno do Rio Tietê, utilize-os imediatamente.
(C) Quando entregarem-no os recursos para a ampliação do saneamento básico no entorno do Rio Tietê, utilize-nos imediatamente.
(D) Quando o entregarem os recursos para a ampliação do saneamento básico no entorno do Rio Tietê, utilize-lhes imediatamente.
(E) Quando entregarem-lhe os recursos para a ampliação do saneamento básico no entorno do Rio Tietê, os utilize imediatamente.

27) (IBADE – 2024 – Prefeitura de Recife – PE – Agente de Saúde Ambiental e Combate às Endemias)

Assinale a alternativa na qual a colocação pronominal está correta.

(A) Ninguém telefonou-nos durante a estadia na praia.
(B) Ele foi útil trazendo-me todos os livros pesados.
(C) Isso ajuda-me muito contra a insônia.
(D) Os barulhos da obra me estão irritando-me diariamente.
(E) Você tem que me dizer-me a verdade.

28) (CESGRANRIO – 2024 – Banco da Amazônia – Técnico Bancário)

Obs.: O texto (PEROSSI, João. "Na era da inteligência artificial, como fica a segurança de dados?" Adaptado. *Jornal da USP*, 8 maio 2024. Disponível em: https://jornal.usp.

br/radio-usp/na-era-da-inteligencia-artificial-como-fica-a-seguranca--de-dados/) de onde foi retirado o objeto desta questão não foi incluído aqui por não ser determinante para sua resolução.

Em relação às regras de concordância, a palavra em destaque está de acordo com a norma-padrão da língua portuguesa em:

(A) As empresas e os indivíduos que as compõem precisam estar adequadas às exigências de segurança dos dados dos seus usuários.
(B) A segurança dos dados de quem se utiliza da inteligência artificial é necessário para o sucesso das empresas de tecnologia.
(C) Os gestores de tecnologia de informação devem garantir que todos os programas estejam atualizados para evitar brechas de segurança.
(D) Os usuários, ao utilizar ferramentas de inteligência artificial, costumam estar atentas às senhas que escolhem e atualizá-las regularmente.
(E) Todas as companhias que trabalham com tecnologias de inteligência artificial precisam cuidar para que a informação do usuário em seu poder esteja protegido.

29) (FCC – 2025 – Tribunal Regional do Trabalho da 15.ª Região – SP – Analista Judiciário – Área Judiciária)

Obs.: O texto (BRAGA, Rubem. "[Eternidade do guarda-chuva]". *200 crônicas escolhidas*. Adaptado. Rio de Janeiro: Record, 1978, p. 217-218) de onde foi retirado o objeto desta questão não foi incluído aqui por não ser determinante para a sua resolução.

É inteiramente regular a pontuação da frase:

(A) Não vejo num guarda-chuva, o mesmo encantamento, que lhe dedicou o cronista.
(B) Não me surpreenderia, se o cronista mantivesse por outros objetos, essa mesma veneração.
(C) Não apenas honradez mas também humildade, atribui o cronista, ao guarda-chuva que lhe compraram.
(D) Pouca gente se dispõe de fato, a cultivar por um guarda-chuva, uma relação tão respeitosa como essa.
(E) Há, nos guarda-chuvas, uma variedade mínima de aspectos, que em nada afeta sua essência.

30) (FGV – 2025 – Empresa Brasileira de Serviços Hospitalares – Grupo Técnico em Análises Clínicas)

Assinale a frase cuja pontuação está correta.

(A) A verdade, como todos sabem incomoda.
(B) Você Paulo, me deve um grande favor.
(C) Eis a verdade: nada dura a vida toda.
(D) Eu, cumpri o meu dever.
(E) Nós, graças a Deus, estamos, bem.

31) (VUNESP – 2024 – Universidade Federal de São Paulo – SP – Auditor)

Obs.: O texto (PEPETELA. *O cão e os caluandas*. Adaptado. São Paulo: Kapulana, 2019. Série Vozes da África) de onde foi retirado o objeto desta questão não foi incluído aqui por não ser determinante para sua resolução.

A pontuação está em conformidade com a norma-padrão em:

(A) Um dia o meu pai apareceu em casa, com o cão; disse que o animal, andou a segui-lo e não quis largar mais.
(B) O meu pai apareceu um dia, com o cão em casa. Disse que, o animal andou a segui-lo, e não quis largar mais.
(C) Um dia, o meu pai apareceu com o cão em casa; disse que o animal, andou a segui-lo e não quis largar mais.
(D) O meu pai, um dia, apareceu com o cão em casa. Disse que o animal andou a segui-lo e não quis largar mais.
(E) O meu pai, um dia apareceu com o cão em casa. Disse que, o animal andou a segui-lo, e não quis largar mais.

32) (FUNDATEC – 2025 – Câmara Municipal de Candiota – RS – Assessor Legislativo)

Considerando as regras de ortografia da Língua Portuguesa, analise as assertivas a seguir:

I. A palavra "pôde" (pretérito perfeito do indicativo do verbo "poder") é acentuada por ser uma oxítona terminada em "e".
II. A palavra "anti-inflamatório" é grafada com hífen por se tratar de uma palavra composta formada por um prefixo terminado em vogal "i" e um radical iniciado por "i".
III. A palavra "herói" perdeu o acento agudo com o Novo Acordo Ortográfico.

Quais estão corretas?

(A) Apenas I.
(B) Apenas II.
(C) Apenas III.
(D) Apenas II e III.
(E) I, II e III.

33) (Inaz do Pará – 2025 – Prefeitura de Bocaina do Sul – SC – Digitador de Programas)

O Novo Acordo Ortográfico da Língua Portuguesa, em vigor desde 2009, trouxe mudanças significativas nas regras de acentuação, afetando a grafia de diversas palavras. É fundamental que profissionais que trabalham com texto compreendam e apliquem corretamente essas alterações para garantir a conformidade com a norma-padrão.

Com base no Novo Acordo Ortográfico, assinale a alternativa CORRETA.

(A) O trema (¨) foi abolido, mas a pronúncia das letras "u" nas combinações "gue", "gui", "que" e "qui" foi eliminada junto com ele.
(B) O uso do hífen permanece inalterado nas palavras compostas, mesmo em casos de prefixos terminados em vogal e palavras iniciadas com a mesma vogal.
(C) O acento das palavras paroxítonas com ditongos abertos "ei" e "oi", como em "heróico" e "idéia", foi mantido para preservar a clareza na leitura.
(D) Palavras com dupla grafia, como "bem-vindo" e "bem vindo", são aceitas como equivalentes, dispensando a regra do hífen.
(E) O acento diferencial foi eliminado em palavras como "pára" (verbo) e "para" (preposição), mas manteve-se em palavras como "pôde" (pretérito) e "pode" (presente).

34) (IDECAN – 2024 – Secretaria da Saúde – PB – Assistente Administrativo)

A relação de paronímia se estabelece entre palavras que possuem significados diferentes, mas são muito parecidas na pronúncia e na escrita. Sabendo disso, identifique a única alternativa em que a palavra utilizada é a adequada ao sentido da alternativa.

(A) O brinquedo favorito de meu filho era um peão.
(B) O motorista foi multado porque infligiu várias regras de trânsito.
(C) As nossas opiniões podem, e devem, deferir. Mesmo assim precisamos nos respeitar.
(D) Vários discentes foram até a direção reclamar da aula ministrada pelo professor, que consideraram muito elementar para o seu nível.
(E) Às 18 horas os sinos da igreja começam a suar.

35) (IDECAN – 2024 – Secretaria da Saúde – PB – Assistente Administrativo)

De acordo com o *site* Toda Matéria, a acentuação gráfica consiste na colocação de acento ortográfico para indicar a pronúncia de uma vogal ou marcar a sílaba tônica de uma palavra. Sobre a acentuação, há uma regra que diz que "as letras i ou u, quando tônicas, recebem acento quando são a segunda vogal de um hiato".

(Disponível em: www.todamateria.com.br).

Sabendo disso, assinale a única alternativa a seguir cuja acentuação gráfica está correta e se explica com base na regra de acentuação mencionada neste enunciado.

(A) Preciso tomar cafeína para ter mais energia ao longo do dia.
(B) O agressor está proíbido de se aproximar da vítima.
(C) As eleições para prefeitos no Brasil são um assunto seríssimo.
(D) A Vila Madalena é um dos bairros mais boêmios da cidade de São Paulo.
(E) A feiúra era uma das principais características do personagem Macunaíma.

36) (IDECAN – 2024 – Assembleia Legislativa – PI – Técnico Legislativo – Administrativo)

O Novo Acordo Ortográfico marca a padronização da ortografia entre países falantes da língua portuguesa. Considerando as regras da acentuação e do hífen, assinale a alternativa correta.

(A) O acento diferencial permanece em palavras homógrafas para diferenciar verbo e preposição.
(B) Palavras com o prefixo terminado em vogal diferente da vogal que inicia o segundo termo não tem hífen.
(C) O hífen é empregado em palavras como "pseudo-professor" porque o prefixo é terminado em vogal e o segundo termo começa com vogal ou qualquer consoante.
(D) O hífen é facultativo em palavras com o prefixo "co". Como exemplo a palavra: co--organizar/ coorganizar.
(E) Palavras paroxítonas são acentuadas quando for ditongo aberto, como andróide e alcatéia.

37) (FGV – 2024 – Assembleia Legislativa – PR – Técnico Legislativo – Administrativo)

Observe a seguinte frase, citação de um antigo jornalista: "Como são mal-educadas as crianças, hoje, na maioria".

Sobre a estruturação desse pensamento, assinale a afirmativa correta.

(A) O vocábulo "mal-educadas" está escrito erradamente, devendo ser grafado em duas palavras "mal educadas".
(B) O vocábulo "Como" imprime intensidade ao adjetivo da frase.
(C) O termo "as crianças" funciona como complemento do verbo "ser".
(D) O termo "na maioria" mostra que todas as crianças modernas mostram problemas de educação.
(E) O termo "mal-educadas" mostra ambiguidade.

38) (VUNESP – 2023 – Empresa Paraibana de Comunicação – PB – Assistente de Empresa Pública de Comunicação)

Assinale a alternativa em que ambas as palavras estão acentuadas em conformidade com a norma-padrão.

(A) Solicitamos que os técnicos que lêem as provas em braile sejam alocados nas salas do segundo andar, onde há mais espaço.
(B) As seqüências de leitura permitiram que os jovens tivessem uma ampliação de conhecimentos sobre a literatura romântica.
(C) O rítmo dos trabalhos era tranquilo e, por essa razão, a produtividade da fábrica não exauria a capacidade física de seus funcionários.

(D) Era comum nos romances o amor proibido entre uma plebéia e um príncipe, o que implicava muitas reviravoltas até o final feliz do casal.
(E) A saúva é formiga presente em quase todos os países da América. Costuma cortar folhas e carregá-las para dentro de seus ninhos.

39) (IDECAN – 2024 – Prefeitura de Mossoró – RN – Fisioterapeuta)

Considerando as regras de acentuação da Língua Portuguesa, assinale a afirmação correta.

(A) Acentuam-se as vogais "i" e "u" tônicas, ditongos, quando estão com outra vogal anterior (ex: saída, faísca, saúde).
(B) Toda palavra oxítona é acentuada (ex: Paraná, parabéns, você).
(C) As palavras récorde e filântropo são acentuadas por causa da prosódia.
(D) Os ditongos abertos em palavra paroxítona são acentuados (ex: platéia, bóia, anéis).
(E) Acentua-se a vogal da sílaba tônica de palavras paroxítonas terminadas em ditongos orais, seguidas ou não pela letra "S" (ex: vácuo, insônia e férteis).

40) (IBFC – 2023 – Secretaria de Educação – BA – Professor da Educação Básica – Língua Portuguesa)

A partir das afirmativas, assinale a alternativa que indique a relação de sentido da palavra 'veículo' com as demais:

Veículo → carro, motocicleta, bicicleta, ônibus, automóvel.

I. 'Carro' e 'ônibus' são antônimos do vocábulo 'veículo'.
II. 'Veículo' é hiperônimo e as demais palavras são hipônimas.
III. Veículo é hipônimo e as demais são hiperônimos.

(A) Apenas a afirmativa I está correta.
(B) Apenas a afirmativa II está correta.
(C) Apenas a afirmativa III está correta.
(D) Apenas as afirmativas I e II estão corretas.
(E) Apenas as afirmativas II e III estão corretas.

D) Gabarito comentado

1) Gabarito: D. Comentário: Na opção D, o verbo "querer", transitivo indireto regido pela preposição "a" ('querer a alguém'), tem o sentido de 'ter simpatia, afeto por'. É, portanto, o gabarito. As demais alternativas estão incorretas porque: A) "Sentir", neste contexto, é pronominal (portanto, "senti-me") e "mal" é advérbio, devendo ser grafado com "l"; é oportuno lembrar que "mal" é antônimo de "bem", enquanto "mau" é antônimo de "bom"; B) o verbo "assistir", no sentido de 'ver, presenciar', é transitivo indireto regido pela preposição "a": "assisti *à* apresentação de *jazz*"; C) o verbo "custar", no sentido de 'ser adquirido (por alguém) mediante o pagamento de' requer complemento direto e complemento indireto, este regido pela preposição "a": "custou *aos* pais uma verdadeira fortuna"; E) o verbo "visar", no sentido de 'digirir a vista para, mirar', é transitivo direto, não regido por preposição: "visou *o* quadro torto".

2) Gabarito: A. Comentário: Sendo "haver" verbo impessoal, isto é, sem sujeito, fica no singular independentemente do termo a que está ligado; "bastantes" é aqui pronome indefinido que acompanha substantivo no plural "livros", devendo com ele concordar; "foram lidos" tem como sujeito o pronome relativo "que", cujo antecedente é "bastantes livros", com o qual concorda. Por tudo isso, a opção A está correta. Já nas demais opções: B) "tratar-se de" é expressão impessoal e deve aparecer sempre na terceira pessoa do singular: "tratava-se de empregados terceirizados"; C) expressões como "é proibido", "é necessário", "é preciso", "é bom", etc. só apresentam concordância regular com o sujeito quando este vem acompanhado de uma determinação ("é proibida *a* entrada"); como aqui não ocorre determinação, o adjetivo deve ficar invariável: "é proibido entrada"; D) precedido de "zero", o substantivo fica no singular: "zero hora"; E) na locução verbal, é o auxiliar que recebe as flexões de pessoa, número, tempo e modo; deste modo, em "poderá ocorrer", "poder" vai ao plural, concordando com a indicação do sujeito "desavenças": "poderão ocorrer desavenças".

3) Gabarito: A. Comentário: A opção A está correta do ponto de vista gramatical. Quanto às demais opções, estão incorretas porque: B) o verbo "recompensar" está na terceira pessoa do singular do imperativo, enquanto o pronome possessivo "tua" se refere à segunda pessoa do singular; o correto seria "recompense... com a sua" ou "recompensa... com a tua"; C) o adjetivo "invisíveis" deveria estar no singular, concordando com o substantivo que acompanha: "tesouro invisível"; D) o certo seria "mau" com "u", nos dois casos, pois é adjetivo, antônimo de "bom": "mau começo", "mau final"; E) "onde" transmite ideia de repouso, enquanto "aonde" transmite ideia de movimento para algum lugar; logo, a construção correta seria "O espírito se dirige aonde quer".

4) Gabarito: E. Comentário: Está correta a opção E, em que observamos tanto a concordância do verbo "diferir" com o sujeito "as épocas" quanto do verbo "caracterizar" com o sujeito "violência". Já nas demais opções: A) a expressão "tratar-se de" é impessoal, devendo aparecer sempre na terceira pessoa do singular: "não se trata de rebater tais justificativas"; B) o verbo "atrair" deveria ir para o singular, para concordar com o sujeito "o caráter idílico"; C) o verbo "imaginar" deveria ir para o singular, concordando com a oração subordinada substantiva subjetiva "que as diferentes épocas históricas deixem de justificar suas violências"; D) sendo o sujeito de "caber" a oração subordinada substantiva subjetiva "avaliar as violências", o verbo deveria ir para o singular.

5) Gabarito: B. Comentário: A opção B está correta porque o verbo "convir" concorda com o sujeito oracional "não sucumbir ao 'efeito da modéstia'" e o verbo "pretender" concorda com "àqueles", antecedente do pronome relativo "que". Quanto às opções A, C, D e E: A) o verbo "descrever", empregado na voz passiva, tem como sujeito "os traços de comportamento" e deveria estar no plural: "descrevem-se"; C) o verbo "conduzir" tem como núcleo do sujeito "aceitação"; deste modo, o correto seria "a aceitação de que somos imperfeitos nos conduz"; D) o correto seria "pode haver", pois o verbo "haver", no sentido de 'existir', é impessoal (como, neste caso, ele é o verbo principal de uma locução verbal, é o auxiliar "poder" que recebe as flexões de número, pessoa, tempo e modo); E) "tratar-se de" é expressão impessoal, sem sujeito explícito, devendo sempre aparecer na terceira pessoa do singular; o correto seria: "quando se trata dos que têm humildade intelectual".

6) Gabarito: D. Comentário: Na ordem direta, a frase da opção D fica da seguinte forma: "argumentos a favor de um lado ou de outro podem ocorrer a qualquer pessoa neste tempo de polarização". Como "argumentos" é o núcleo do sujeito da oração, a locução verbal "podem ocorrer" está corretamente empregada no plural. Já nas opções: A) o verbo "haver", no sentido de 'existir', é impessoal e deveria ir para o singular: "há muitas pessoas em posições ideológicas opostas"; B) o verbo "apegar-se" tem como sujeito "um candidato"; a concordância correta é "as propostas a que se apega um candidato"; C) o verbo "convir" tem como sujeito oracional "preferir aqueles políticos e não estes", devendo ficar, portanto, no singular: "se lhes convém"; E) o verbo "acostumar-se" tem como sujeito oracional "associar, em geral, a maldade"; deste modo, o correto é "não se costuma".

7) Gabarito: B. Comentário: Nesta questão, o candidato deve ficar atento à concordância nominal, isto é, a que se verifica em gênero e número entre adjetivo e substantivo, artigo e substantivo, particípio e substantivo, etc. Na opção B, nosso gabarito, o vocábulo "bastantes" está corretamente empregado no plural, por se tratar de um pronome indefinido, sinônimo de "muito", e estar ligado ao substantivo "interesses". Já em: A) a expressão "um e outro" pede que o substantivo determinado fique no singular e o adjetivo no plural; o correto seria, portanto, "um e outro país europeus"; C) "frenesi" é substantivo masculino, devendo vir acompanhado de artigo e adjetivo masculinos: "apesar do frenesi renascentista belo e fértil"; D) na construção passiva, o verbo no particípio deve concordar em gênero e número com o sujeito da oração; por este motivo, o correto seria "foi narrada", sendo o sujeito "a existência desse lugar"; E) o adjetivo "necessário" deve concordar com o núcleo "busca": "viram como necessária a busca de novas terras".

8) Gabarito: E. Comentário: Na primeira lacuna, como o sujeito da oração é "um contingente expressivo de crianças de zero a seis anos", o verbo pode concordar tanto com "contingente" quanto com "crianças", isto é, pode ser empregado no singular ("segue") ou no plural ("seguem"). Cabe então ao candidato avaliar os termos que melhor preenchem as demais lacunas para encontrar a opção correta da questão. A segunda lacuna só pode ser preenchida com "à" acentuado, indicativo de crase, pois a locução "devido a" contém a preposição "a" e o substantivo "falta" é antecedido do artigo feminino ("a falta de saneamento"). A terceira lacuna deve ser preenchida com a preposição pura "a" requerida pelo adjetivo "sujeitas". Não há crase aqui, uma vez que o substantivo "herança" já está acompanhado do artigo indefinido "um". A quarta lacuna deve ser preenchida com um verbo no singular, visto que o sujeito é representado pela oração "que mais de R$ 126 mil [...]". Cabem aqui tanto "é estimado" quanto "estima-se". Pode agora verificar o candidato que apenas a opção E preenche adequadamente todas as lacunas: segue/ à/ a/ estima-se).

9) Gabarito: A. Comentário: O verbo "lembrar" é, aqui, transitivo direto e dispensa preposição; já o verbo "lembrar-se" é transitivo indireto regido da preposição "de". Deste modo, o correto seria "lembrei uma história" ou "lembrei-me de uma história".

10) Gabarito: C. Comentário: A questão tem como objetivo avaliar a capacidade do candidato de empregar corretamente o pronome relativo. A única opção correta é a B, pois o verbo "pronunciar" requer complemento não introduzido por preposição. Deste modo, "câncer é uma palavra que as pessoas não pronunciam" equivale a "as pessoas não pronunciam a palavra câncer". As demais opções estariam corretas se assim estivessem escritas: A) "de que as pessoas não se agradam", equivalendo a "as pessoas não se agradam *da* palavra câncer"; B) "com que as pessoas não têm afinidade", equivalendo a "as pessoas não têm afinidade *com* a palavra câncer"; D) "a que as pessoas não dão ênfase (equivalendo a "as pessoas não dão ênfase *à* palavra câncer"); E) "por que as pessoas não mostram simpatia", equivalendo a "as pessoas não mostram simpatia *pela* palavra câncer".

11) Gabarito: A. Comentário: A opção A está correta: quando o sujeito é representado por expressão partitiva ("a maior parte de", "grande parte de", "a maioria de", etc.) seguida de nome no plural, o verbo pode ir para o plural, concordando com o termo determinado ("canais de *streaming*"), ou ficar no singular, concordando com o núcleo do sujeito. Deste modo, tanto podemos usar "identifica" quanto "identificam". Nas demais opções, o correto seria: B) "atribui-se", uma vez que o núcleo do sujeito do verbo na voz passiva pronominal é "decisão" (a construção equivale a "a decisão é atribuída"); C) "apresenta", pois, quando o numeral que entra na expressão de porcentagem é "um" (1%), o verbo vai para o singular, ainda que o termo preposicionado esteja no plural (por exemplo, "menos de 1% dos jovens apresenta baixos índices de rejeição às redes sociais"); D) "anunciam-se", uma vez que o núcleo do sujeito do verbo na voz passiva pronominal é "produtos" (a construção equivale a "são anunciados produtos"); E) "têm", uma vez que o núcleo do sujeito do verbo é "dados".

12) Gabarito: C. Comentário: O verbo "implicar", no sentido de 'ter como consequência; acarretar', pede complemento direto, isto é, termo não regido de preposição necessária. Apesar do largo uso, deve-se evitar, na língua-padrão, o emprego da preposição "em": "implica *em/ na* rescisão". Por este motivo, estão incorretas as opções B, D e E. Observe que a opção A traz uma afirmação verdadeira: com o sentido de 'ter implicância; hostilizar', "implicar" rege complemento introduzido pela preposição "com", porém está incorreta em relação ao contexto que ora analisamos.

13) Gabarito: A. Comentário: Nas opções B e C, os termos destacados seriam corretamente escritos desta forma: "mandachuva" e "minissaia". Com o Acordo de 1990, perderam o hífen os compostos em que há elemento de ligação; deste modo, nas opções D e E, as grafias corretas seriam "fim de semana" e "cor de vinho". O Acordo abre exceção para casos fixados pela tradição ortográfica: "água-de-colônia", "mais-que-perfeito", "pé-de-meia", "arco-da-velha" e "cor-de-rosa", nosso gabarito.

14) Gabarito: B. Comentário: Emprega-se o hífen quando o 1.º elemento termina por vogal igual à que inicia o 2.º elemento ("anti-inflamatório" e "micro-ondas") e também quando o 1.º elemento termina por vogal e o 2.º elemento se inicia por "h" ("auto-hipnose"); a opção B é, portanto, o gabarito.
Nas demais opções: A) o correto seria "anticoncepcional" – devem ser grafadas sem hífen as palavras em que o 1.º elemento é um prefixo terminado por vogal diferente daquela que inicia o 2.º elemento; "contra-ataque" e "pré-escolar" estão grafados corretamente; C) o correto seria "antissocial" e "semiaberto", sem hífen – após o prefixo "anti" e "semi", emprega-se o hífen apenas quando o 2.º elemento começa por "h" ou "i" –; já "sem-terra" está grafado corretamente, pois se escrevem com hífen os compostos sem elemento de ligação quando o 1.º elemento está representado pelas formas "sem", "além", "aquém", "recém" e "bem"; D) o correto seria "extraoficial", "autoconhecimento" e "anticaspa" – nestes casos, só se usa hífen quando o 2.º elemento começa por "h" ou por vogal igual à última do 1.º elemento ("a", no caso de "extra", "o", no caso de "auto", e "i", no caso de "anti"); E) está correta a grafia de "pré-história" – emprega-se o hífen quando o 1.º elemento termina acentuado graficamente, como é o caso dos prefixos "pré", "pós" e "pró"; está também correta a grafia de "inter-racial" – emprega-se o hífen quando o elemento que se segue ao prefixo "inter" começa por "r" ou "h"; "antidepressivo" deveria ser grafado junto, como está aqui, pois só se emprega o hífen quando o elemento que se segue ao prefixo "anti" começa por "h" ou "i".

15) Gabarito: A. Comentário: (I) No sentido de 'prestar ajuda; dar assistência', o verbo "assistir" é transitivo direto. O correto é, portanto, "ele assistia um parente meu". Não confundir com "assistir" no sentido de 'ver e ouvir' ou 'presenciar', transitivo indireto: "assistia ao filme", "assistia à peça de teatro", "assistiu ao surgimento da bossa nova". (II) A grafia correta é "antiético", pois o 1.º elemento é o prefixo "anti" e o 2.º elemento ("ético") começa com vogal diferente de "i". (III) Na acepção em que é empregado na frase, o substantivo "sessão" tem o sentido de 'encontro do terapeuta com o paciente' e deve ser grafado como aqui está. Este termo é homônimo homófono de "seção" – 'ato de secionar; divisão; parte de um todo, etc.' (como em "seção de brinquedos de uma loja") – e de "cessão" – 'ato de ceder' (como em "cessão de uso do bem público").

16) Gabarito: B. Comentário: Nos compostos em que há preposição clara ou oculta, somente o primeiro elemento varia. Deste modo, o plural de "flor-de-maio" é "flores-de-maio". Dentre as opções apresentadas na questão, a única a fazer o plural da mesma forma é "estrela-do-mar" ("estrelas-do-mar"). Quanto às demais opções: A) nos compostos de verbo seguido de substantivo, somente o segundo elemento varia: "beija-flores"; C) nos compostos de dois substantivos, de um substantivo e um adjetivo ou de um adjetivo e um substantivo, ambos os elementos variam: "segundas-feiras"; D) nos compostos de dois substantivos, em que o segundo limita a significação do primeiro, em geral somente o primeiro elemento varia, embora seja também possível a flexão dos dois: "cirurgiões-dentista" e "cirurgiões-dentistas"; E) nos compostos de três ou mais elementos, não sendo o 2.º elemento uma preposição, somente o último varia: "bem-me-queres".

17) Gabarito: E. Comentário: As lacunas devem ser preenchidas com: 1) "vêm", verbo "vir" flexionado na 3.ª pessoa do plural do presente do indicativo, concordando com o sujeito "ondas de drones russos"; "infraestrutura" (nas formações com prefixos, se o 1.º elemento termina por vogal diferente daquela que inicia o 2.º elemento, escreve-se junto, sem hífen); 2) "às", contração da preposição "a" com o artigo feminino plural "as", pois o verbo "adequar" requer complemento indireto introduzido pela preposição "a" e "novas demandas" está acompanhado de artigo "as": "adequar [...] às novas demandas"; "autossuficiente", grafado sem hífen, pois o 1.º elemento ("auto") é prefixo que termina por vogal e o 2.º elemento começa por "s", duplicado para se preservar o som original; "dilapidadas", forma preferencial no português do Brasil ("delapidar" é mais comum em Portugal); 3) "insidioso", com "s", única grafia possível do adjetivo, que significa 'enganador, traiçoeiro'; "à", com acento indicativo de crase, pois "resposta" requer complemento nominal regido da preposição "a" e "pandemia" se acompanha do artigo definido na forma feminina "a": "resposta [...] à pandemia". O gabarito é a opção E. Note-se, no entanto, que, para resolver a questão, basta preencher as lacunas da frase 1.

18) Gabarito: E. Comentário: Na opção E, o vocábulo "sessão", com o sentido de 'apresentação de espetáculo cinematográfico', está corretamente grafado. Os parônimos "seção" ('porção, parte de um todo') e "cessão" ('ato de ceder') não cabem nesse contexto. Quanto às demais opções: A) o correto seria "porque", em uma só palavra e sem acento, por se tratar de uma conjunção subordinativa causal (a falta de amor causa a morte dos anciãos); B) o correto seria "mau", adjetivo que se opõe a "bom", não "mal", advérbio que se opõe a "bem"; C) nesse contexto, o mais adequado seria empregar o advérbio de intensidade "mais", com o sentido de "especialmente", "sobretudo", "mormente"; D) o correto seria "à paz", com "a" acentuado, visto que ocorre a crase da preposição "a", requerida pelo verbo "dar", com o artigo feminino "a" que precede o substantivo "paz".

19) Gabarito: B. Comentário: É importante ter claro que o advérbio "mal" tem como antônimo "bem", enquanto o antônimo do adjetivo "mau" é "bom". Se a substituição por "bem" fizer sentido no contexto da frase, o correto será "mal". Se a substituição por "bom" fizer sentido, o correto será "mau". A única opção que contém erro é a B, onde deveria constar "mal-agradecido" (antônimo: bem-agradecido). Nas demais opções, "mal" e "mau" estão empregados corretamente: A) O *mal* nunca desapareceu da face da Terra./ O *bem* nunca [...]; C) Um *mau* sujeito não serve como companhia./ Um *bom* sujeito [...]; D) Trabalhar *mal* é problema do *mau* operário./ Trabalhar *bem* é problema do *bom* operário; E) O juiz foi acusado de escrever *mal.*/ [...] escrever *bem.*

20) Gabarito: D. Comentário: "Mais" é um advérbio que exprime, entre outras noções, a de maior quantidade ou intensidade, enquanto "mas" é uma conjunção adversativa que, em geral, contrapõe o conteúdo de uma oração ao de outra expressa anteriormente. Deste modo, o candidato deve marcar a opção D, em que a conjunção "mas" está devidamente empregada. Nas demais opções, o correto seria: A) "mas também"; B) "bem mais"; C) "mas houve".

21) Gabarito: B. Comentário: Na opção B, todas as expressões foram empregadas corretamente. O verbo "ratificar", que poderia suscitar dúvidas, significa 'confirmar ou validar', diferentemente de "retificar", que tem o sentido de 'corrigir ou consertar'. As demais opções apresentam inadequação de uso: A) o correto seria empregar o verbo "infringir", que significa 'desobedecer, desrespeitar, transgredir' (já "infligir" tem o sentido de 'impor, aplicar [pena, castigo, etc.]'); C) o correto seria empregar o verbo "emergir", no sentido de 'aparecer, vir à tona' (já "imergir" significa 'afundar'); D) o correto seria empregar o verbo "aferir", que tem o sentido de 'medir, verificar' (já "auferir" significa 'conseguir, obter, colher'); E) como o verbo "preferir" implica escolha entre uma coisa e outra, melhor seria dizer "preferiu investir seu dinheiro em vez de gastá-lo" ou "preferiu investir seu dinheiro a gastá-lo" ("em detrimento de" equivale a "com prejuízo de", não cabendo nesse contexto).

22) Gabarito: C. Comentário: Na opção C, "porque" está corretamente grafado em uma só palavra e sem o acento circunflexo, por ser uma conjunção com valor de causa, equivalente a "como", "já que", "visto que". Nas demais opções, o correto seria: A) "por que" (equivale a "pelos quais"); B) "por que" (equivale a "por que motivo"): "Era necessário saber por que tínhamos ficado tão apreensivos naquele dia."; D) "por quê" (no fim de período ou seguido de pausa): "Sem saber por quê, ele sempre age daquela forma."; E) "por que" (equivale a "por que motivo").

23) Gabarito: C. Comentário: Na opção C, a grafia de "por que", em duas palavras e sem acento circunflexo, está correta (equivale a "por que motivo" e está em posição átona na oração interrogativa indireta). Nas demais alternativas, a grafia correta é "porque", em uma só palavra e sem acento circunflexo, por se tratar de conjunção.

24) Gabarito: D. Comentário: Na opção D, o pronome "se" posposto ao verbo ("deslocam-se") está em conformidade com a norma-padrão. Neste caso, poderia ocorrer também a próclise, isto é, o pronome anteposto ao verbo: "milhares de turistas se deslocam". Na opção A, o pronome "se" está após uma pausa, caso em que a norma-padrão recomenda a ênclise: "tornou-se". Na opção B, o usual é "tendo-se tornado" ou "tendo se tornado", pois não se pospõe pronome átono a particípio. Na opção C, o usual é "também se investiga", pois não se pospõe pronome átono a verbo modificado diretamente por advérbio (neste caso, "também"). Na opção E, como o verbo está no futuro do pretérito, o recomendado é a mesóclise: "esperar-se-ia".

25) Gabarito: E. Comentário: A norma-padrão recomenda que não se inicie período por pronome átono, de modo que está incorreto o seu emprego em: "Me indigno, logo existo." Neste caso, devemos escrever "Indigno-me, logo existo".

26) Gabarito: B. Comentário: Há duas noções a serem analisadas nesta questão: a adequação de uso dos pronomes "lhe" e "o" e sua colocação na frase. Considerando que o verbo "entregar" requer complemento indireto ("entregar os recursos **a alguém**"), só é possível empregar aqui o pronome "lhe". Ficam assim descartadas as opções A, C e D. Quanto à colocação, "lhe" deve vir antes do verbo, visto que não se pospõe pronome átono a verbo flexionado em oração subordinada (neste caso, uma subordinada adverbial temporal iniciada pela conjunção "quando"). Já o pronome "os", que substitui um complemento direto ("os recursos"), deve vir depois do verbo.

27) Gabarito: B. Comentário: Na opção B, está correta a colocação do pronome depois do verbo. No gerúndio inicial de oração reduzida, coloca-se o pronome átono enclítico. Nas opções A e C, os pronomes "ninguém" e "isso" levam à próclise. Nas opções D e E, os pronomes oblíquos estão repetidos, quando deveriam estar em posição proclítica ("Os barulhos da obra *me estão irritando*/ *estão me irritando* diariamente" e "Você tem que *me dizer* a verdade").

28) Gabarito: C. Comentário: Na opção C, todas as concordâncias nominais estão corretas, os verbos presentes concordam com seus respectivos núcleos de sujeito ("devem" concorda com "gestores", "estejam" concorda com "programas") e o verbo "evitar" permanece corretamente no singular. Já nas demais opções: A) o correto seria "adequados", concordando com os núcleos do sujeito composto "empresas" e "indivíduos"; B) o correto seria "necessária", concordando com "segurança"; D) o correto seria "atentos", concordando com "usuários"; E) o correto seria "protegida", concordando com "informação".

29) Gabarito: E. Comentário: Na opção E, estão corretas as vírgulas que isolam o adjunto adverbial deslocado ("nos guarda-chuvas"), bem como a vírgula que precede o pronome relativo "que", essencial para transformar a oração em adjetiva explicativa. Na opção A, está incorreta a vírgula colocada entre o verbo "ver" e seu complemento "o mesmo encantamento". A vírgula antes do pronome relativo em "que lhe dedicou o cronista" é desnecessária, mas não configura erro. Na opção B, está incorreta a vírgula entre o verbo "surpreender" e seu complemento oracional "se o cronista mantivesse". Está incorreta também a vírgula entre o verbo "mantivesse" e seu complemento "essa mesma veneração". Na opção C, a vírgula depois de "humildade" separa indevidamente o sujeito "não apenas honradez mas também humildade" do verbo "atribuir". A vírgula depois de "o cronista" também separa indevidamente o verbo "atribuir" de seu complemento indireto "ao guarda-chuva". Na opção D, a expressão "de fato" deveria vir isolada, entre vírgulas. A vírgula após "guarda-chuva" separa indevidamente o verbo "cultivar" de seu complemento "uma relação".

30) Gabarito: C. Comentário: Na opção C, está correto o uso dos dois-pontos para introduzir o aposto "nada dura a vida toda". Na opção A, falta vírgula após "como todos sabem". Na B, o vocativo "Paulo" deveria vir isolado por vírgulas ("Você, Paulo, me deve um grande favor"). Na D, a vírgula separa indevidamente o sujeito "eu" e o predicado "cumpri o meu dever". Na E, está incorreta a vírgula entre "estamos" e "bem", pois isola o predicativo do sujeito ("bem").

31) Gabarito: D. Comentário: Na opção D, a pontuação está correta: as vírgulas isolam o adjunto adverbial ("um dia") deslocado na oração e o ponto-final separa adequadamente as duas orações. Para as demais opções, todas incorretas, vale lembrar que não se emprega vírgula entre termos sintaticamente complementares (por exemplo: sujeito e predicado, verbo e complemento).

32) Gabarito: B. Comentário: I – Incorreta. "Pôde" (verbo "poder" na 3.ª pessoa do pretérito perfeito do indicativo) não é palavra oxítona e leva acento diferencial, para distinguir-se de "pode" (verbo "poder" na 3.ª pessoa do presente do indicativo); II – Correta. Emprega-se o hífen quando o 1.º elemento termina por vogal igual à que inicia o 2.º. III – Incorreta. São sempre acentuadas as palavras **oxítonas** com os ditongos abertos grafados "éi", "éu" ou "ói"; portanto, "herói". Não são acentuadas, no entanto, as palavras **paroxítonas** com os ditongos abertos grafados "ei" ou "oi". Sendo assim, não há acento agudo em "heroico", por exemplo.

33) Gabarito: E. Comentário: O último Acordo Ortográfico eliminou o acento diferencial de palavras paroxítonas que, tendo respectivamente vogal tônica aberta ou fechada, são homógrafas de artigos, contrações, preposições e conjunções átonas, como "para" (preposição) e "para" (flexão do verbo "parar") ou "pelo" (combinação da preposição *per* com *lo*) e "pelo" (substantivo). O Acordo manteve o acento circunflexo diferencial de "pôde" (verbo "poder" na 3.ª pessoa do singular do pretérito perfeito do indicativo), para distingui-lo de "pode" (mesmo verbo na 3.ª pessoa do singular do presente do indicativo), assim como o de "pôr" (verbo), para distingui-lo de "por" (preposição). Deste modo, está correta a opção E. Quanto às demais opções: A) Incorreta. O Acordo de fato dispensou o trema sobre o "u" nas combinações "gue", "gui", "que" e "qui", mas a mudança não afetou sua pronúncia. B) Incorreta. As regras de emprego do hífen foram alteradas. C) Incorreta. As paroxítonas com ditongos abertos "ei", "eu" e "oi" devem ser grafadas sem o acento gráfico, mas a regra não se aplica às oxítonas nem às monossílabas tônicas. Sendo assim, a grafia correta é "heroico" e "ideia" (mas "herói" e "dói"). D) Incorreta. A única grafia correta é "bem-vindo", com hífen, sendo o termo adjetivo ou interjeição.

34) Gabarito: D. Comentário: Na opção D, o vocábulo "discentes" ('alunos') está corretamente empregado, no lugar de seu parônimo "docentes" ('professores'). Na opção A, o correto é "pião" ('brinquedo giratório'), e não "peão" ('trabalhador rural'); na B, o correto é "infringiu" (no sentido de 'desobedecer, violar, desrespeitar'), e não "infligiu" (no sentido de 'aplicar pena'); na C, o correto é "diferir" ('distinguir-se'), e não "deferir" ('atender a; condescender'); na E, o correto é "soar" ('produzir som'), e não "suar" ('transpirar').

35) Gabarito: A. Comentário: Na opção A, o gabarito, "cafeína" apresenta hiato em que o "i" é a segunda vogal, sozinha na sílaba tônica. Na B, a palavra deveria ser grafada sem o acento agudo ("proibido). Na C, "o correto seria "seriíssimo", com dois "is". Na D, a grafia "boêmios" está correta, mas se rege por regra de acentuação diferente daquela dada pelo enunciado. Na E, a grafia correta seria "feiura", sem acento, pois não se acentuam as vogais tônicas "i" e "u" das palavras paroxítonas. Esta regra não coincide com aquela mencionada no enunciado.

36) Gabarito: B. Comentário: Conforme está na opção B, segundo as bases do novo Acordo, nas formações com prefixo, não levam hífen as palavras cujo 1.º elemento termina por vogal diferente da vogal que inicia o 2.º elemento, como ocorre em "autoescola" ("auto" + "escola") e "extraordinário" ("extra" + "ordinário"). Em caso de vogais iguais, o hífen é obrigatório, como em "micro-ônibus". A opção A está incorreta: o acento diferencial foi abolido pelo novo Acordo Ortográfico, havendo apenas poucas exceções (por exemplo, "pôr", verbo, e "por", preposição). A opção C está incorreta: o hífen é empregado nos casos em que o 1.º elemento termina por vogal igual à que inicia o 2º elemento; o correto seria "pseudoprofessor" (pseudo-, vogal final "o" + professor, consoante inicial "p"). A opção D está incorreta: não se emprega o hífen em palavras com o prefixo "co"; portanto, a grafia deve ser "coorganizar". A opção E está incorreta: paroxítonas com ditongos abertos "ei", "eu" e "oi" não levam acento gráfico: "androide" e "alcateia".

37) Gabarito: B. Comentário: A opção B está correta: o vocábulo "como" funciona aqui como advérbio de intensidade, associado ao adjetivo "mal-educadas". As demais opções estão incorretas, porque: A) grafa-se com hífen o adjetivo "mal-educado"; C) "as crianças" funciona como sujeito do verbo "ser"; já "mal-educadas" é predicativo; D) a expressão "na maioria" indica que grande parte das crianças é mal-educada, mas não todas; E) não há ambiguidade no termo "mal-educadas", que tem o sentido de 'grosseiro, malcriado'.

38) Gabarito: E. Comentário: A opção E está correta, pois tanto "saúva" quanto "países" seguem a regra de acentuação do hiato: levam acento agudo o "u" e o "i", quando representam a segunda vogal tônica de um hiato, desde que não formem sílaba com *r*, *l*, *m*, *n*, *z* ou não estejam seguidos de *nh*. Na opção A, o correto seria "leem", sem acento circunflexo; na B, "sequências", sem trema no "u"; na C, "ritmo", sem acento, por não constarem da regra das paroxítonas os vocábulos terminados em "o"; na D, "plebeia" deve ser grafada sem acento, pois se trata de palavra paroxítona com ditongo aberto "ei"; já a palavra "príncipe" está corretamente acentuada, visto que todas as proparoxítonas levam acento.

39) Gabarito: E. Comentário: A única opção correta é a E. Quanto às demais, estão incorretas porque: A) "saída", "faísca" e "saúde" são paroxítonas. Levam acento agudo o "i" e "u", quando representam a segunda vogal tônica de um hiato, desde que não formem sílaba com *r*, *l*, *m*, *n*, *z* ou não estejam seguidos de *nh*; B) a regra aqui exposta se aplica, na verdade, às proparoxítonas – todas as proparoxítonas são acentuadas; C) "recorde" e "filantropo" são paroxítonas terminadas em "e" ou "o"; logo, não levam acento gráfico; D) as paroxítonas com ditongos abertos "éi", "ói" ou "éu" não levam o acento ("plateia" e "boia"); já as oxítonas e monossílabas tônicas devem ser acentuadas ("anéis").

40) Gabarito: B. Comentário: A afirmativa I está incorreta: "carro" e "ônibus" são hipônimos de "veículo". A afirmativa II está correta, "veículo" é hiperônimo, isto é, palavra de sentido mais abrangente e genérico, em relação aos hipônimos "carro", "motocicleta", "bicicleta", "ônibus" e "automóvel", que têm sentido mais específico. A afirmativa III está incorreta: "veículo" não é um hipônimo das demais palavras, é hiperônimo.

DIREÇÃO EDITORIAL
Daniele Cajueiro

EDITORAS RESPONSÁVEIS
Janaína Senna
Shahira Mahmud

PRODUÇÃO EDITORIAL
Adriana Torres
Júlia Ribeiro
Allex Machado

REVISÃO
Feiga Fiszon
Perla Serafim

PROJETO GRÁFICO E DIAGRAMAÇÃO
Filigrana

Este livro foi impresso em 2025, pela Vozes, para a Nova Fronteira. O papel de miolo é Offset 75g/m² e o da capa é Cartão 250g/m².

Outros livros do autor

Moderna Gramática Portuguesa, 40.ª edição

Gramática escolar da Língua Portuguesa, 3.ª edição revista e atualizada

Gramática fácil, 3.ª edição revista e atualizada

Bechara para concursos: Enem, vestibular e todo tipo de prova de língua portuguesa

Lições de Português pela análise sintática, 21.ª edição revista pelo autor com exercícios resolvidos

Novo dicionário de dúvidas da língua portuguesa, 3.ª edição revista e ampliada com novas dúvidas